刘家望 著

止于至善

我读《大学》《孟子》

乃若其情，则可以为善矣，乃所谓善也。
——《孟子·告子（上）》

大学之道，在明明德，在亲民，在止于至善。
——《大学》

尧舜之道，不以仁政，不能平治天下。
——《孟子·离娄（上）》

湖南科学技术出版社

乃若其情，则可以为善矣，乃所谓善也。

——《孟子·告子（上）》

大学之道，在明明德，在亲民，在止于至善。

——《大学》

尧舜之道，不以仁政，不能平治天下。

——《孟子·离娄（上）》

尽其心者，知其性也。知其性，则知天矣。存其心，养其性，所以事天也。夭寿不贰，修身以俟之，所以立命也。

——《孟子·尽心（上）》

我读《大学》

　　《大学》原是《礼记》第四十二篇，宋代理学家二程和朱熹很尊崇此篇，于是加以改编，分为"经""传"两部分。经，是《大学》"三纲八目"的总论；传，是分述。朱熹编撰《大学章句》补撰了《格物致知》一章，把《大学》《中庸》从《礼记》中抽出，与《论语》《孟子》并列，合称《四书》。

　　《大学》篇幅很短，语言简捷平实，纲领条目层次清楚，以孔子为师，引用《诗》《书》较多，说理精微恳切，贴近社会生活实际，所以有"盖孔子之言，曾子述之"一说。"立德树人，内圣外王"是全篇的主题。提出的"明明德，亲民，止于至善，格物，致知，诚意，正心，修身，齐家，治国，平天下"，所谓"三纲领八条目"非常经典，是儒家"垂世立教，立德树人，内圣外王"的宗旨、纲领和方法，为士人学子设计和展示了修身进德、内圣外王的人生目标、道路和阶梯。

　　"明明德，亲民，止于至善。"明明德是核心，是灵魂，修养高尚的品德人格，立德为先。亲民，是笃行仁义，尽人伦，亲亲仁民。止于至善，是实现道德学问与人格的完美，所谓"内圣"；实现修齐治平的崇高理想和目标，服务家国天下，成就完美人生，所谓"外王"。

　　八条目中，修身为本，诚意正心为上，格物致知是基础。修身以格物致知、诚意正心为方法途径和根据，以齐家治国平天下为理想目标。修身是立德树人，内圣外王，成就完美人生的根本。"自天子以至庶人，壹是皆以修身为本。"

"明明德，亲民，止于至善，格物，致知，诚意，正心，修身，齐家，治国，平天下"三纲八目二十六个字，贯穿《大学》全篇，蕴含着《大学》全部的思想原则和精髓，是士人学子学以成人的大学之道，也是人生修养、精进、奋斗、成功的大道。几千年来，中华民族无数仁人志士沿着这条道路砥砺前行，奋斗精进，写下了光辉的人生和历史，至今让人崇敬仰慕。这也是我之所以解读《大学》的原动力。惟愿青年学子领悟大学之道，在人生道路上学习、奋斗、砥砺前行，担当家国天下。

刘家望

2021 年 5 月

我读《孟子》

　　我的业余爱好就是读书，年纪大了似乎还更专心了。近十几年来一直学习《四书五经》，尤其用心《论语》《大学》《中庸》《孟子》。深研古籍原文，参修从古到今名家解读的名篇名著（主要是两汉、宋明、乾嘉年代解读《四书》的名家，诸如包咸、赵歧、二程、朱熹、戴震、刘宝楠、焦循等）。观古鉴今，从历史和现实的思考上，结合自己的人生阅历和政学修养，理解古籍原文的义理及其现代价值，先后把读《论语》《中庸》的心得体会分别以《修己安人》《诚之为贵》为题撰写成书（已由湖南人民出版社、民主与建设出版社出版发行），又把《大学》《孟子》以《止于至善》为题撰写成书，以加深自己的学习和理解，也想为学习传播我国优秀传统文化尽绵薄之力。

　　孟子（公元前372年—前289年）名轲，字子舆，战国中期邹国人，师从子思弟子，子思学于曾参，曾参是孔子嫡系高徒，从孔子到曾参到子思到孟子一脉相承。孟子说："乃所愿，则学孔子也。"所以程子朱熹夸赞孟子说："自孔子没，独孟轲氏之传得其宗。""圣人之道，学已到至处。"

　　孟子所处的时代正当战国中期，诸侯各国合纵连横，争雄称霸，以至于天下以利为先，攻战为贤，不尊尧舜仁义之道，思想混乱，异端并起。正如孟子所形容的"圣人不作，诸侯放恣，处士横议，杨朱墨翟之言盈天下。"面对这样的形势，孟子痛心尧舜禹汤文武周公孔子之道不行，仁义不施，佞伪驰骋，红紫乱朱。于是仿效孔子带领学生布道游说魏、齐、宋、鲁、滕、薛等诸侯国，言必称尧舜之道，规劝诸侯施仁政、行王道，与各种不同意见辩论。说："我亦欲正人心，息邪说，距诐行，放淫辞，以承三圣者，岂好辩孟子曾感叹："行止，非人所能也。""天也。"孔子也说过："夫遇与不遇者，时也。""君子博学深谋不遇时者众，何独丘哉！"

恣肆诸侯不可能接受孟子所推行的尧舜之道，孟子只好与公孙丑、万章等弟子退而"序《诗》、《书》，述仲尼之意，作《孟子》七篇。"

《孟子》七篇，有故事寓言，有议论辩答，或长篇大论，或机敏对话，雄辩滔滔，气势磅礴，尽显孟子王者之师的风范和大丈夫正气浩然威武不屈的气概。全篇三万五千余字，行文优美流畅，思想内容丰富，意旨深邃高远，很多篇章名句，堪称千古经典。

全篇一个主题三个重点。主题是：言必称尧舜，尧舜之道，仁义为上，行王道，施仁政。这是孟子的政治主张和社会理想，贯穿全篇。

三个重点，是《孟子》三个重要的思想观点，乃核心内容。

一是性善论。孟子的性善论有三层意思：其一"人皆有不忍人之心"，"乃若其情，则可以为善矣，乃所谓善也"。人皆可以为善向善。这是孟子从整体上对人性的基本概定，是对人对人性的根本尊重。其二"天命之谓性"。"天生烝民，有物有则，民之秉彝，好是懿德"。"天下之言性也，则故而已矣"。天理自然赋予人善良之性，讲人性是讲人的本始自然之性。其三"君子所性，仁义礼智根于心"。心之四端，恻隐之心，人皆有之，羞恶之心，人皆有之，恭敬之心，人皆有之，是非之心，人皆有之，可以扩而充之而为善德。存不忍人之心就是仁德，行不忍人之政就是仁政。

孟子第一次完整提出的性善论，意义重大，影响深远。可以说是中华传统文化以仁为核心的人文思想的根基，是亲亲仁人，尊人伦，行仁义，施仁政的根本依据和出发点，是《孟子》全书的核心思想理念，是尧舜之道的根，"尧舜，性者也"。也应该是人类社会治理、建设、发展和进步的人性依据。所以程子说："孟子有大功于世，以其言性善也。"

二是民本思想，是孟子仁政思想的核心。"尧舜之道，不以仁政，不能平治天下"。仁政之本就是民本，是民心民力。

孟子的民本思想境界很高，内容周致精微。政为民立，君为民选，制为民设，福为民谋，国为民享。

"民为重，社稷次之，君为轻"。"得乎丘民为天子"。即使是圣贤之君，如尧舜也是"天与之""民与之""天视自我民视，天听自我民听"。百姓喜不喜欢，百姓拥不拥护，百姓最有发言权，人民就是头上的天，"人民至上"，充分尊重人民的政治权力。

"夫仁政必自经界始，经界不正，井地不均，谷禄不平"，"制民以产，必使民仰足以事父母，俯足以畜妻子，乐岁终身饱"，"黎民不饥不寒"，"养生丧死无憾"，"省刑罚、薄赋敛"，"节用而爱民"，"使民以义"，"使民以时"，"民事不可缓"。以民生为务，爱民、保民、安民、惠民，始终把人民放在心里，一切政治经济制度，包括法律都为民设，"以人民为中心"。

"设庠序学校而教之"，"皆所以明人伦也。人伦明于上，小民亲于下"。"富之"然后"教之"，王道既成，全民共享，实现文明和谐社会的理想。

习近平总书记提出并践行的"人民至上""以人民为中心""一切为了人民，一切依靠人民""把为人民谋幸福作为根本使命""人民就是江山，江山就是人民"，这是最伟大的民本思想，传承古圣更超越古圣，闪耀着习近平新时代中国特色社会主义思想的伟大光辉，必影响千秋万代而化成天下。

三是"尽心、知性、知天，存心、养性、立命"，是孟子修身养性思想的精华，是孟子对儒家"修身为本、正心养性、立德树人"思想的哲学思考和理论升华，直指心性修养，是修身进德的最高层面。

《尽心篇》开篇孟子说："尽其心者，知其性也。知其性，则知天矣。存其心，养其性，所以事天也。夭寿不贰，修身以俟之，所以立命也。"

尽心，就是诚意正心，臻极至善，达到与天地合其德，至诚至善至正的境界。如《大学》所言"君子无所不用其极"，"止于至善"。

孟子的意思是希望人们努力诚意正心，臻极至善，懂得人有仁义礼智的本性初端，天理为常，人性本善，要持守善良的本性初心，修养至诚至善的品性，一生一世，不忘初心，"收其放心"，不丢良心，以行尧舜仁义之道为己任，担当家国天下，为天下苍生立命。核心是正心，与《大学》三纲八目的思想一致。心得其正，然后知人性可善，自觉为善，止于至善；心得其正，然后知天命，知天地自然的客观规律和天下道义的道德原则，"民之秉彝，好是懿德"才会有修身进德、居仁由义的高度自觉；心得其正，修身即得其本，本立而道生，然后可以齐家治国平天下。所以朱熹说："千变万化只说从心上来。"王阳明首创心学，亦是得孟子"尽心""良知"真谛。孔孟儒学以性立教，很重视人的心性发掘，培养人格的崇高和伟大，从一定意义上来说孔孟儒学归根结底是心性哲学。

圣人以性立教，正心为上。杨时说过："《孟子》一书只是要正人心，存心养性，收其放心。"

《孟子》一书，纲领是仁义，主题是仁政，心性为其本。"仁，人心也；义，人路也。"居仁由义，为生民立命，为万世开太平。

《孟子》一书篇幅较长，语言优美，蕴意深邃，值得一读。但读《孟子》要记住孟子的一句话："不以文害辞，不以辞害志，以意逆志，是为得之。"须认认真真地读，仔仔细细地思考，"以意逆志"才会心有所得。

刘家望

2021 年 5 月

目 录

目录

止于至善

我读《大学》《孟子》

止
于
至
善

我读《大学》《孟子》

我读《大学》

1. 大学之道

【原文】大学之道，在明明德，在亲民，在止于至善。

【解读】明明德：前一个"明"字是使动词，意思是使彰明，强化；明德是专有名词，是儒学提出的一个核心概念，即高尚的道德品性，是天赋的，根于天命之性，有如心之四端，灵昭不昧，为仁义本心，一体之仁。明明德，就是去除私欲之蔽，正心养性，使仁义本心扩而充之，彰明强化发扬光大。

亲民：有两种解释。一是新民，"新"的意思是教化、革新，不断地学习改造，不断地进步。二程、朱熹持这种解释。二是亲民，是仁义明德之所指，是明德的题中应有之义，仁义明德必在亲民，仁民爱物。王阳明持这一观点。我持王阳明的观点，但我感到亲民之意亦有"新"的意思，亲民，仁民爱物，践行一体之仁，既仁爱于民也改造教育自己，了解民情，增进和人民的感情，密切与人民的关系，这样，自己的"明德"更会有思想感情的升华，"明德"必然更明，感情思想、立场都会发生深刻的变化。"新"在其中。

止于至善：明德亲民达到极致，与天地合其德，至正至诚至善，也就是子思《中庸》所谓"尽性"，孟子的所谓"尽心"。

这就是《大学》之道，是学做人做事，为政为学，修身齐家治国平天下的大学问，"在明明德，在亲民，在止于至善"是大学问的宗旨和纲领。

2. 知止而后有定

【原文】 知止而后有定，定而后能静，静而后能安，安而后能虑，虑而后能得。物有本末，事有终始，知所先后，则近道矣。

【解读】 止，追求崇高的理想目标，不达理想目标不止步。如上文中的"止于至善"。

原文的意思是：有崇高的理想目标，就要有坚定的志向和坚忍不拔的定力；有坚定的志向和定力，才能心无旁骛；心无旁骛，镇静自若，才能矢志不渝，心安不躁；矢志不渝，心安不躁，才能深谋远虑，一往无前；深谋远虑，一往无前，才能得到崇高理想目标的实现。物有本末，事有终始，凡事要循序渐进，一步一个脚印，笃志力行，持之以恒，坚忍不拔。这就是成己成物成天下之道。大学问要有大目标，做大学问成大事业者必有过人之节和坚定的志向、坚忍不拔的定力。

3. 致知在格物

【原文】 古之欲明明德于天下者，先治其国。欲治其国者，先齐其家。欲齐其家者，先修其身。欲修其身者，先正其心。欲正其心者，先诚其意。欲诚其意者，先致其知。致知在格物。

【解读】 这就是大学之道的三纲领八条目。三纲领是明明德，亲民，止于至善；八条目是格物，致知，诚意，正心，修身，齐家，治国，平天下。

是孔子一脉的儒家为学子士人设计和展示的修身进德，是内圣外王的人生目标、道路和阶梯。

　　原文的意思是：**古之君子要弘扬仁义明德平治天下，先要治国；要治国，先要齐家；要齐家，先要修身；要修身，先要正心；要正心，先要诚意；要诚意，先要致知；致知在格物，格物就是探究天地自然事物的本质本原和规律，究天人之际而明理。**

　　八条目的内容和本末先后次序很清楚了，最需要理解的是格物、致知而诚意。这是个哲学问题，也是修身进德、内圣外王的认知起点，知与行的起步。格物，是探究天地自然客观事物的本质本原和规律；致知，就是找到对客观事物本质本原及其规律的真实认知，形成正确的思想，客观真实的认知和正确思想就是诚意。其核心思想是"诚"，"所谓诚其意者，毋自欺也"，"诚者，天之道也"，所以"致知在格物"。要探究和懂得天地自然客观事物的真实的本质本原和规律，这是人的正确思想的唯一来源，也是"诚意"的哲学根据。"君子诚之为贵。"诚意是八条目的核心环节，没有诚意，就不可能有正心，心不正何谈内圣外王修齐治平。诚为德之本，正确的思想是灵魂。

4. 修身为本

　　【原文】物格而后知至，知至而后意诚，意诚而后心正，心正而后身修，身修而后家齐，家齐而后国治，国治而后天下平。自天子以至庶人，壹是皆以修身为本。其本乱而末治者否矣。其所厚者薄，而其所薄者厚，未之有也。此谓知本，此谓知之至也。

　　（以上四章，程朱指为经部。为"孔子之言而曾子述之"，是《大学》总论部分）

【解读】讲八条目的本末先后次序，强调修身为本。修身是八条目的中心环节，没有进德修身，止于至善，就不可能齐家治国平天下。修身以正心为上，正心先立其诚，诚在格物致知，明天地万物本原之理，一体之仁，返本归真，"在明明德"。

还特别强调，修身是做人的根本，"自天子以至庶人，壹是皆以修身为本"。概莫能外。"修己以敬""修己以安人""修己以安百姓"。穷则独善其身，达则兼善天下。本不能乱，修身做人，不能丢！

修身以格物、致知、诚意、正心为基本要求，以齐家、治国、平天下为理想和目标，修身是立德树人、成就完美人生的根本。

这就叫知道了根本，这就叫"知之至"，明理至知达到了最高境界。

5. 诚其意者　毋自欺也

【原文】所谓诚其意者，毋自欺也。如恶恶臭，如好好色，此之谓自慊。故君子必慎其独也。小人闲居为不善，无所不至，见君子而后厌然，掩其不善而著其善。人之视己，如见其肺肝然，则何益矣。此谓诚于中，形于外，故君子必慎其独也。曾子曰："十目所视，十手所指，其严乎！"富润屋，德润身，心广体胖，故君子必诚其意。

（从这章以下十二章，程朱所谓传部，分述三纲八目，是《大学》的分论）

【解读】再次专讲诚意，内心的真诚。"所谓诚其意者，毋自欺也。"言辞十分恳切。

原文的意思是：要做到诚意，内心的真诚，就是不自欺。就像自己嗅到臭味很厌恶，见到美色很喜欢一样，是内心真实的感受，心无虚缀，心诚的君子不需要装假，所以君子在无人处、私底下也意诚心正，不讲假话。意不诚的小人在无人处、私底下做坏事，甚至无所不为，见到君子就躲躲闪闪掩饰自己做的坏事，还要炫耀自己做了某一件好事。殊不知，别人看你，可以看透你的肝肺，你这样弄虚作假又有何益呢！这就是说，真诚在内心，总是显示于外，所以心诚的君子在无人处、私底下也要审视自己，严格要求自己，意诚心正。曾子说："在无人处、私底下也要像有好多眼睛盯着你，好多手指着你一样，戒慎恐惧，自觉敬畏。"

有财富可以把房屋装修得富丽堂皇，有德行，可以修养身心。品德完美，意诚心正自然心安体健。所以君子必须诚其意。

6. 盛德至善

【原文】《诗》云："瞻彼淇澳，菉竹猗猗。有斐君子，如切如磋，如琢如磨。瑟兮僩兮，赫兮喧兮。有斐君子，终不可喧兮。"如切如磋者，道学也；如琢如磨者，自修也；瑟兮僩兮者，恂慄也；赫兮喧兮者，威仪也；有斐君子，终不可喧兮者，道盛德至善，民之不能忘也。《诗》云："於戏，前王不忘！"君子贤其贤而亲其亲，小人乐其乐而利其利，此以没世不忘也。

【解读】《诗》云句，引自《诗经·卫风·淇澳》和《诗经·周颂·烈文》，歌颂周王精修学养、亲民贤贤、盛德至善，人民永记不忘。

《诗经·卫风·淇澳》说："看那弯弯的淇水岸边，翠绿的竹子郁郁葱葱。有修养的君子，精修学问，磨炼品性，如切如磋，如琢如磨，多么庄重严谨、胸怀博大啊，多么光明磊落、正义凛凛啊！这样一位有修养的君子，真是令人难忘啊！"（君子就是周王。）

如切如磋，是形容做学问的精勤；如琢如磨，是形容品性修养的打磨；瑟兮僩兮，是歌颂周王戒慎庄重；赫兮喧兮，是歌颂周王正大威严；有斐君子，终不可喧兮，是歌颂周王品德高尚、完美至善，百姓永不忘怀。

《诗经·周颂·烈文》说："啊，周王的盛德永远不忘！"周王敬贤任贤，亲亲仁民，让百姓享受到他们想要的快乐，得到想得到的利益，这样百姓永远记得周王。

7. 克明峻德

【原文】《康诰》曰："克明德。"《太甲》曰："顾諟天之明命。"《帝典》曰："克明峻德。"皆自明也。

汤之《盘铭》曰："苟日新，日日新，又日新。"《康诰》曰："作新民。"《诗》曰："周虽旧邦，其命维新。"是故君子无所不用其极。

【解读】本文两个自然段。第一段引用了《尚书》三篇中的名言解释"明明德"。"克明德"努力彰明高尚的道德品性。"顾諟天之明命"，要记住这是上天赋予的高尚纯洁的道德品性——明德，一体之仁德。"克明峻德"，"皆自明也"，要自觉彰明、强化、光大这高尚纯洁的道德品性，一体之仁的明德。

引用三篇古籍，三句话，层层递进，把明明德讲得很清楚了。

第二自然段引用了三篇古籍的三句名言：汤之《盘铭》曰"苟日新，日日新，又日新"。意思是：一天涤新，就要天天涤新，不断涤新，革故鼎新。

《康诰》一言"作新民"，人就是要求新向善。《诗经·大雅·文王》一句"周虽旧邦，其命惟新"，是说周虽然是个古老的邦国，总是有新的使命、新的发展和进步，有创新意识。

结尾一句话"君子无所不用其极"，主题思想鲜明突出，要君子求新精进，追求品格学养、事功的尽善尽美，实现人生内圣外王的理想，止于至善。

8. 尽人伦　知敬止

【原文】《诗》云："邦畿千里，惟民所止。"《诗》云："缗蛮黄鸟，止于丘隅。"子曰："于止，知其所止，可以人而不如鸟乎?"《诗》云："穆穆文王，於缉熙敬止。"为人君，止于仁；为人臣，止于敬；为人子，止于孝；为人父，止于慈；与国人交，止于信。

【解读】追求至善，知其所止，从感性认识到人伦德性的完美践行。中心意思是讲止于至善。

《诗经·商颂·玄鸟》说："邦畿之地广袤千里，百姓都安居于此。"《诗经·小雅·绵蛮》说："缗蛮鸣叫的黄鸟知道栖息安全理想的丘冈。"孔子说："鸟儿尚且知道栖息在安全理想的丘冈，难道人还不如鸟吗?"

《诗经·大雅·文王》歌颂周文王："威仪庄敬的文王，光明正大，德性完美，总是恭敬有礼，仁政爱民做到最好!"

为君王的对臣民要仁，为臣民的对君王要敬，为人子的对父母要孝，为父母的对子女要慈爱，人与人之间交往要真诚守信。这是人伦之常，要做到最好，要尽人伦。

9．必也使无讼

【原文】子曰："听讼，吾犹人也。必也使无讼乎！"无情者，不得尽其辞，大畏民志。此谓知本。

【解读】孔子说过："审理诉讼案件，我和别人是一样的，但我更希望没有诉讼案件。"孔子提倡"道之以德，齐之以礼，有耻且格"。

明德知礼，自然无讼。曾子加了一句"无情者，不得尽其辞，大畏民志。此谓知本"。要让那些没有诉讼实情的人不能编造谎言，制造诉讼纠纷，这就要按照先圣孔子的提倡，实行德政礼治，教化百姓明德知礼，畏法守礼，"有耻且格"，这才是本。

10．修身在正其心

【原文】所谓修身在正其心者：身有所忿懥，则不得其正；有所恐惧，则不得其正；有所好乐，则不得其正；有所忧患，则不得其正。心不在焉，视而不见，听而不闻，食而不知其味。此谓修身在正其心。

【解读】这一段是讲保持心性的中正平和，端正心志理性，不为偏激的喜怒哀乐的情绪所陷溺，丧失心志理性，只有这样才能修身进德、心术端正。

原文的意思是：修身在正其心，人有忿怒，心不得其正；人有恐惧，心不得其正；人贪玩好乐，心不得其正；心不在焉，思想涣散，视而不见，听而不闻，食不知味，心不得其正。正心要很好地控制自己的情绪，保持心性的中正平和，端正心志理性。这就是讲修身在正其心。

11. 齐家在修其身

【原文】所谓齐其家在修其身者：人之其所亲爱而辟焉，之其所贱恶而辟焉，之其所畏敬而辟焉，之其所哀矜而辟焉，之其所敖惰而辟焉。故好而知其恶，恶而知其美者，天下鲜矣。故谚有之曰："人莫知其子之恶，莫知其苗之硕。"此谓身不修，不可以齐其家。

【解读】这是讲修身与齐家的关系，修身立其诚，修身立其心正，修身在明明德。《尧典》说"克明峻德，以亲九族，九族既睦，平章百姓"，这是对修身齐家的经典表述。本章用平易的语言、平常的家事讲这个道理。

齐家在修身，人对自己亲爱的人往往偏爱，对自己厌恶的人往往偏恶，对自己敬畏的人往往偏敬，自己怜悯的人往往偏惜，对自己轻慢的人往往偏轻。所以，（一个人难得把心摆正，做到一体之仁，亲睦九族）喜欢一个人又知道他的缺点，厌恶一个人又知道他的优点（把家族的人都摆得平平的），天下难得有这样的人呀！

民谚说："没有人知道自己孩子的缺点（只讲自己的孩子好），没有人满足自己田里的禾苗壮硕。"溺爱总是偏心，贪心总嫌不足，不克服偏私贪婪之心齐不了家。身不修不可以齐家就是这个道理。

12. 治国必先齐家

【原文】所谓治国必先齐其家者，其家不可教，而能教人者无之。故君子不出家，而成教于国。孝者，所以事君也；弟者，所以事长也；慈者，所以使众也。《康诰》

曰："如保赤子"，心诚求之，虽不中，不远矣。未有学养子而后嫁者也。一家仁，一国兴仁；一家让，一国兴让；一人贪戾，一国作乱。其机如此，此谓"一言偾事，一人定国。"

尧舜率天下以仁，而民从之；桀纣率天下以暴，而民从之。其所令反其所好，而民不从。是故君子有诸己而后求诸人，无诸己而后非诸人。所藏乎身不恕，而能喻诸人者，未之有也。故治国在齐其家。

《诗》云："桃之夭夭，其叶蓁蓁。之子于归，宜其家人。"宜其家人，而后可以教国人。《诗》云："宜兄宜弟。"宜兄宜弟，而后可以教国人。《诗》云："其仪不忒，正是四国。"其为父子兄弟足法，而后民法之也。此谓治国在齐其家。

【解读】治国必先齐家，这是中国传统文化的重要理念和原则，家国同构，仁义为上，人伦为常，孝悌为本。即便到了今天，家仍然是国家社会的基本细胞，"家是最小国，国是千万家"，国家的繁荣富强和发展、社会的文明和谐和进步，与每一个家庭都息息相关，十分重要。

原文的意思是：

治国必先齐家。自己家庭教育不好，家风不正，不可能教化别人。所以君王不出家门也能以自己良好家教家风，推教化于全国。用孝敬父母之道侍奉君王，用恭敬兄长之道尊敬长者，用慈爱子女之道仁爱民众。《康诰》上说："要像慈爱保护婴儿一样，爱护人民。"要真心诚意去做，虽然不一定中意，但也相差不远，哪能一开始就做得完美呢！

一个家庭行仁义，整个国家就会盛行仁义，一个家庭礼貌谦让，整个国家就会有礼貌谦让之风。一个君王如果贪婪暴戾，整个国家必然搞乱。家与国紧密相连就是这样。叫做"一句话可使国家败亡，一个人可以安邦定国"。

唐尧、虞舜领导，施仁政于天下，百姓居仁由义；汤桀、商纣统治，行暴政于天下，百姓也跟随暴戾。领导者说一套做一套，百姓是不会听从的。所以，作为领导者，自己要具备优秀的品德，要求别人做到的，自己先严格要求自己做到，自己没有恶习，才有资格批评别人。自己不修养仁爱恕道，"己所不欲、勿施于人"，就不能教育影响别人。所以说，治国在齐家，家长要带好头，做表率。

《诗经·周南·桃夭》说："桃之夭夭，其叶蓁蓁，之子如归，宜其家人。"桃树枝叶繁茂，姑娘出嫁，友爱全家，全家和睦。友爱和睦就可以影响教化国人。《诗经·曹风·蓼萧》说："宜兄宜弟。"好兄好弟，品德高尚，堪为表率，教化国人。《诗经·曹风·鸤鸠》是一首歌颂扬英雄人物的诗，诗说："其仪不忒，正是四国。"善良的君子，言行如一，是国民的模范。一个家庭父子兄弟以至全家都友爱和睦，言行一致，品德高尚，全国足以学习效法。

治国在于齐家，这里引《诗》三首说的就是这个道理。

13. 平天下在治国

【原文】所谓平天下在治其国者，上老老而民兴孝；上长长而民兴悌；上恤孤而民不倍；是以君子有絜矩之道也。所恶于上，毋以使下；所恶于下，毋以事上；所恶于前，毋以先后；所恶于后，毋以从前；所恶于右，毋以交左；所恶于左，毋以交于右：此之谓絜矩之道。

《诗》云："乐只君子，民之父母"。民之所好好之，民之所恶恶之，此之谓民之父母。诗云："节彼南山，维石岩岩；赫赫师尹，民具尔瞻。"有国者不可以不慎，辟，则为天下僇矣！

《诗》云："殷之未丧师，克配上帝；仪监于殷，峻命不易。"道得众则得国；失众则失国。

【解读】平治天下在治理好国家。关键是作为君王要以德立极，建树自己行仁义尊人伦的道德规矩的表率模范形象，这就是所谓"君子有絜矩之道"，得道则得民心，得民心则得众，得众，则得国，失众，则失国，得民心才能得天下。

原文两段，突出讲君王行仁义、尽人伦、建树絜矩之道。

平定天下在治理国家，要行仁义，尽人伦。君王孝敬老人，国民就会兴起孝敬老人的风气；君王尊敬兄长，国民就会兴起尊敬长上的风气；君王怜恤孤独，国民就不会抛弃那些无依无靠的人。君王发政施仁，行仁义尽人伦，就为全国人民树立了仁义、人伦道德规矩的榜样。

厌恶上级对你的某些言行，你就不要以这些言行去对待你的下级；厌恶下级对你的某些言行，你就不要以这些言行去对待你的上级。对前后左右（周围）的人也一样，将心比心，以己及人，己所不欲，勿施于人。这也是说我们自己要做仁义人伦道德规矩的模范。

原文还引用了《诗经》的三篇歌词，很切本章主旨。

《诗经·小雅·南山有台》："善良仁厚的君王,您是天下百姓的父母。"百姓喜欢的你喜欢,百姓厌恶的你厌恶(忧以天下,乐以天下,与民同心),这样才叫天下百姓的父母。

《诗经·小雅·节南山》是一首抨击幽王及太师尹氏罪恶的诗:"节彼南山,维石岩岩;赫赫尹师,民俱尔瞻。"拔地而起的南山,峭岩高峻,权势显赫的尹太师,百姓都愤怒地看着你。操持国政大权,要戒慎恐惧,要小心点啊!违逆百姓的心愿,祸国殃民一定会被天下百姓杀掉。

《诗经·大雅·文王》是周文王的颂歌,特别提醒人们要以殷商灭亡为鉴,永配天命。"殷之未丧师,克配上帝;仪鉴于殷,峻命不易。"殷商未失民心的时候,还能恪守上天的明命(后来不尊天命,德不配位,就灭亡了),要以殷商的灭亡为教训,天命授予不容易啊!要修身进德,建树絜矩之道,恪守天命,才会得到百姓的拥护。得众,则得国,失众,则失国。得民心得天下。

14. 君子先慎乎德

【原文】是故君子先慎乎德。有德此有人,有人此有土,有土此有财,有财此有用。德者,本也;财者,末也。外本内末,争民施夺。是故财聚则民散,财散则民聚。是故言悖而出者,亦悖而入;货悖而入者,亦悖而出。

《康诰》曰:"惟命不于常。"道善则得之,不善则失之矣。《楚书》曰:"楚国无以为宝,惟善以为宝。"舅犯曰："亡人无以为宝，仁亲以为宝。"

【解读】"君子先慎乎德"，立德第一，德为立身之本，立德树人，德为先。《大学》第一篇第一句"在明明德"，就是正心养性，去私欲，清杂念，使仁义礼智的善端本性扩而充之而为善德，培养高尚的道德品性。

"慎乎德"有两层意思：一是要审慎精勤，修养高尚的道德品性，"明明德"。二是要戒慎恐惧，慎独慎微慎终，严格地用至正至诚至善的道德标准要求自己做人做事，为国为民。"有国者不可以不慎，辟则为天下戮矣！"

所以君子要审慎于德。有善德才能得到人民的拥护，有人民的拥护，才会有国土，有了广袤的国土，就有了财富。有财富才能财用有余。德是根本，财富是末节，如果看重财富，轻视道德，重利轻义，就会发生上下交争利、争夺财富的现象。所以如果君王不行仁义，敛夺民利，聚集财富，民心就会离散。如果君王行仁义，为民谋福利，散富于民，就能凝聚民心。

所以，对人讲一些没有德性、违背理义的语言，别人也会用同样的语言回对你；用违背道德理义的方法获取财富，别人也会用同样的方法夺走。（上下交征利，而国危矣。）

《尚书·康诰》讲"天命不会永远不变"，是说行仁行善，能得天命支持（百姓拥护民心支持），不行仁不行善，就会失去天命的支持（失去民心，在儒学经典作家的思想里，天民是合一的）。《楚书》上记载楚国人说："我们楚国没有什么珍宝，只把善良美德视为珍宝。"当年和晋文公重耳一起流亡在外的重耳的舅舅子犯也说过："我们流亡在外的人没什么珍宝，只把仁爱品德当成珍宝。"

这段文章语言平易生动，说理清晰，把美德与财富、美德与珍宝、美德与天命民心的关系说得清清楚楚，仁爱亲民的美德最珍贵，"是故君子先慎乎德"。

15. 必忠信以得之

【原文】《秦誓》曰:"若有一介臣,断断兮无他技,其心休休焉,其如有容焉。人之有技,若己有之;人之彦圣,其心好之;不啻若自其口出。寔能容之,以能保我子孙黎民,尚亦有利哉。人之有技,媢疾以恶之;人之彦圣,而违之俾不通,寔不能容,以不能保我子孙黎民,亦曰殆哉。"

唯仁人放流之,迸诸四夷,不与同中国。此谓惟仁人为能爱人,能恶人。见贤而不能举,举而不能先,命也;见不善而不能退,退而不能远,过也。好人之所恶,恶人之所好,是谓拂人之性,菑必逮夫身。是故君子有大道,必忠信以得之,骄泰以失之。

【解读】《秦誓》是秦穆公打败仗之后,当着群臣作的一次自我检讨。作为一国之君,在王权至上的战国时期,能以国家黎民的利益为重,公开悔过,虚己待贤,十分难得。《大学》引用《秦誓》这段话,曾子赞赏之意明显。

《秦誓》中秦穆公说:"假若有这样一个臣子,老实诚恳,没有其他才能,但他心地仁爱,宽厚容人:别人有才能,好像他自己有才能一样,人家德才兼备,他从心底里高兴,不只是嘴上说。他确实具备仁爱容人的高尚品德。任用这样的人就能保护我们的子孙和黎民百姓,而且一定有利于国家啊!而另外一种人呢,人家有才能,他嫉贤妒能;看到德才兼备的圣贤之士与国君接近,他就去打压,闭塞国君近贤之路,不让圣贤之士与国君接近,这是胸心狭隘不能容贤的人。任用这样的人,就不能保护我们的子孙和黎民百姓，对国家也很危险！有仁德的人要把这些人放逐到夷蛮之地去，不与他们同住于国中。这就是说：只有仁人才懂得爱好人，识别品德恶劣的人。"

见到贤德的人，不能举荐任用，即使推举了也不优先任用在重要的职位上，这是怠慢；见到坏人（品德恶劣的人）不能辞退，即使辞退也还离岗不远，这也是过错（也许是机制所限）。爱好大家都厌恶的人和事，厌恶大家都爱好的人和事，这是违反人的道德品性和常理，这样做会有灾祸及身。所以有道德修养的君子要居仁由义，走仁义之大道，亲亲仁民，仁民爱物，忠诚守信，才能得人心，不仁不义、骄纵恣肆必失人心。

还是讲高尚的道德品性很重要，关系到为人为政，齐家治国平天下。

16. 国以义为利

【原文】生财有大道，生之者众，食之者寡，为之者疾，用之者舒，则财恒足矣。仁者以财发身，不仁者以身发财。未有上好仁，而下不好义者也，未有好义其事不终者也，未有府库财非其财者也。

孟献子曰："畜马乘，不察于鸡豚；伐冰之家，不畜牛羊；百乘之家，不畜聚敛之臣，与其有聚敛之臣，宁有盗臣。"此谓国不以利为利，以义为利也。长国家而务财用者，必自小人矣。彼为善之，小人之使为国家，菑害并至，虽有善者，亦无如之何矣。此谓国不以利为利，以义为利也。

【解读】这是《大学》收笔结尾的一章，从"生财有大道"说起，实际上还是讲治国平天下仁义为上，民生为本，"先慎乎德"。与开篇的三纲八目相呼应，"在明明德，在亲民，在止于至善"。

文章说：生财有原则、有方法，要行正道。国无闲人，生财者众，吃闲饭的少；使民以义，劳动生产率高；节用爱民，财用有度。那么国家财力就富裕恒常。

有仁德的人修己安百姓，发扬自己的仁德；没有仁德的人一心为自己谋利聚财，为富不仁而不惜害德丧身。没有君王好仁，而臣下不好义的，没有好义而办不成事的，更不会有国库的财富是不义之财的（这就是生财有大道）。

鲁国的贤大夫孟献子说："食禄充裕的大夫家，就不要再计较养鸡养猪谋利，比较富裕的官吏家，不要去养牛羊谋利，有百乘采邑的邑宰，没有必要为自己养一个敛聚民财的家臣，与其养个敛财的家臣，还不如养个盗贼。"（敛财的家臣以搜刮民财为务，盗贼只是偷自己家的财物，宁愿自家损失财物，而不能伤害百姓，这就是仁义、仁德。）所以说：国家（包括国君及其臣属）不能以利为利，与民争利，而应该与民仁义，以义为利（利为义之和）。执掌国政，一心以谋利聚财为务，是没有仁德的小人。国君发政施仁，却任用谋利聚财的小人执掌国政，必然灾祸并至，祸国殃民，到了这样的地步，即使再有仁德善治之士，也无可奈何了。所以说：国家不能以利为利，与民争利，而必须与民仁义，以义为利啊！

结尾一句，振聋发聩，治国平天下仁义为上，以义为利，仁民亲民，止于至善。

曾参著《大学》结尾一句："国不以利为利，以义为利也。"一百多年后孟子对梁惠王说："王何必曰利，亦有仁义而已矣。"孟子完整地继承了曾子的思想，《大学》结尾，正是《孟子》开篇。

我读《孟子》

第一篇 梁惠王（上）

　　《孟子》共七篇，《梁惠王（上）》为第一篇，有七章，以孟子见梁惠王为第一章。一开篇梁惠王急切地问利，孟子直言回对："王何必曰利？亦有仁义而已矣。"观点鲜明，昭明仁义，以此开篇，仁义为道，贯穿《孟子》全书。

　　"孟子道性善，言必称尧舜。"性善者，仁义礼智本于性，根于心，尧舜之道仁义为上。"仁义"是孟子对孔子仁爱思想的继承和发扬，是为人立世、治国理政的指导思想和道德准则。孟子的政治主张是王道和仁政，为政要把仁义放在首位。"仁，人心也，义，人路也。""仁义"是中华民族几千年来一直继承、生生不息的文化基因和美德。读《孟子》知行仁义，从这里开始。

1. 王何必曰利　亦有仁义而已矣

　　【原文】孟子见梁惠王。王曰："叟，不远千里而来，亦将有以利吾国乎？"

　　孟子对曰："王何必曰利？亦有仁义而已矣。"

　　"王曰，何以利吾国，大夫曰，何以利吾家，士庶人曰，何以利吾身，上下交征利，而国危矣。

"万乘之国，弑其君者，必千乘之家；千乘之国，弑其君者，必百乘之家。万取千焉，千取百焉，不为不多矣。苟为后义而先利，不夺不餍。

"未有仁而遗其亲者也，未有义而后其君者也。王亦曰仁义而已矣，何必曰利？"

【注释】梁惠王：即魏惠王名罃（yíng），三家分晋后僭礼称王，公元前362年，魏国都城从安邑迁至大梁（今河南开封），故称梁，谥曰惠。征利：征作取解，取利，也有争利的意思。万乘之国：天子畿内，地方千里，出车万乘。千乘之国：诸侯之国，兵车千乘。千乘之家：天子之公卿之家，采邑百里，出车千乘。百乘之家：诸侯之大夫之家，有车百乘。

【译文】孟子见梁惠王。梁惠王说："老先生，您不远千里而来，将有什么利于我们国家吧？"

孟子说："大王，您何必一开口就说利呢？也有仁义，讲仁义就够了呀！"

"王说，何以利我的国，大夫说，何以利我的家，普通士官和老百姓说，何以利我们自己。如果一国上下都这样竞相逐利，交相争利，那国家就乱了、就危险了。

"万乘之国，弑其国君的必定是拥千乘的诸侯国或拥千乘之财权势的公卿巨室；千乘之国，弑其国君的必定是百乘之财权势的诸侯大夫。万乘之国的卿相有兵车千乘，千乘之国的大夫有兵车百辆，他们的财富已经够多了（他们还不满足）。如果重利轻义，放利而行，不以仁义为先，那些利欲熏心的诸侯、卿相大夫、王公贵族不夺利争财以致弑君篡国就不得满足。"

"从来没有怀仁爱之心的人会虐待遗弃自己的父母，也从来没有重仁义的臣子会轻慢自己的君王。大王啊，还是讲仁义就好，何必总要讲利呢？"

【解读】孟子回答梁惠王的这一席话很尖锐，对梁惠王几乎是劈头盖脸以对，有点令王瞠目结舌。但观点鲜明，理直气壮地宣示了孟子的仁义思想。"何必曰利？亦有仁义而已矣。"议论雄辩，从历史和现实分析，把重利轻义之害、怀仁重义之益说得清清楚楚、淋漓尽致。最后再一次劝诫梁惠王："王亦曰仁义而已矣，何必曰利？"

太史公司马迁读《孟子》梁惠王章很有感触。他说："余读孟子书，至梁惠王问'何以利吾国'，未尝不废书而叹也，曰：'嗟乎，利诚乱之始也！夫子罕言利者，常防其原也。'故曰'放于利而行，多怨'。自天子至于庶人，好利之弊何以异哉！"（《史记·孟子荀卿列传》）

孟子与梁惠王关于"利"与"仁义"的这段针锋相对的对话，有其历史背景，有很强的针对性。

梁惠王姬罃是三家分晋的魏国魏文侯姬斯之孙，魏武侯姬击之子，公元前370年即位，9年后迁都大梁（即现在的河南开封），始称梁王。三家分晋后，魏文侯雄心勃勃，率先用李悝变法强国，魏国即成强国，号称战国第一雄。自此，文侯、武侯至梁王，一脉相承，把富国强兵、争雄称霸作为立国之策，对外征战不断，吞并弱小，引发盟友韩赵不满，对内以利为先，不施仁义，以致争权夺利，朝野不睦，国力渐出衰势。而其他诸侯国受魏国初年李悝变法的积极影响，竞相招贤纳士，改革图强，富国强兵，赶超魏国之势强劲。各诸侯国争雄图霸已成气候。特别是秦国经商鞅变法之后，富国强兵，国力强盛，大有"席卷天下，包举宇内，囊括四海，吞并八荒"之势。当此之时，梁惠王倍感压力，乃卑礼厚币而招贤，礼请孟子问计，时年孟子63岁。所以梁惠王见到孟子就迫不及待地请教："叟，不远千里而来，亦将有以利吾国乎？"（"老先生，您老有什么能利吾国呀？"）在梁王心里，他急切需要的"吾国之利"就是富国强兵、争雄称霸。而孟老夫子十分清楚当时诸侯纷争的天下情势，深恶痛绝当时各路诸侯国合纵连横竞相争利、攻伐纷争、弱肉强食、仁义不施的天下乱象。所以孟子回对梁王，一针见血，不言利，只讲仁义。"王何必曰利？亦有仁义而矣！"因为孟子深睿洞察：利诚为乱之始，上下交征利，国危矣，攻伐纷争，争雄图霸，天下乱矣！仁义才是惠万民、平天下的人间正道，尧舜之道，仁义为上，不以仁义不能平治天下。

孟子与梁王"利"与"仁义"的对话堪称千古名对。

孔子在《周易》说卦传中说："昔者圣人之作《易》也，将以顺性命之理。是以立天之道曰阴与阳，立地之道曰柔与刚，立人之道曰仁与义。"仁义乃性命之理，天地大德，人间正道。

实际上，孟子很关心庶民百姓最现实、最迫切的切身利益，并且认为这是遵王道施仁义行仁政的基本问题和最基本要求。《孟子》一书很多章节都强调这一行仁政、施仁义的基本问题。他提出了"无恒产则无恒心"；"明君制民以产，必是仰足以事父母，俯足以畜妻子"；"夫仁政，必自经界始"，要解决好农民的土地问题，使"耕者皆欲耕于王之野"；他还响亮地提出"王欲行之，则盍反其本矣"。本，仁政之本就是利民、惠民、安民。

可见，孟子在利与义的问题上并不迂阔偏激，对梁王之言不是过激之言。只是因为战国之时诸侯纷争"万取千，千取百""天下之人唯利是求，而不复知有仁义"，所以孟子言仁义而不言利，是为了劝诫梁王，唤醒世人，以正本清源，平天下之乱。这就是孟子的本心，读者应深察神会。

2. 与民谐乐

【原文】孟子见梁惠王。王立于沼上，顾鸿雁麋鹿，曰："贤者亦乐此乎？"

孟子对曰："贤者而后乐此，不贤者虽有此，不乐也。

《诗》云：'经始灵台，经之营之，庶民攻之，不日成之。经始勿亟，庶民子来。王在灵囿，麀鹿攸伏，麀鹿濯濯，白鸟鹤鹤。王在灵沼，於牣鱼跃。'文王以民力为台为沼，而民欢乐之，谓其台曰'灵台'，谓其沼曰'灵沼'，乐其有麋鹿鱼鳖。古之人与民偕乐，故能乐也。《汤誓》曰：'时日曷丧，予及女偕亡。'民欲与之偕亡，虽有台池鸟兽，岂能独乐哉?"

【注释】台：亭台、观景台。沼：人工湖沼。

《诗》云句：引用的是《诗经·大雅·灵台》中的第一、第二章歌颂周文王的诗句。赞扬周文王与百姓共建共享苑囿，与民同乐，百姓高兴地把苑囿中的亭台叫"灵台"，人工湖沼叫"灵沼"。

《汤誓》曰句：引自《尚书》的《汤誓》篇，原文是"时日曷丧，予及女偕亡"，孟子引为"时日害丧，予及女偕亡"。害（hé），通曷，何时，什么时候；丧，即灭亡；女，即汝。时日，这个日，指夏桀王，据说夏桀王残暴虐民、民怨沸腾，但他还常无耻放言："吾有天下，如天之有日，日亡吾乃亡耳。"老百姓怨恨至极，所以愤怒地呼喊："这个日何时灭亡啊，我们宁愿与你一起灭亡!"

【译文】孟子见梁惠王，梁惠王站在他私家苑囿的人工湖边，欣赏着鸿雁、麋鹿，很得意地对孟子说："您老贤德之人也以此为乐吗?"

孟子不客气地回答说："此情此景，贤德之人后民而乐，不贤之人虽独享苑囿美景，不得其乐，反有其祸。"

孟子接着说："《诗经·大雅·灵台》歌颂周文王修苑囿，筑灵台、灵沼，说：'开始筑灵台，动工不用催，庶民都努力，不日即建成，文王来苑囿，看到母鹿悠闲地躺在草地上，皮毛油光水亮，白鸟羽毛洁白美丽，文王来湖沼边，看水中鱼儿欢戏跳跃。'文王依靠民力建起了苑囿，庶民同欢乐，称台为'灵台'，称沼为'灵沼'，高兴地同文王一起欣赏苑囿中的麋鹿和鱼鳖。古代有贤德的君王与民同乐，所以他们能得到快乐。

　　"相反，如《尚书·汤誓》中所记载的，暴君夏桀王残暴无道、民怨其虐，百姓竟愤怒地呼喊出：'时日害丧，予与女偕亡！'（夏桀啊，你何时才灭亡啊，我宁愿与你同归于尽！）试想一下，像夏桀那样，百姓恨不得和你一起灭亡，即使有美丽的台池苑囿又何能独享其乐啊？！"

　　【解读】初见梁惠王，夫子说"王何必言利？亦有仁义而已矣"，言辞已很尖锐。二见梁惠王，梁惠王安排了一个很轻松的环境，同游苑囿，并得意一问："贤者亦乐此乎？"哪知道老夫子的回对更尖锐，更严肃。引《诗经》、《汤誓》典故，用文王仁民爱物，与民同乐，"民欢乐之"与夏桀暴虐百姓，人怨天怒，"时日曷丧，予与女偕亡"的典型历史案例，说明贤者后民而乐，民亦乐其乐；不贤者骄侈淫逸，暴虐其民，则人怨天怒，必遭天谴人诛以至灭亡，何来其乐，只有灾祸！以史为镜，王道昭昭而知兴替。

　　对人民的态度、与人民的关系是王道的根本，"民心是最大的政治"，民心向背关乎兴亡。

3.　养生丧死无憾　王道之始也

　　【原文】梁惠王曰："寡人之于国也，尽心焉耳矣。河内凶，则移其民于河东，移其粟于河内；河东凶亦然。察邻国之政，无如寡人之用心者。邻国之民不加少，寡人之民不加多，何也？"

孟子对曰："王好战，请以战喻。填然鼓之，兵刃既接，弃甲曳兵而走。或百步而后止，或五十步而后止。以五十步笑百步，则何如？"

曰："不可！直不百步耳，是亦走也。"

曰："王如知此，则无望民之多于邻国也。不违农时，谷不可胜食也；数罟不入洿池，鱼鳖不可胜食也；斧斤以时入山林，材木不可胜用也。谷与鱼鳖不可胜食，材木不可胜用，是使民养生丧死无憾也。养生丧死无憾，王道之始也。"

"五亩之宅，树之以桑，五十者可以衣帛矣。鸡豚狗彘之畜，无失其时，七十者可以食肉矣。百亩之田，勿夺其时，数口之家，可以无饥矣；谨庠序之教，申之以孝悌之义，颁白者不负戴于道路矣。七十者衣帛食肉，黎民不饥不寒，然而不王者，未之有也。狗彘食人食而不知检，涂有饿莩而不知发，人死，则曰：'非我也，岁也。'是何异于刺人而杀之，曰：'非我也，兵也。'王无罪岁，斯天下之民至焉。"

【注释】河内：梁惠王魏国境内的黄河以北地区。填然鼓之：咚咚擂鼓。直不百步耳：直，即只，只不过还没有后退一百步罢了。数罟：数（cù），细密，织得很细密的网。庠序之教：古代的乡学，初级教育，商朝叫序，周朝叫庠。颁白：即斑白，指须发斑白的老年人。莩（piǎo）：同殍，饿死的人。

【译文】梁惠王说："我对于国家，真是竭尽了心力啊！比如，河内地区遭了灾荒，我就把那里的一部分百姓迁移到河东去，把粮食运送到河内。河东受灾了我也是这样做的。可是我考察邻国的为政者，还不如我这样为百姓尽心尽力，但我发现邻国的百姓未见减少，我的百姓也不见增加，请问夫子，这是什么缘故呢？"

孟子回答说："我知道您大王喜好征战，那就让我以征战的事例打个比喻吧！战场上战鼓咚咚擂响，刚刚兵刃相接，就有人丢盔弃甲，拖着兵器退逃，有的后逃一百步，有的后逃五十步，逃退五十步的人还耻笑逃退一百步的，您觉得如何？"

梁惠王说："不可，只不过没有逃退一百步呀，也是逃退嘛。"

孟子说："王如果懂得这个道理了，就不要再指望您国家的百姓会比邻国多了。"

孟子接着说："不违农时，不妨碍农民依时务农，农民的粮食就吃不完；限捕禁捕，不用细密的网罟下江河湖泊捕捞，鱼鳖水产会很丰富；适时封山育林，砍伐有节，林木自然丰茂，材木充足。粮食、鱼鳖吃不完，材木用不完，这样百姓生养、死葬就不会遇到困顿，就不会有不满意的事情。让百姓生老病死没有不满意的事情，王道仁政就是从这些事情抓起啊！"

"五亩之宅庭院里，种上桑树，五十岁以上的人可以穿上丝绵衣服了，家里搞好猪、鸡等家畜家禽的饲养，七十岁以上的人可以吃到肉了。一家一户不误农时，耕种经营好百亩之田，数口之家就无饥荒之虑。然后认真地办好乡学、普及乡学的初等教育，进行人伦基本道德礼义教育，申明孝悌忠信之义，须发斑白的老人们就不再肩挑背负奔波在途了。七十岁以上的人穿帛食肉，黎民百姓不饥不寒、温饱无忧，如此王道既成，还不天下归心、人民拥戴，未之有也。"

"而有的执政者，无视富人家猪狗吃百姓的粮食，却不加以查检制止，道途之中有饿死的人，却不曾为饥民开仓赈济，百姓饿死了，他们竟然说'这不是我的责任，而是年成不好的原因'。执政者这样做、这样说，无异于拿刀刺杀了人，还说'这不是我杀的，是刀子杀的'（荒谬至极）。如果我们的执政者遇到百姓饥荒能够深刻地检讨自己，认真地解决百姓的温饱问题而不是漠然无视，归罪于年成，这样，天下的百姓（包括别的国家的百姓）就都会来投奔了。"

【解读】梁惠王自我感觉良好，自诩"于国，尽心焉耳矣"，但尚疑惑民不来归"何也"。孟子以"五十步笑百步"为例给梁王讲述了一个既现实而又深刻的道理——于国尽心，为政必行王道。行王道，从关心和解决百姓的温饱、"养生丧死"的问题开始。"七十者衣帛食肉，黎民不饥不寒，然而不王者，未之有也"，"斯天下之民至焉"，这是为政的大事，"国之大者"。

《论语》记载，叶公问政于孔子，孔子精辟一句"近者悦，远者来"，孔子还说过一句"所重：民、食、丧、祭"也堪称经典，于国尽心，心系于民。孟子与孔子一脉相承，圣人之言，光耀千古。

写到这里，我想起了习近平总书记2018年4月在湖北省考察扶贫时说过的一段话："要抓住人民最关心最直接最现实的利益问题，把人民群众的小事当作我们的大事，从人民群众关心的事做起，从让人民满意的事抓起。"语言平实、亲切，意蕴深厚精微，温暖着亿万人心。心系于民，体恤入微。2000多年前的往圣们提倡王道民本的语言和思想，只有植根于中国优秀文化和中华民族伟大人民的中国共产党的领导者才能有如此精微贴切的诠释和前无古人的伟大光辉实践。

4. 虐政如刃

【原文】梁惠王曰："寡人愿安承教。"

孟子对曰："杀人以梃与刃，有以异乎？"

曰："无以异也。"

"以刃与政，有以异乎？"

曰："无以异也。"

曰："庖有肥肉，厩有肥马，民有饥色，野有饿莩，此率兽而食人也。兽相食，且人恶之；为民父母，行政不免于率兽而食人，恶在其为民父母也？仲尼曰：'始作俑者，其无后乎！'为其象人而用之也。如之何其使斯民饥而死也？"

【注释】梃：木棒。刃：刀剑。且人恶之：恶（ě），厌恶。恶在其为民父母也：恶，应念 wū，疑问副词，意为如何、怎么。这种疑问用法在孟子语言中较常见。率兽而食人也：率领驱使兽类食人。意思是厚敛于民，以政虐民，使得庖有肥肉，厩有肥马而民有饥色，野有饿莩，这无异于为政者率领驱使兽类食人。朱熹《孟子集注》云："厚敛于民以养禽兽，而使民饥而死，则无异于驱兽以食人矣。"

【译文】梁惠王说："老先生，我愿意听您指教。"

孟子就接着对王讲："用木棍打死人和用刀剑杀死人，有什么不同吗？"

梁惠王回答："没有什么不同。"

孟子又追问一句："那么以刀杀人和为政虐民至死，有什么不同吗？"

梁惠王回答："没什么不同。"

孟子说："惠王您的厨房里有那么多的膘肥禽兽肉，您的马厩里那么多膘肥壮硕的马匹，但是您的百姓面带饥色，荒郊野外常见饿莩，是您暴敛其民，厚养其兽吧，这无异于您率领或者驱使兽类食人啊！人们看到禽兽自相残杀、弱肉强食，尚且十分厌恶，而为民父母的执政者，却不能避免率兽而食人的虐政，如何配得上称'民之父母'呢？孔夫子说过：'始作俑者，其无后乎？'孔夫子对用人形的俑做殉葬十分痛恨而诅咒，作为执政者又怎么能'率兽食人'让百姓活活地饿死呢？"

【解读】孟子说话，越说越激动，越说越言辞激烈，几乎是极言斥责：王者为政，厚敛虐民，民不聊生，饿莩遍野，犹如以政刃民，率兽食人，其心何忍？"恶在其为民父母也？"

孟子的政治思想是王道仁政，"以不忍人之心，行不忍人之政"。言说针对君王，一点客气也不讲。好在梁惠王态度还好，"愿安承教"。

5. 仁者无敌

【原文】梁惠王曰："晋国，天下莫强焉，叟之所知也。及寡人之身，东败于齐，长子死焉；西丧地于秦七百里；南辱于楚。寡人耻之，愿比死者一洒之，如之何则可？"

孟子对曰："地方百里而可以王。王如施仁政于民，省刑罚，薄税敛，深耕易耨，壮者以暇日修其孝悌忠信，入以事其父兄，出以事其长上。可使制梃以挞秦楚之坚甲利兵矣。

"彼夺其民时，使不得耕耨以养其父母。父母冻饿，兄弟妻子离散，使陷溺其民，王往而征之，夫谁与王敌？故曰：'仁者无敌。'王请勿疑！"

【注释】晋国，天下莫强焉：晋国，即魏国。魏、韩、赵三家本都是晋国的大夫，后恃强分晋，各立其国。公元前403年，东周威王承认他们为诸侯国，这就是史上的三家分晋，乃战国时代的开始。战国初年，魏国称强一时，故此魏惠王说"晋国，天下莫强焉"。莫强：没有哪个诸侯国强过魏国。

东败于齐：见《史记·魏世家》，魏惠王三十年攻打韩国，韩求救于齐，齐发兵攻魏，用孙膑之计，马陵之战大败魏。魏将庞涓自杀，惠王长子申被俘，即历史上有名的马陵之战，从此魏国一蹶不振。

西丧于秦七百里：指魏惠王三十一年、三十二年，兵败于秦，求和割地，魏国河西之地尽归于秦，约七百里。

南辱于楚：据《战国策·韩策》和《史记·楚世家》记载，公元前323年，楚国为了迫使魏国倒向楚，插手魏国王位继承，派柱国昭阳在襄陵打败魏，夺取魏八座城邑。

愿比死者一洒之：比，为；洒，洗。希望（要下决心）为死去的将士们一洗耻辱。

易耨（yí nòu）：耕田除草。

地方百里而可以王：王（wàng），拥有天下，天下归心而王。这句话是用周文王以百里而王天下之典，告诫梁惠王效周公施仁政行王道，不是只要有地方百里就可以称王了。

【译文】梁惠王说："分晋初年，天下没有比我魏国更强大的国家了，您老是知道的。但是到了我的手上，我东败于齐，我的长子申战死了，在西方接着又败给了秦，被迫割地七百里，在南方受辱于楚国，我很羞愧。我决心为我死去的将士们一洗耻辱。敢问您，我如何做才可以呢？"

孟子回答说："周文王以百里之地而王天下，惠王如果对百姓施行仁政，少用刑罚，减轻赋税，百姓就会及时深耕细作，勤于耕田除草，还让年轻人在耕作之余进行孝悌忠信的人伦道德修养，使他们在家里以孝悌忠信事其父兄，出门在社会上，以孝悌忠信事其长上和朋友。这样（虽百里小国，也可以天下归心），惠王您以魏之大国号召全国的百姓就可以上下一心同仇敌忾，拿起棍棒也足以战胜秦国、楚国的坚甲利兵了！而秦国和楚国为征战侵占百姓农时，使百姓不能及时耕种以养父母妻儿，父母老人冻饿，兄弟妻儿离散，百姓陷入深重的灾难之中。这个时候，王发兵去征讨他们，那又有谁能敌您呢？所以古语说：'仁者无敌'，请惠王不要怀疑这一点！"

【解读】这段对话，梁惠王的意思是"愿比死者一洒之"，志在讨伐秦楚报仇雪恨。孟子的回答呢，重点是说："王施仁政于民，省刑罚薄税敛。"其本心在仁民救民。

中心思想是：施仁政可得民心，得民心可赢天下，有广大百姓的衷心拥护，百里可王，天下无敌，所谓"仁者无敌"。

"仁者无敌"是句古话，是历史的结论。伟大的政治家、思想家、战略家、军事家，我们最崇敬的毛泽东主席站在历史唯物主义的高度综观历史，总结人民革命战争的宝贵经验，说："兵民是胜利之本。""战争的威力之最深厚的根源存在于民众之中。"这是对"仁者无敌"最经典的诠释，"军民团结如一人，试看天下谁能敌！"（毛泽东《论持久战》）。

6. 天下定于一　归于仁

【原文】 孟子见梁襄王。出，语人曰："望之不似人君，就之而不见所畏焉。卒然问曰：'天下恶乎定？'"

吾对曰：'定于一。'

'孰能一之？'

'不嗜杀人者能一之。'

'孰能与之？'

对曰：'天下莫不与也。王知夫苗乎？七八月之间旱，则苗槁矣。天油然作云，沛然下雨，则苗浡然兴之矣！其如是，孰能御之？今夫天下之人牧，未有不嗜杀人者也。如有不嗜杀人者，则天下之民皆引领而望之者矣。诚如是也，民归之，由水之就下，沛然谁能御之？'"

【注释】 梁襄王：即魏襄王，名嗣，惠王儿子，在位22年，谥襄。恶乎定：恶（wū）乎，加重疑问句，怎样，如何，孟子语境中比较常用。整句的意思是：列国纷争，天下如何才能安定下来。定于一：东汉赵歧《孟子注疏》云，孟子谓仁政为一，安定天下必依于仁，施仁政，行仁义，布政施教于天下。这应该是孟子的本意。多数学者把"定于一"注译成"统一才会安定"，不是孟子本意。与：从，服从、跟随、归顺的意思。人牧：管理领导百姓的人，指君主。由：通犹，犹如。

【译文】 孟子见了梁襄王，出门后对人说："看起来他不像个国君，和他近处也看不出他的威严。突然他问我：'天下如何才能安定呢？'

"我回答说：'定于一，君王依于仁，施仁政，行仁义，布政施教于天下，天下可定。'

"他又问：'哪个能这样呢？'

"我又回答他：'爱民止杀的国君能这样。'

他又问：'这样的国君有谁能归顺跟随呢？'

"我回答说：'天下没有人不愿意跟随、归顺这样的国君。王，您知道禾苗的生长情况吧？七、八月的时候遇旱灾，禾苗就干枯了。如果这时候，天上兴云，下起大雨，干枯的禾苗又蓬勃茂盛地生长起来。像这样的话，雨水充沛禾苗蓬勃生长之势谁能阻挡呢？如今天下的君王，没有一个不好战嗜杀，如果有一位君王能爱民止杀，那么天下的百姓都会伸长脖子期待他来解救了。真像这样，老百姓跟随归服他，就会犹如河水向下奔流一样，浩浩荡荡的势头谁能够阻挡得住呢？'"

【解读】爱民是仁政之本。文王视民如伤，爱民恤民，以百里之国而王天下，是孔孟心中的典范。

孔夫子旗帜鲜明地说过："子为政，焉用杀？子欲善，而民善矣。"是孔子针对季康子问政"杀无道"而说的。（见《论语·季康子问政于孔子》）

东汉赵岐《孟子章句》在解读孟子与梁襄王这段对话时说："定天下者一道，仁政而已，不贪杀人，人则归之，是故文王视民如伤，如此之谓也。"赵岐点出了这一章的主旨。

仁政在爱民，发政施仁，天下可定。

7. 保民而王

【原文】齐宣王问曰："齐桓、晋文之事，可得闻乎？"

孟子对曰："仲尼之徒，无道桓文之事者，是以后世无传焉，臣未之闻也。无以，则王乎？"

曰："德何如，则可以王矣？"

曰："保民而王，莫之能御也。"

曰："若寡人者，可以保民乎哉？"

曰："可。"

曰："何由知吾可也？"

曰："臣闻之胡龁曰，王坐于堂上，有牵牛而过堂下者，王见之，曰：'牛何之？'对曰：'将以衅钟。'王曰：'舍之！吾不忍其觳觫，若无罪而就死地。'对曰：'然则废衅钟与？'曰：'何废也，以羊易之。'不识有诸？"

曰："有之。"

曰："是心足以王矣。百姓皆以王为爱也，臣固知王之不忍也。"

王曰："然，诚有百姓者，齐国虽褊小，吾何爱一牛？即不忍其觳觫，若无罪而就死地，故以羊易之也。"

曰："王无异于百姓之以王为爱也。以小易大，彼恶知之？王若隐其无罪而就死地，则牛羊何择焉？"

王笑曰："是诚何心哉！我非爱其财而易之以羊也，宜乎百姓之谓我爱也。"

曰："无伤也，是乃仁术也，见牛未见羊也。君子之于禽兽也，见其生，不忍见其死，闻其声不忍食其肉，是以君子远庖厨也。"

王说曰："《诗》云：'他人有心，予忖度之。'夫子之谓也。夫我乃行之，反而求之，不得吾心。夫子言之，于我心有戚戚焉。此心之所以合于王者何也？"

曰："有复于王者曰：'吾力足以举百钧，而不足以举一羽，明足以察秋毫之末，而不见舆薪。'则王许之乎？"

曰："否。"

"今恩足以及禽兽，而功不至于百姓者，独何与？然则一羽之不举，为不用力焉；舆薪之不见，为不用明焉；百姓之不见保，为不用恩焉。故王之不王，不为也，非不能也。"

曰："不为者与不能者之形，何以异？"

曰："挟泰山以超北海，语人曰：'我不能。'是诚不能也。为长者折枝，语人曰：'我不能。'是不为也，非不能也。故王之不王，非挟泰山以超北海之类也，王之不王，是折枝之类也。"

"老吾老，以及人之老，幼吾幼，以及人之幼；天下可运于掌。《诗》云：'刑于寡妻，至于兄弟，以御于家邦。'言举斯心加诸彼而已。故推恩足以保四海，不推恩无以保妻子。古之人所以大过人者，无他焉，善推其所为而已矣。今恩足以及禽兽，而功不至于百姓者，独何与？权，然后知轻重；度，然后知长短。物皆然，心为甚。王请度之。抑王兴甲兵，危士臣，构怨于诸侯，然后快于心与？"

王曰："否，吾何快于是？将以求吾所大欲也。"

曰："王之所大欲，可得闻与？"

王笑而不言。

曰："为肥甘不足于口与？轻暖不足于体与？抑为采色不足视于目与？声音不足听于耳与？便嬖不足使令于前与？王之诸臣皆足以供之，而王岂为是哉！"

曰："否，吾不为是也。"

曰："然则王之所大欲可知已：欲辟土地，朝秦楚，莅中国，而抚四夷也。以若所为，求若所欲，犹缘木而求鱼也。"

王曰："若是其甚与？"

曰："殆有甚焉。缘木求鱼，虽不得鱼，无后灾；以若所为，求若所欲，尽心力而为之，后必有灾。"

曰："可得闻与？"

曰："邹人与楚人战，则王以为孰胜？"

曰："楚人胜。"

曰："然则小固不可以敌大，寡固不可以敌众，弱固不可以敌强。海内之地，方千里者九，齐集有其一；以一服八，何以异于邹敌楚哉！盖亦反其本矣。今王发政施仁，使天下仕者皆欲立于王之朝，耕者皆欲耕于王之野，商贾皆欲藏于王之市，行旅皆欲出于王之途，天下之欲疾其君者，皆欲赴愬于王。其若是，孰能御之？"

王曰："吾惛，不能进于是矣！愿夫子辅吾志，明以教我。我虽不敏，请尝试之！"

曰："无恒产而有恒心者，惟士为能。若民，则无恒产，因无恒心。苟无恒心，放辟邪侈，无不为己。及陷于罪，然后从而刑之，是罔民也。焉有仁人在位，罔民而可为也？是故明君制民之产，必使仰足以事父母，俯足以畜妻子，乐岁终身饱，凶年免于死亡；然后驱而之善，故民之从之也轻。今也制民之产，仰不足以事父母，俯不足以畜妻子，乐岁终身苦，凶年不免于死亡；此惟救死而恐不赡，奚暇治礼义哉？王欲行之，则盍反其本矣。五亩之宅，树之以桑，五十者可以衣帛矣；鸡豚狗彘之畜，无失其时，七十者可以食肉矣；百亩之田，勿夺其时，八口之家，可以无饥矣；谨庠序之教，申之以孝悌之义，颁白者不负戴于道路矣。老者衣帛食肉，黎民不饥不寒，然而不王者，未之有也。"

【注释】齐宣王：齐国王，姓田，名辟疆，宣是谥号。

齐桓：即齐桓公，春秋第一霸。晋文：即晋文公，春秋时，也曾为中原各诸侯国尊为霸主。

无以，则王乎：即无以言，无以言，因为桓文之事"臣未之闻也"，故"无以"言。那就谈王道吧？则可以王矣：王（wáng），王姓，君王；王（wàng），望，"仁义所往曰王（wàng）"。尊王道，施仁政，行仁义而平天下曰："王（wàng）天下"。可以王矣，即可以王（wàng）天下了。

胡龁（hé）：齐宣王的近臣。

衅钟：古代新钟铸成，要用血祭，宰杀牲口，用其血涂抹在钟上。

觳觫（húsù）：言牛将被屠杀时，浑身发抖。

《诗》云："他人有心，予忖度之。"出自《诗经·小雅·巧言》，他人心里有想法，我能猜度出来。

为长者折枝：见长者弯腰行礼。

王之不王：前一个王字读（wáng），是君王，后一个王字，读（wàng），是尊王道以德行仁而"王天下"。

《诗》云："刑于寡妻"句，出自《诗经·大雅·思齐》，歌颂文王时代的三位母后——太姜、太妊、太姒的贤德作出了榜样，影响了兄弟，以至助于齐家治国。刑，榜样；寡妻，国君的嫡妻。

齐集有其一：朱熹《孟子集句》注"言集合齐地，其方千里，是有天下九分之一也"。齐国的土地不过是中原诸国总面积的九分之一。

【译文】齐宣王咨询孟子："您老可以把齐桓公、晋文公称霸诸侯的历史，讲给我听听吗？"

孟子回答说："孔子门下的人都不喜欢讲述齐桓晋文霸诸侯的那些事，所以后世也不曾传下来，我也没有听说过。我无以言说，那就讲讲王道如何呢？"

齐宣王问："要有怎样的德行，才能施行王道，以德行仁而王天下呢？"

孟子回答说："安民仁民以行王道，没有谁能阻挡得了。"

齐宣王又问："像我这样的人，可以安民仁民吗？"

孟子回答："可以。"

齐宣王又问："您怎么知道我可以呢？"

孟子说："我听您身边的大臣胡龁说过，有一次，王坐在堂上，有人牵一头牛走过堂下，您问：'牛牵到哪里去？'那人回答说：'牵牛去宰杀了祭钟'，您说：'把牛放掉吧，我不忍心看到牛瑟瑟发抖的样子，无罪还要把它杀死。'那人回答说：'那么废除祭钟的仪式吗？'您说：'怎么可以废除呢，拿只羊去替换这头牛吧。'不知道有没有这回事？"

齐宣王回答说："有这回事。"

孟子说："有这样的不忍之心就足以施行王道了。但百姓还以为您吝啬，我却体会到了您这是不忍之心。"

齐宣王说："是这样，确实还有这样的百姓认为我吝啬。齐国虽然偏小，我怎么会吝啬一头牛呢？我只是不忍看到牵去要杀的牛瑟瑟发抖、无辜被杀呀，所以才用羊把牛替换下来。"

孟子说："王不必奇怪百姓说您吝啬。您以羊替换牛（是以小的换下大的呀），百姓怎么会知道您是不忍心看到将杀的牛浑身发抖呢？（说起来也有点好笑。）王，您如果是不忍看到牛将杀瑟瑟发抖可怜，那活生生的羊被杀不是也很可怜吗？那么杀牛和杀羊又有什么区别呢？"

宣王也笑了，说："这个，我真不知道我当时是什么心理。我的确不是吝啬钱财而以羊换牛，您这一说，百姓说我吝啬还真是恰如其分，一点也不奇怪。"

孟子说："这无妨，百姓的这种误解没什么关系。您这种不忍之心正是仁爱，您当时只亲眼看到牛将杀在瑟瑟发抖，没看到那只羊。这是您当时的心理，所以以羊换了牛。实际上一些有仁爱之心的君子对于飞禽走兽也有这种心理，见其生，不忍见其死，闻其声，不忍食其肉，所以这些君子居所要远离庖厨。"

宣王听了高兴地说："《诗经》说：'他人心里的想法，我能猜度出来。'这好像是说的您老夫子啊，我自己做过的事，回过头来，竟然自己不知道当时自己心里是怎么想的。老夫子这一讲，我心里触动了（明白了这是不忍之心，仁爱之心）。那么请问您老，这种心为什么能和王道仁政相契合呢？"

孟子说："有人向您禀报说：'我的力气可以举起三千斤，而举不起一根羽毛；我的眼睛可以明察秋毫之末，却看不见一车木柴。'您会同意他这种说法吗？"

宣王说："不同意。"

孟子接着说："现在宣王您一片仁心恩及禽兽，而百姓不见受惠，这是什么原因呢？这样看来，一根羽毛不举，是因为不愿用手力，一车木柴看不见，是因为不愿用目力，百姓不见安抚，未得实惠，是因为王不愿广施仁爱于百姓。所以（我不客气地说）宣王您不行王道，不施仁政，是不为也，非不能也。"

宣王说："不愿做和不能做从形式上看有什么不同呢？"

孟子说："要一个人将泰山挟在腋下跨越渤海，这个人说：'我不能。'这是真不能。要一个人见到长者弯腰行个礼，这个人说：'我不能。'这是不愿做，不是不能做。所以宣王您行王道仁爱百姓，不是挟泰山越渤海那样做不到的事，而是见到老者弯腰行礼一样做得到的事，王之不王非不能也，是不为也。

"恭敬赡养自己家里的老人，也想到尊敬关爱别人家的老人，爱护抚养自己家的幼童，也想到爱护关心好别人家的幼童。这样博爱仁义，以德行仁，治国平天下也就很容易了。《诗经》上说：'文王的妻子贤德是榜样，为兄弟们带了好头，这样也有助于齐家治国。'这就是说仁爱之心要推己及人，推恩济众，所以博爱施仁可以安定天下，不博爱施仁连妻子也难保安乐。古代的圣贤之所以远远地超过我们，没有别的，就是善于推己及人，推恩于民，'博施于民而能济众'。如今王您的恩惠能够及于禽兽而不能加诸百姓，这是为什么呢？

"用称称一称，然后就知道轻重了，用尺量一量，然后就知道长短了。事物都是这样，人的心就更是这样。请宣王扪心自问认真的考虑考虑。难道要制造盔甲和兵器，扩军征战，危及将士臣民，结怨各国诸侯，您才开心吗？"

宣王说："不是的，我怎么会以此为快呢？我只不过是想追求一个大愿望（目标）罢了。"

孟子说："宣王您想追求的大愿望可以说给我听听吗？"

齐宣王笑而不言。

孟子说："是因为肥美甘甜的食物不能满足口腹之需？轻暖的衣裘不能满足身体之暖吗？还是因为艳丽之色不能够满足目之所悦？美妙的音乐不能满足耳之所享？还是王近身喜欢的臣子还不能满足差遣使唤？王的众多臣子足够供王召唤差遣了，王怎么是为了这些呢？"

宣王说："不是的，我不是为了这些。"

孟子说："那么您所说的大愿望我已经知道了，就是开疆辟土，让秦、楚诸国朝贡，君临中原，抚安四方夷狄。但是以您的那些所作所为（王之不王），想求实现自己一统中原，抚安入贡，称霸诸侯的大愿望，我以为这犹如缘木求鱼，是不可能的。"

宣王说："有您说的这样严重吗？"

孟子严肃地说："危险比这个还要严重得多。缘木求鱼，虽然攀缘树木去捕鱼，捕不到鱼，还不会有后患，而以您所作所为求实现称霸天下的愿望，竭尽全力，兴甲兵辟疆土，后必危士臣，结怨诸侯，灾祸必然接踵而至。"

宣王说："您能把道理详细地讲给我听听吧！"

孟子说："假设邹国和楚国打仗，您认为哪一国会打胜呢？"

宣王回答："楚国胜。"

孟子说："这就可以看出，小国一般不可以与大国为敌，人口不多的国家一般不可以与人口众多的国家为敌，弱国一般不可以与强国为敌。现在中原之地约九百万里，而齐国全部的土地加起来也不过中原诸国的九分之一，您以一敌八，这和邹国敌楚国有什么不同呢？王啊，您为什么不从根本上着手呢？现在宣王您发政施仁，以德行仁，便会使天下的士大夫都会想到齐国来做官，农耕民都会想到齐国来种地，行商坐贾都会想到齐国来经商，来往的旅客都会乐意取道齐国出入齐国，其他诸侯国那些嫉恨本国君王的人们也都会投奔到您这里来诉说他们的苦难。果真是这样，以德行仁而王天下之势，又有谁能阻挡得了呢？"

宣王说："（我头都大了）我头脑混乱了。我不能把问题认识到您老这样的层次和高度。希望您从思想上进一步开导我、帮助我、更明明白白地教导我。我虽不聪敏，还请让我尝试一番。"

孟子说："没有固定的产业但能恒守道德观念和行为准则的，只有那些品德操守修养很好的人士。至于一般人（百姓），没有一定的产业收入，就很难有恒心操守；没有恒心操守，就会胡作非为，无所不为。等到这些人犯了罪，然后去处罚，这是陷害百姓。哪有仁爱的人当政还做出陷害百姓的事呢？所以英明仁德的君主要为百姓置一定的产业，一定要使他们仰足以赡养父母，俯足以抚养妻子儿女，好年成温饱无虑，灾年也不至饿死，然后去教育引导他们尊德、明礼、行仁、行善，这样百姓就很容易跟随您，顺从您。现在您也为百姓置了一点产业，但他们上不足奉养父母，下不足以抚养妻儿，即使年成好也常陷穷苦，遇上灾年饥岁，就免不了要饿死。这样连吃饭度命都做不到，哪里还顾得上讲究礼义呢？宣王您既然想一统天下，何不回归根本而行王道（发政施仁，制民以产）。在五亩之宅的庭院里，种上桑树，五十岁的人可以穿上丝棉衣服了，搞好家禽家兽的饲养，七十岁的人可以吃到肉了，不误农时，种好百亩之田，八口之家也无饥荒之虑了。然后认真地办好乡学，进行人伦道德礼义之教，申明孝悌忠信之义，须发斑白的老人就不会再肩挑背负劳苦奔波了，老者衣帛食肉，黎民百姓温饱无忧、无饥无寒，像这样还不能得到百姓拥戴而以王道一统天下者，是从来都没有的。"

【解读】孟子与齐宣王这段对话，不言桓文之霸，尽述保民而王，主题鲜明，层次清晰，说理深入浅出、形象生动，虽然话题严肃，但又轻松有趣，有的段落还很有故事色彩。

孟子重王轻霸，反对霸道、暴政虐民，主张王道、仁政爱民。王道的中心是"民"，以百姓为中心，保民、安民、爱民、惠民。

孟子说：行王道并不难，首要的是要有爱民之心、仁民之德，"是心足以王矣"，"保民而王，莫之能御也"，"心为甚，王请度之"。爱民之仁心要真，功利之私心要轻，君王要黜霸功，行王道。

行霸道，殆于缘木求鱼。行王道，非挟泰山以越北海，而类于为长者折枝，并非难事，关键是为与不为，"王之不王，不为也，非不能也"。行王道要从发政施仁，以己及人，推恩济众开始，从制民以产，让老者衣帛食肉，黎民不饥不寒做起，从谨庠序之教，导民礼义，依仁、行善抓起。能如此，"然而不王者，未之有也"。

梁惠王（下）

《梁惠王（下）》共十六章，孟子继续阐述行王道、施仁政的政治主张，重点是强调施政要顺民心、恤民意，关心百姓疾苦，与民同忧乐。

1. 与百姓同乐

【原文】庄暴见孟子，曰："暴见于王，王语暴以好乐，暴未有以对也。"曰："好乐何如？"

孟子曰："王之好乐甚，则齐国其庶几乎！"

他日，见于王曰："王尝语庄子以好乐，有诸？"

王变乎色，曰："寡人非能好先王之乐也，直好世俗之乐耳。"

曰："王之好乐甚，则齐其庶几乎！今之乐犹古之乐也。"

曰："可得闻与？"

曰："独乐乐，与人乐乐，孰乐？"

曰："不若与人。"

曰："与少乐乐，与众乐乐，孰乐？"

曰："不若与众。"

"臣请为王言乐。今王鼓乐于此，百姓闻王钟鼓之声、管籥之音，举疾首蹙额而相告曰：'吾王之好鼓乐，夫何使我至于此极也，父子不相见，兄弟妻子离散。'今王田猎于此，百姓闻王车马之音，见羽旄之美，举疾首蹙额而相告曰：'吾王之好田猎，夫何使我至于此极也？父子不相见，兄弟妻子离散。'此无他，不与民同乐也。

"今王鼓乐于此，百姓闻王钟鼓之声、管籥之音，举欣欣然有喜色而相告曰：'吾王庶几无疾病与，何以能鼓乐也？'今王田猎于此，百姓闻王车马之音，见羽旄之美，举欣欣然有喜色而相告曰：'吾王庶几无疾病与，何以能田猎也？'此无他，与民同乐也。今王与百姓同乐，则王矣！"

【注释】 庄暴：齐国的臣子。王，此章指齐宣王。王之好乐甚，则齐国其庶几乎：乐（yuè），音乐；庶几，差不多，接近。宣王这样喜爱音乐，那么齐国差不多治理好了。孔孟崇尚礼乐文明、礼乐之治，"礼者天地之序，乐者天地之和"。乐乐：前为乐（lè），后为乐（yuè）。管籥：管乐器，如笙箫之类。疾首：头痛。蹙额：皱鼻梁发愁的样子。

【译文】 庄暴见到孟子，告诉孟子："齐宣王接见了我。宣王告诉我，他喜欢音乐，我没有能回答可否。"稍停，庄暴接着问孟子："宣王喜好音乐怎么样，好不好？"

孟子说："宣王喜欢音乐到了极致，那齐国就接近于治理好了啊！"

后来有一天，孟子见到了宣王，就对宣王说："大王，您曾对庄暴说过您喜好音乐，有这回事吗？"

齐宣王面显羞愧之色，似乎有点不好意思，说："我喜好的并不是先王的古乐，只是一些世俗流行的音乐罢了。"

孟子称赞宣王说："您要是喜好音乐到了极致，那么，齐国就几乎接近治理好了啊！今天世俗流行的音乐和先王古乐是一样的呀。"

宣王说："可以把这个道理说给我听听吗？"

孟子反问宣王说："一个人独自享受音乐，与和他人一起享受音乐，哪一个更快乐些呢？"

宣王说："不如跟别人一道享受音乐更快乐。"

孟子又问："跟少数人一起享受音乐，与和众多的人一起享受音乐，哪一个更快乐些呢？"

宣王说："不如和众多的人一起享受音乐更快乐。"

孟子接下来说："请允许我向您讲讲欣赏音乐和娱乐的道理吧。您如果现在在这里奏乐，百姓听到钟鼓之声、管龠之音，都喊头疼，还愁眉苦脸地议论：'我们的君王这么喜好音乐，却如何使我们困苦到这步田地呢？父子不能相见，兄弟妻儿离散！'如果您在这里打猎，百姓听到您车马喧嚣，见到旌旗猎猎，都喊头疼，还愁眉苦脸地议论：'唉，我们的王这么喜欢围猎，却为什么使我们困苦到这个样子啊？父子不能相见，兄弟妻儿离散！'没有别的原因，就是因为您只图自己快乐，不关心百姓疾苦，不与百姓同乐。"

"假如您现在在这里奏乐，百姓闻大王钟鼓齐鸣、管龠和悦，全都高兴得面带喜色，互相转告：'我们王身体健康啊，要不然，怎么能奏乐呢？'假如王在这里打猎，百姓闻车马之声，见旌旗猎猎，也都很高兴地互相转告：'我们的王身体健康啊，要不然，怎么能围猎呢？'这没有别的原因，是因为您与百姓同乐，王能与百姓同乐，就可以使天下归心了。"

【解读】 孟子与齐宣王从"王好乐"谈起，到"众乐乐"，最后的落脚点是"与民同乐"而"王天下"。

乐，《四书五经》之外，还有一失传之经《乐经》，据说记载着尧舜周公礼乐文明的重要思想，"礼为天地之序，乐为天地之和""齐之以礼，和之以乐"，为孔孟所尊崇。孔子好乐，并以乐为教，所以孟子说：王好乐到极致，齐国可近乎平治。孟子还借"王好乐"入题，告诫宣王"与众乐乐"进而劝其体恤民心民情，关心百姓疾苦，与民同乐，"今王与百姓同乐，则王矣"民心所向，天下统一。这就是孟子谈话的本意和主旨。

2. 文王之囿

【原文】齐宣王问曰："文王之囿，方七十里，有诸？"

孟子对曰："于传有之。"

曰："若是其大乎！"

曰："民犹以为小也。"

曰："寡人之囿，方四十里，民犹以为大，何也？"

曰："文王之囿，方七十里，刍荛者往焉，雉兔者往焉，与民同之。民以为小，不亦宜乎？臣始至于境，问国之大禁，然后敢入。臣闻郊关之内有囿方四十里，杀其麋鹿者如杀人之罪，则是方四十里，为阱于国中。民以为大，不亦宜乎？

【注释】于传有之：传，文献记载。文献上有这样的记载。刍荛者：刍，草；荛，柴薪。这里指割草牧羊和打柴的人。雉兔者：雉，雉鸡，野鸡；兔，野兔。这里指猎取野鸡野兔的人。阱：陷阱。

【译文】齐宣王问孟子："周文王的苑囿，方圆有七十里，有吗?"

孟子说:"文献上有这样的记载。"

宣王说:"如果是这样,文王的苑囿太大了吧?"

孟子说:"老百姓还觉得小呢。"

宣王说:"我的苑囿,方圆只有四十里,老百姓还认为大了,这是为什么呢?"

孟子说:"文王的苑囿方圆七十里,割草打柴、牧羊的老百姓都可以进出,捕猎野鸡、兔子也可以进出。苑囿和百姓共享,百姓当然认为太小。我刚到贵国边境的时候,问明白了贵国的极严格的禁令后,才敢入境。我听说贵国首府郊外方圆四十里的苑囿,有很严厉的禁令,谁捕杀了里面的麋鹿就以杀人罪处死,那么这方圆四十里的苑囿,对百姓来说,这等于是大王在国土内设置了一个很大的陷阱。百姓认为这样的苑囿太大了,不也是恰如其分吗?"

【解读】还是个老话题:与民共享,与民同乐。关键是要把百姓时时刻刻装在心里,制定政策、设立制度都要想到百姓,想到百姓的切身利益。文王的苑囿够大,百姓却认为还不够,为什么? 就是"文王之囿,方七十里,刍荛者往焉,雉兔者往焉,与民同之"。宣王的苑囿方圆四十里,比之文王的小多了,但民以为大,为什么? 就是苑囿禁令严厉,"杀其麋鹿者如杀人之罪",四十里范围犹如设在国中的偌大的陷民于死地的陷阱。

王道仁政的最核心的思想应该是以人民为中心,治国理政要始终站在人民的立场上,充分尊重人民群众的主体地位。

3. 交邻国有道乎

【原文】齐宣王问曰:"交邻国有道乎?"

孟子对曰："有。惟仁者为能以大事小，是故汤事葛，文王事昆夷；惟智者为能以小事大，故大王事獯鬻，勾践事吴。以大事小者，乐天者也；以小事大者，畏天者也。乐天者保天下，畏天者保其国。诗云："畏天之威，于时保之。"

王曰："大哉言矣！寡人有疾，寡人好勇。"

对曰："王请无好小勇。夫抚剑疾视曰，'彼恶敢当我哉'！此匹夫之勇，敌二人者也。王请大之！

《诗》云：'王赫斯怒，爰整其旅，以遏徂莒，以笃周祜，以对于天下。此文王之勇也。文王一怒而安天下之民。

《书》曰：'天降下民，作之君，作之师。惟曰其助上帝，宠之四方。有罪无罪，惟我在，天下曷敢有越厥志？'一人衡行于天下，武王耻之。此武王之勇也。而武王亦一怒而安天下之民。今王亦一怒而安天下之民，民惟恐王之不好勇也。"

【注释】汤事葛：《孟子·滕文公章句（下）》第五章有较详细记载，汤一直事奉（帮助）小国葛，可以说是仁至义尽。然葛伯"仇饷"最后一征而平。

文王事昆夷：昆夷，混夷，周初年的西戎邻国。

大王事獯鬻：獯鬻，亦作猃狁（xiǎn yǔn），北狄匈奴，本篇第十五章有记载。大王即古公亶父，周之鼻祖。事，实为忍让为善。

勾践事吴：历史故事，尽人皆知，卧薪尝胆，忍辱负重。

乐天者、畏天者：文中的天，应指天命。"天命"不是神权色彩的神主之天，应该是时与势，是人类社会历史发展进步的规律与大趋势，是天下道义、道德原则与规矩，所以孟子提出"乐天""畏天"。

《诗》云："畏天之威，于时保之。"引自《诗经·周颂·我将》，叙武王伐纣，以颂文王的一首诗，意思是"敬畏天命之威，于是永保周邦"。

《诗云》："王赫斯怒，爰整其旅，以遏徂莒，以笃周祜，以对于天下。"引自《诗经·大雅·皇矣》，是歌颂武王三代（太王、王季、文王）的史诗，尤歌颂文王齐天大勇，一怒而安天下。

《书》曰："天降下民，作之君，作之师……"引自《尚书·泰誓（上）》，记述武王伐纣。武王一怒敢对天下独夫霸凌，而救民于水火的齐天大勇和天下担当。

天下曷敢有越厥志：天下哪个敢违逆天命、违逆上天的意志。

衡行：横行。

【译文】齐宣王问孟子："和邻国打交道，有什么原则和方法吗？"

孟子回答说："有哇，仁爱之君王能以小事大，善待帮助弱小之国，所以商汤事葛伯，文王事混夷。有智慧的人能以大事小，所以古公亶父忍让为善对待北狄獯鬻（匈奴），越王勾践卧薪尝胆侍奉吴王夫差。以大事小者，乐尊天命，重道义，行仁爱；以小事大者，敬畏天命，审时度势，持中而守。乐尊天命者，天下与同，据德行仁，则保天下太平，敬畏天命者，审时度势，持中而守，则保家国安宁。正如《诗经》所云：'敬畏天命之威，于是永保周邦。'"

宣王说："伟大啊！高见！但是我有个毛病，刚直好勇，做不到您说的以大事小。"

孟子说："请王您不要好小勇。不要像那种怒则张剑，动不动就手握剑柄，怒目而视吼人：'你敢挡我！'那是匹夫之勇，只能敌一人，希望您要有大勇。

"《诗经》上说：'文王赫然发怒，于是整装军旅，遏阻侵莒，以增国威，取信天下。'这是文王的大勇。文王一怒而安天下百姓。

"《尚书·泰誓（上）》有言：'上天降生百姓，也为百姓树君王，树师长，为的是让君师协助上天恩爱抚恤百姓，四方之百姓，有罪的无罪的，有我在，我负责。（尧曰：'万方有罪，罪在朕躬，百姓有罪，在我一人。何等爱民，何等伟大的责任担当！）天下谁敢违逆上天的意志？'只要有一人横行霸凌天下，武王就引以为耻，绝不容忍。这是周武王的齐天大勇！武王也一怒而使天下百姓安宁。现在宣王您也一怒而安天下百姓，百姓唯恐宣王您不好勇啊。"

【解读】"大哉言矣！"孟子关于交邻国有道的谈话的确讲得好。所言邦交之道，格局大，重道义，有智慧，敢担当。一、格局大，眼观天下大势，把握世界大局，言天、乐天、畏天，天不是神，是天命，是势是时，是人类社会历史发展进步的规律与大趋势，是天下道义、道德原则与规矩。二、重道义，和是中华民族的优良传统，协和万邦，和平邦交，仁爱而安天下，百姓是其主旨，仁心所之，不计国家大小强弱之私，行仁行善，"乐天命"尽义务，恤弱小，申正义。三、有智慧，明理义，识时势，审时度势，权变守正；"畏天命"，沉住气，韬光养晦，养锐蓄势。四、敢担当，树文王武王有大勇敢担当的光辉典范。文王"王赫斯怒，整装军旅，以遏徂密入侵莒，以增国威，以安天下"，武王不能容忍一人横行天下，兴师伐纣，救民于水火，都有一怒而安天下之民的齐天大勇和天下担当。"有罪无罪，惟我在，天下曷敢有越厥志？""一人衡行于天下，武王耻之。"敢对人民负责，敢怒对天下强权霸凌，这就是中华气派，何等英雄盖世，何等豪气冲天，谁人敢阻，谁人能阻！"没有任何力量能够阻挡中国人民和中华民族的前进步伐！"这就是中华气派，中国精神！

交邻国有道，大仁、大智、大勇，眼光远、格局大。

4. 乐以天下　忧以天下

【原文】齐宣王见孟子于雪宫。王曰："贤者亦有此乐乎？"

孟子对曰："有。人不得，则非其上矣。不得而非其上者，非也；为民上而不与民同乐者，亦非也。乐民之乐者，民亦乐其乐；忧民之忧者，民亦忧其忧。乐以天下，忧以天下，然而不王者，未之有也。

"昔者齐景公问于晏子曰：'吾欲观于转附、朝舞，遵海而南，放于琅邪。吾何修而可以比于先王观也？'

"晏子对曰：'善哉问也！天子适诸侯曰巡狩，巡狩者巡所守也；诸侯朝于天子曰述职，述职者述所职也。无非事者。春省耕而补不足，秋省敛而助不给。夏谚曰：'吾王不游，吾何以休？吾王不豫，吾何以助？一游一豫，为诸侯度。'今也不然：师行而粮食，饥者弗食，劳者弗息。睊睊胥谗，民乃作慝。方命虐民，饮食若流。流连荒亡，为诸侯忧。从流下而忘反谓之流，从流上而忘反谓之连，从兽无厌谓之荒，乐酒无厌谓之亡。先王无流连之乐，荒亡之行。惟君所行也。'

"景公悦，大戒于国，出舍于郊。于是始兴发补不足。

召大师曰：'为我作君臣相说之乐！'盖《徵韶》、《角韶》是也。其诗曰：'畜君何尤？'畜君者，好君也。"

【注释】齐景公：春秋时的齐国国君姜杵臼。晏子：齐景公的贤相晏婴。

春省耕而补不足：省，巡查。春天巡查农民的耕种情况和生活情况，对有春荒缺粮的困难群众救济补助。

秋省敛而助不给：秋天巡查农民的收成，对收成不好、不够吃的困难群众给予赈助。

睊睊胥谗：睊睊，斜目而视，十分厌恶的样子；胥，副词，都。意思是所有的人（对兴师动众名曰巡查，却吃喝玩乐的现象）无不侧目，十分厌恶，议论纷纷，怨声载道。

民乃作慝：百姓起来造反。

夏谚曰：为夏朝时的民谚歌颂大禹，欢迎圣贤之君春秋巡游。休，休息，春夏秋冬忙闲有节；豫，乐，君王巡游快乐，百姓也高兴。

助：救济赈助。君王巡游，百姓才能得到及时救助。

一游一豫，为诸侯度：圣贤君王巡游，既巡查工作，又恩惠于民，所以诸侯王皆效法。

【译文】齐宣王在雪宫接见孟子。宣王说："贤德的人也有这种享乐吗？"

孟子回答说："有。人们得不到这种享乐就会埋怨自己的君王。当然，得不到这种享乐便埋怨君王是不对的；作为君王却不与百姓一起享受这种快乐也不对。以百姓的快乐为自己快乐的君王，百姓也会以他的快乐为快乐；以百姓的忧愁为自己的忧愁的君王，百姓也会以他的忧愁为忧愁。乐以百姓同乐，忧以百姓同忧，如果这样还不能天下归心，是绝对不会有的。"

孟子接着说：“过去齐景公问晏子：‘我想到转附、朝舞两个山上去游游，然后沿海岸南行，一直到琅邪。我该怎么样做才能比得上古时候圣贤之君的巡游呢？’晏子回答景公说：‘您问得好，像天子到诸侯国去巡游叫做巡狩。巡狩就是巡查各诸侯的职守（工作）。诸侯朝见天子叫述职，述职就是报告自己的工作职责履行情况，没有不和工作职责结合起来的。春季巡查农民的耕种和生活情况，对有春荒的困难群众救济补助；秋天巡查农民的收成，对收成不好、缺粮农民给予赈助。所以百姓很高兴，当时夏朝百姓有民谚说：‘吾王不游，吾何以休？吾王不豫，吾何以助？一游一豫，为诸侯度。’如今则不然，国王巡游，兴师动众，到处筹粮运米。饥饿的百姓吃不到粮食，劳苦的农民得不到休息。所有的人无不侧目，十分厌恶，议论纷纷，怨声载道，百姓忍无可忍，起来造反。这种巡游违背天意，虐待百姓，大吃大喝，浪费粮食如流水，还流连忘返，荒亡无行，连诸侯都为此忧愁。从上游游乐到下游乐而忘返，又从下游游乐到上游还乐而忘返，这就是流连；无厌倦的打猎是荒，无节制的饮酒是亡，这就是荒亡之行（荒淫之行）。以前的圣贤之君没有这种流连荒亡的行为。景公您怎么个游法，由您自己决定吧。’景公听了很高兴，于是下诏告示国人。自己到郊外居住，以贴近百姓，开仓放粮赈济以解决百姓困难。还召来乐师为君臣奏和悦之乐，大概就是《徵韶》《角韶》，乐诗中说：‘畜君何尤？’应该限制国君，限制国君是爱护国君啊！”

　　【解读】齐宣王见孟子于雪宫。有点类似梁惠王见孟子于沼上，谈的也是与民共享、与民同乐的问题。但孟子的主张比之沼上见梁惠王所言观点更鲜明些：“乐以天下，忧以天下，然而不王者，未之有也。”与民同忧乐，可以王天下。核心是：与民同心，才有天下归心。

孟子翻述了晏子给齐景公讲的关于君王巡游的历史故事，很典型，意义深远，应该看作本章重点。远古时代，君王巡狩，"春省耕而补不足，秋省敛而助不给"巡狩比较从容，"一游一豫"，"无非事者"实实在在地检查工作，关心解决百姓的实际困难。所以百姓很高兴，乐见君王"一游一豫"的巡狩，有夏禹时百姓赞颂禹王巡游的民谚为证。到了春秋时代"今也不然"，巡狩只是借口，游乐却越来越奢靡，兴师动众，流连荒亡，劳民伤财，百姓无不侧目，厌恶至极，以致怨声载道百姓造反。

齐景公听了晏子的叙说，很有感触，即"大戒于国，出舍于郊"，开仓放粮，赈济百姓。还提出了一个超越时代的意见："畜君何尤？""畜君者，好君也。"应该限制君王，限制君王是爱护君王。

5. 与百姓同之　与王何有

【原文】齐宣王问曰："人皆谓我毁明堂。毁诸？已乎？"

孟子对曰："夫明堂者，王者之堂也。王欲行王政，则勿毁之矣。"王曰："王政可得闻与？"

对曰："昔者文王之治岐也，耕者九一，仕者世禄，关市讥而不征，泽梁无禁，罪人不孥。老而无妻曰鳏，老而无夫曰寡，老而无子曰独，幼而无父曰孤。此四者，天下之穷民而无告者。文王发政施仁，必先斯四者。诗云：'哿矣富人，哀此茕独。'"王曰："善哉言乎！"

曰："王如善之，则何为不行？"王曰："寡人有疾，寡人好货。"

对曰："昔者公刘好货；诗云：'乃积乃仓，乃裹糇粮，于橐于囊。思戢用光。弓矢斯张，干戈戚扬，爰方启行。'故居者有积仓，行者有裹囊也，然后可以爰方启行。王如好货，与百姓同之，于王何有？"王曰："寡人有疾，寡人好色。"

对曰："昔者大王好色，爱厥妃。诗云：'古公亶父，来朝走马，率西水浒，至于岐下。爰及姜女，聿来胥宇。'当是时也，内无怨女，外无旷夫。王如好色，与百姓同之，于王何有？"

【注释】明堂：在鲁国境内，泰山下，原是周天子巡狩时接受诸侯朝见之所，已为齐国侵占，为王者殿堂。

岐：是周之旧国，在今陕西岐山县一带。

耕者九一：征收耕者十分之一的农业税。

仕者世禄：在朝任大夫以上官职的，他们的子孙可以世袭他的俸禄。

不孥：孥，妻子儿女总称。不孥指不株连妻子儿女，名词作动词用。

诗云："哿矣富人，哀此茕独。"引自《诗经·小雅·正月》。哿，嘉乐，快乐；茕，孤单，孤独。

公刘：周代创始人，传说是后稷曾孙。

诗云："乃积乃仓，乃裹糇粮，于橐于囊。思戢用光。弓矢斯张，干戈戚扬，爰方启行。"引自《诗经·大雅·公刘》。歌颂周先祖公刘功绩的诗，勤笃的公刘很重视生产粮食和储备，行军带足军粮。

干戈戚扬：兵器，干是盾，戈是矛，戚是大斧，扬是钺，大板斧。

诗云："古公亶父，来朝走马，率西水浒，至于岐下。爰及姜女，聿来胥宇。"引自《诗经·大雅·绵》，讲太王艰苦创业的时候带着妻子太姜，爬山涉水，筑室为家。

【译文】齐宣王问孟子："人们都建议我把明堂拆毁，请问您老觉得拆毁还是不拆毁呢?"

孟子回答说:"明堂啊,可是周天子巡狩时接受诸侯朝见的殿堂。宣王您如果想实行王政,就不要拆毁。"

宣王说:"怎样去实行王政呢?可以讲给我听听吧?"

孟子说:"从前周文王治理岐周,对农民的税收十中抽一,对朝廷大夫的官员实现俸禄世袭,在关口和市场上,只稽查不征税,百姓在湖泊捕鱼不受禁止,犯罪的人刑罚只及其人,不株连其妻子儿女。失去妻子的老年人称为鳏夫,失去丈夫的老妇人称为寡妇,没有儿女的老人称为孤独者,失去父母的儿童称为孤儿。这四种人,是社会上穷苦无靠的人。文王发政施仁,一定首先考虑照顾他们。《诗经》云:'富裕的人快乐得很,可怜那些孤苦无依无靠的人吧'。"

宣王感叹:"仁善王政啊,您介绍得真好!"

孟子说:"宣王您如果认为王政仁善好,那么您为什么不实行呢?"

宣王说:"我有个毛病,很喜欢钱财。"

孟子回答:"这不算毛病,从前周朝的开创者公刘很看重钱财,《诗经·大雅·公刘》非常精彩地叙述了公刘好货,诗云:'勤勉笃实的公刘不辞辛苦,开辟田土,生产粮食,储实仓廪,还备足干粮装满大小袋囊,安抚百姓,增强国力,带好武器,备足军粮为了奔赴前方打胜仗'。这样,国家仓储丰足,行军有充足的粮草。要是宣王您也如公刘这样看重喜爱财货,为了百姓丰衣足食,为了国家富国强兵,这对于行王政王天下哪里有啊!"

齐宣王又说:"我有个毛病,我喜好女人。"

孟子说:"从前太王也喜好女人,非常疼爱自己的妻子,《诗经·大雅·绵》记叙：'太王古公亶父，大清早就骑马上路，沿着邠地西边漆水河岸，来到岐山脚下。带着他的妻子太姜，到处查看，找地筑室，建栖身之所。'太王那个时候，没有找不到丈夫的大龄女子，也没有找不到妻子的单身汉。（人当有爱，太王为百姓男婚女嫁作出榜样。）宣王您如果喜爱女色，也如太王一样，爱心及民，为百姓男婚女嫁，这样，对于行王政王天下哪里有啊？"

【解读】孟子与齐宣王从毁明堂谈起，主题是谈王政，像是编故事讲故事。宣王憨厚，孟子善谈，生动有趣，通过历史事例把主题讲得比较清楚。行王政就是行仁政王天下，从心系百姓、仁爱百姓做起。

文王治岐，发政施仁，有很多好政策，仁爱所致，鳏寡孤独困难群体优先。公刘好货，勤勉笃实，发展生产，乃积乃仓，百姓丰衣足食，国富兵强。太王好色，深爱太姜。人当有爱，以己之心及民之心，为百姓男婚女嫁，家家幸福，社会和谐。"好货""好色"，只要是效法公刘、太王，为国为民，与百姓同之，同样是行仁政、王天下之举。

宣王闻之，也当醍醐灌顶，有所领悟。

6. 四境之内不治则如之何

【原文】孟子谓齐王曰："王之臣有托其妻子于其友而之楚游者，比其反也，则冻馁其妻子，则如之何？"

王曰："弃之。"

曰："士师不能治士，则如之何？"

王曰："已之。"

曰："四境之内不治，则如之何？"

王顾左右而言他。

【注释】比：及，到。士师：多指司法典狱之官，这里可能是指监察司法类的官员。

【译文】孟子对齐宣王说："如果宣王您有一个臣子把妻子儿女托付给他的朋友照顾，自己到楚国游玩去了。等他回来的时候，他的妻子儿女却在挨饿受冻。（朋友太不负责了，太不够朋友了。）那对待这样的朋友，该怎么办呢？"

宣王说："这样的朋友不交了。"

孟子说："如果您的司法监察官员不负责任，没能管理好下属，那该怎么办？"

宣王说："把他罢免了。"

孟子借此进一步追问："如果一个国家没有治理好，那又该怎么办呢？"

齐王尴尬而结舌境地，顾左右而言他，把话题扯到一边去了。

【解读】很简短的一则对话，讨论追责。对话颇有故事性，孟子问话更有意思，好像设计过的，一问又一问，层层递进，最后严肃一问："四境之内不治，则如之何？"直把宣王逼到墙角，陷入尴尬结舌境地，顾左右而言他。

责任心是对每个人的最基本的要求，属于道德范畴。对自己，对家庭，对朋友，对事业，对人民，对国家都要有起码的责任心。小而言之，责任心决定着每个人的生活、家庭、学习、工作和事业的成功与失败；大而言之，责任心是每个人的立身之本，为人为学，为政之德，修身、齐家、治国、平天下，要有家国情怀，责任担当。

7. 国君进贤　不可不慎

【原文】孟子见齐宣王，曰："所谓故国者，非谓有乔木之谓也，有世臣之谓也。王无亲臣矣，昔者所进，今日不知其亡也。"

王曰："吾何以识其不才而舍之？"

曰："国君进贤，如不得已，将使卑逾尊，疏逾戚，可不慎与？左右皆曰贤，未可也；诸大夫皆曰贤，未可也；国人皆曰贤，然后察之，见贤焉，然后用之。左右皆曰不可，勿听；诸大夫皆曰不可，勿听；国人皆曰不可，然后察之，见不可焉，然后去之。左右皆曰可杀，勿听；诸大夫皆曰可杀，勿听；国人皆曰可杀，然后察之，见可杀焉，然后杀之。故曰，国人杀之也。如此，然后可以为民父母。"

【注释】 所谓、非谓：谓，是动词，说。之谓：谓，是名词，说法，说话的内容。世臣：指累世建立功勋，与国同休戚的德高望重的老臣。亲臣：君王亲近、亲信的臣子。亡：指去职离开了君王。戚：亲近。

【译文】 孟子见齐宣王说："平常所说的历史悠久的国家，不是说国有高大树木的意思，而是说有与国同休戚的累世勋臣。宣王您现在已经没有亲信的旧臣了，以前选拔任用的旧臣到如今都不明原因地去职离开您了。"

宣王说："我怎么能识别哪些没有德才的人而舍弃不用呢？"

孟子回答说："王，您选拔贤德的人，如果迫不得已要新进人才，必将会把卑贱者提拔到尊贵者之上，把与己关系疏远的人提拔到自己亲近的人之上，能不十分慎重吗？（如何慎重呢？）自己左右的人都说某人好，不可轻信；诸位重臣都说某人好，也不可轻信；全国的人都说某人好，就去考察，发现他确实有德有才，然后提拔任用。王自己左右的人都说某人不好，不要轻信；诸位重臣都说某人不好，也不要轻信；全国的人都说某人不好，就去调查，确实不好，再罢免。王自己左右的人都说某人该杀，不要轻信；诸位重臣也说某人该杀，不要轻信；全国的人也说某人该杀，就要去调查搞清楚，证据确凿该杀，然后再杀。杀他是全国人民的意见。君王能这样，堪称民之父母。"

【解读】这段对话讲了两个问题，一是如何善待老臣，二是如何擢进新贤。擢升与罢黜关乎个人更关乎国运，所以不可不慎，甚至如同生杀。

孔子说："君子笃于亲，则民兴于仁，故旧不遗，则民不偷。"（《论语·泰伯》）"故旧不遗"即是为君不可随便遗弃老臣故旧，更不用说那些与国同休戚的累世勋臣。

孔子也有言："众恶之，必察焉；众好之，必察焉。"（《论语·卫灵公》）很明显，孟子谈话第二段源于孔子之传。

8. 贼仁者为之贼

【原文】齐宣王问曰："汤放桀，武王伐纣，有诸?"

孟子对曰："于传有之。"

曰："臣弑君，可乎?"

曰："贼仁者谓之'贼'，贼义者谓之'残'。残贼之人谓之'一夫'。闻诛一夫纣矣，未闻弑君也。"

【注释】汤放桀：汤，商朝开国君王；放，流放；桀，夏朝末代的暴君。

武王伐纣：尽人皆知的历史事件。殷商末代的纣王残暴无道，天怒人怨，周朝的开国君主武王姬发出兵伐纣，纣王兵败而死。

弑：臣杀死君王，儿女杀死父母，称为"弑"，有逆杀之意。

贼：是损害、破坏、践踏。仁贼，就是破坏、践踏仁爱之德。

一夫：残暴无道、众叛亲离的君王称为独夫民贼。

【译文】齐宣王问孟子："商汤放逐夏桀，武王讨伐殷纣，真的有这回事吗？"

孟子回答说："史册文献上有这样的记载。"

齐宣王说："作为臣子杀掉他的君王，这可以吗？"

孟子说："践踏仁德、弃毁仁爱的人就是贼，践踏道义、损害天理的人就是残。这样的人，人们都叫他'独夫'。我只知道历史上都说周武王诛杀了独夫商纣，没有说周武王以臣弑君。"

【解读】这是个道义问题，正义与非正义的问题，好在历史从来就是人民写的，历史是公正的，人民是历史的主人。

孟子提倡"仁义"，敢于指责暴君。君王不行仁义，暴虐其民，就是独夫民贼。人民造反杀掉独夫民贼是正义的，是推动历史进步的。

9. 姑舍女所学而从我　则如何

【原文】孟子见齐宣王，曰："为巨室，则必使工师求大木。工师得大木，则王喜，以为能胜其任也。匠人斫而小之，则王怒，以为不胜其任矣。夫人幼而学之，壮而欲行之，王曰：'姑舍女所学而从我'，则何如？今有璞玉于此，虽万镒，必使玉人雕琢之。至于治国家，则曰：'姑舍女所学而从我'，则何以异于教玉人雕琢玉哉？"

【注释】巨室：大宫殿。工师：很专业的木匠师傅。镒：金银的计量单位，一镒为20两。

【译文】孟子见了齐宣王，对宣王说："建造大的宫室，一定要请很有专长的木工师傅去找大的木料，木工师傅得到了大木料，君王很高兴，认为木工师傅能够胜任建大的宫殿了。木工师傅按照工程建设需要把大木材砍裁加工成小部件，君王就大怒，认为这个木工师傅不胜任。您想想，一个人从小学习一门专业，及壮学成，就想把学的专业技术用于实践，可是君王却说：'姑且放弃你的所学，听从我的！'（这会怎么样呢？会把宫室建得一塌糊涂）。现在这里有一块璞玉，虽然不过万镒，您也一定会请专业的玉匠师傅来雕琢加工。到了治理国家，您却对臣子们说：'先放下你们学的那一套，听从我的！'这不等于您要教玉匠师傅去雕琢玉器吗？"

【解读】这段话又是孟子编的一个小故事：建巨室、请木匠、求大木，见大木、王高兴，可当木匠按设计把大木加工为建设部件时，王大怒，说怎么把大木斫小了，叫人"姑舍女所学而从我"，够荒唐可笑。而且璞玉，不过万镒，王却看得很重，请玉匠为工雕琢，到了治国，他又对臣子们说："姑舍女所学而从我"，这不又是胡闹，看重璞玉，看轻国家，视臣如犬马！

孟子讲这个故事的本意是告诉宣王要尊重知识，尊重技术，尊重人才。治国理政要任贤使能。

10. 胜之取之　惟天意民心

【原文】齐人伐燕，胜之。宣王问曰："或谓寡人勿取，或谓寡人取之。以万乘之国伐万乘之国，五旬而举之，人力不至于此。不取必有天殃。取之如何？"

孟子对曰："取之而燕民悦，则取之。古之人有行之者，武王是也。取之而燕民不悦，则勿取。古之人有行之者，文王是也。以万乘之国伐万乘之国，箪食壶浆以迎王师，岂有他哉？避水火也。如水益深，如火益热，亦运而已矣。

【注释】齐人伐燕，齐人胜之。齐宣王五年（公元前315年）。燕王哙把王位让给国相子之，国人反对，发生内乱，齐宣王乘机出兵伐燕，很快取得了胜利。（见《战国策·燕策》《齐策》）

不取必有天殃：《国语·越语》中说："天与不取，反之为灾。"文中这段话的意思是齐国五十天内就攻下了燕国，不止是人力，更有天意，天意助齐，齐如不取，反会有灾殃。

亦运而已：运，是转变，改变，选择新的出路。文中的意思是，如果齐国没有给燕民带来好处，生活更水深火热，那他们也会转而寻找新的出路。

【译文】宣王五年，齐国攻打燕国，大获全胜。齐宣王对孟子说："有的人劝我不要吞并燕国，有的人又劝我吞并它。以一个拥有万乘兵车的大国去攻打同样有万乘兵车的大国，五十天就攻下来了，仅凭人力恐怕不至于此，一定是天意使然。现在我们不吞并它，天必降灾于我们。吞并它吧，如何？"

孟子对曰："吞并燕国，如果燕民很高兴那就吞并，古人有这样做的，周武王是这样。吞并燕国，如果燕民很不高兴，那就不要吞并，古人也有这样做的，周文王是这样。宣王您以万乘之兵去攻打万乘之兵的燕国，燕国的百姓箪食壶浆迎接您的军队，难道还有什么其他的原因吗？只是想摆脱他们在燕国水深火热的日子啊！如果您吞并他们的国家，让他们的生活更加水深火热，那他们也只能转而另找新的出路。"

【解读】这是个真实的历史故事，齐国伐燕获胜，吞并燕国还是不吞并燕国呢？齐宣王请教孟子。孟子的态度比较明确，道理也讲得很清楚，出发点只有一个——对百姓有没有好处，百姓高不高兴。举的两个历史事例很有说服力，武王伐纣，民心所向，救殷民于水火，所以武王灭殷而取之。文王（西伯）也见殷纣无道，但文王见殷尚有三仁（微子、箕子、比干）（见《论语·微子》）民心尚可维系，所以虽三分天下有其二，还不取（见《论语·泰伯》）。

宣王没有听孟子的劝告，取燕之后，危机四伏，八面楚歌，天意民心，不可不察！

11. 齐王伐燕 取之

【原文】齐王伐燕，取之。诸侯将谋救燕。宣王曰："诸侯多谋伐寡人者，何以待之？"

孟子对曰："臣闻七十里为政于天下者，汤是也。未闻以千里畏人者也。《书》曰：'汤一征，自葛始。'天下信之，东面而征，西夷怨；南面而征，北狄怨，曰：'奚为后我？'民望之，若大旱之望云霓也。归市者不止，耕者不变，诛其君而吊其民，若时雨降，民大悦。《书》曰：'徯我后，后来其苏。'今燕虐其民，王往而征之，民以为将拯已于水火之中也，箪食壶浆以迎王师。若杀其父兄，系累其子弟，毁其宗庙，迁其重器，如之何其可也？天下固畏齐之强也，今又倍地而不行仁政，是动天下之兵也。王速出令，反其旄倪，止其重器，谋于燕众，置君而后去之，则犹可及止也。"

【注释】汤：商汤，商朝的开国君主。姓子，名履，天乙，称成汤，武汤。《书》曰："汤一征，自葛始……"和后文《书》曰："徯我后，后来其苏。"均引自《尚书·仲虺之诰》，比较生动地叙述了汤武征伐葛伯得到天下，百姓拥护的史实。吊其民：吊，体恤安抚，体恤安抚百姓。徯我后，后来其苏：徯，等到，等待；后，是君王；苏：苏复，通俗一点可译为"活命了"。倍地：指齐宣王取燕后，其国土面积增加了一倍。旄倪：旄同"耄"，八九十岁的老人；倪，小孩子，儿童。

【译文】齐国伐燕之后，吞并了燕国。别的诸侯国谋划着援救燕国。齐宣王问孟子："很多诸侯国都在谋划着讨伐我，该用什么办法来处理呢？"

孟子回答说："我听说过成汤以七十里小国统一了天下，没有听说过您宣王拥有国土千里还会惧怕他人。《尚书·仲虺之诰》说：'成汤第一征是从讨伐葛伯开始的。'天下百姓很信服，当他向东面征讨，西面的百姓埋怨，他向南面征讨，北面的百姓埋怨，百姓们都说：'为什么把我们放在后面呢？'百姓都盼望着他的解放，就像大旱季节百姓渴望天上兴起降雨的云霓一样。他的军队所到之处，市井做买卖的照常营业，耕种的农民照常下田劳动，只诛杀残害百姓的暴君而体恤安抚普通百姓，当时百姓感到成汤的到来，好像是久旱逢上了及时雨，百姓十分高兴。《尚书·仲虺之诰》记载：百姓们说："盼望着等待着我们英明的君主啊，英明的君主来了，我们就活命了！"现在，燕国的国君虐待百姓，宣王您发兵去征伐他，燕国的百姓以为您是要把他们从水深火热中拯救出来，所以箪食壶浆迎接您的军队。可您的军队却杀戮他们的父兄，抓走他们的子弟，拆毁他们的宗庙，抢走他们文物重器，这么做他们怎么能容忍呢？天下诸侯本来就害怕齐国强大，现在您并燕之后土地又扩大了一倍，还如此为暴不仁，这等于是您动员天下兴兵来讨伐您。

"宣王您赶快下命令吧，放还燕国老老小小的俘虏，停止掳掠燕国的文物宝器，再和燕国各界人士商议，为他们选立一位国君，然后尽快地从燕国撤回齐国的军队，这样做，还来得及制止各诸侯国兴兵伐您。"

【解读】齐胜燕，是占领还是不占领，在上一章里孟子作了很好的分析和回答，可惜齐宣王没有听孟子的劝告，还是出兵占领，以致燕民不悦，诸侯不服，自己陷入危机。对宣王来说教训应该是很深刻，天意民心不可违逆，恃强霸凌，随意出兵掠夺占领他国，失败是必然的，古今一律。

12. 出乎尔者　反乎尔者也

【原文】邹与鲁閧。穆公问曰："吾有司死者三十三人，而民莫之死也。诛之则不可胜诛；不诛，则疾视其长上之死而不救。如之何则可也？"

孟子对曰："凶年饥岁，君之民老弱转乎沟壑，壮者散而之四方者，几千人矣，而君之仓廪实府库充，有司莫以告，是上慢而残下也。曾子曰：'戒之戒之！出乎尔者，反乎尔者也。'夫民今而后得反之也，君无尤焉。君行仁政，斯民亲其上，死其长矣。"

【注释】閧（hòng）：同"哄"，交战、冲突。疾视其长上之死而不救：疾，痛恨，很痛恨他们看到长官被杀而不去救援。上慢而残下：应是慢上而残下，上慢倒装。有关官吏，不及时报告君上，是怠慢君王。残下，残害百姓。

【译文】邹国和鲁国发生武装冲突。邹穆公问孟子："这次武装冲突，我的官吏死了三十三人，而参战的百姓一个也没死。（我觉得是百姓怠战，不救援有司，恨不得杀了他们。）杀了他们，又杀不了那么多，不杀吧，我又很痛恨他们看到长官被杀而不去援救，您说应该怎么办呢？"

孟子回答说："凶年饥岁，您的百姓，年老体弱的饿死而弃尸山野沟壑，青壮年人背井离乡，四处逃荒，这样的百姓几近千人啊。而在您的仓库里却堆满了粮食，府库里装满了财宝，这些情况官吏们都没有及时向您报告，这是怠慢您残害百姓啊。曾子说过：'警惕啊，警惕啊，你怎样对待别人，别人就怎样回报你。'穆公啊，您不要怪罪那些（战场不救官吏的）百姓。（百姓会饿死他们也不曾救。）您如果施行仁政、仁爱百姓，您的百姓自然会尊敬爱护他的上司官长，甚至为他们的上司官长去死。"

【解读】孟子想问题、看问题总是站在百姓（民）的立场上，把百姓（民）放到心里。孟子的民本思想，都说是理想主义，但我觉得他是可以穿越时代的理想现实主义，以民为本，应该亘古不变。

这一章的故事讲的是关于生死的严肃问题，很深刻、很尖锐。官吏平素对百姓不仁，见百姓遭饥荒，国库有粮有钱而不施救，百姓或饿死弃尸荒野沟壑，或妻离子散逃难四方。及至上战场，百姓怠战，不与官吏同生死共患难，见官吏被围被杀而不救护。问题很严肃，故事很悲情，官民关系竟如此真是一种悲哀！至此孟子引曾子言，大声疾呼："戒之戒之！出乎尔者，反乎尔者也。"

"上恤其下，下赴其难"，"君行仁政，斯民亲其上，死其长矣"。百姓永远是最可爱的，是我们的根。

13. 与民守之

【原文】滕文公问曰："滕小国也，间于齐楚。事齐乎？事楚乎？"

孟子对曰："是谋，非吾所能及也。无已，则有一焉：凿斯池也，筑斯墙也，与民守之，效死而民弗去，则是可为也。"

【注释】滕文公：滕是西周初年分封的诸侯国，在今山东滕县西南，是一个弱小的封国，始封君主是周文王的儿子错叔绣。

【译文】滕文公请教孟子："我们滕国是个小国，夹齐国、楚国的中间，是服侍齐国好呢，还是服侍楚国好呢？"

孟子回答说："谋划这种事情，不是我所能够办得到的呀。不得已，一定要说，那么有一个想法可以告诉您：开凿护城河，筑起城墙，发动百姓一起守护，如果百姓效忠国家拼死守城，不离不弃，那么守国保家就可以有所作为了，有希望了。"

【解读】孟子回答问题还是万法不离其宗，把自己的百姓放在心里。仁爱百姓，依靠百姓。比服侍齐楚，侥幸倚大国庇护，靠得住得多！民心是根本，民志可成城。"与民守之，效死而民弗去，则是可为也。"

14. 苟为善　后世子孙必有王者矣

【原文】滕文公问曰："齐人将筑薛，吾甚恐，如之何则可？"

孟子对曰："昔者大王居邠，狄人侵之，去之岐山之下居焉。非择而取之，不得已也。苟为善，后世子孙必有王者矣。君子创业垂统，为可继也。若夫成功，则天也。君如彼何哉？强为善而已矣。"

【注释】筑薛：薛国是西周初年分封的小国，今山东滕县东南，与当时的滕国毗邻，后被田齐吞并。筑城为田婴封地，这就是筑薛。邠（bīn）：周太王国所在地，今陕西彬县。创业垂统：开创基业，世代相传不绝称为创业垂统。垂统，垂是向下，统是统绪，向下延续世代相传。

【译文】滕文公问孟子："齐国人准备加强薛国的城池，吞并薛国，我很害怕。您说怎么办才好呢？"

孟子回答："从前太王古公亶父住在邠地，狄人（匈奴）常来侵犯，他便躲开，搬到岐山脚下居住。这不是太王自愿选择采取的办法，实在是不得已呀。如果一个人（君王）能如此忍让行善（一种善良的忍让），他的后代子孙也一定有王者。有仁德的君子创立功业，世代相传，为的是一代一代继承光大。至于能不能成功，还看天命。您如何对待齐人呢？勉力施仁行善吧！"

【解读】这次孟子给滕文公的主意不是很具体，只是讲了周太王避狄人、让邠地、至歧山之下居住的故事，似乎很消极。但是孟子所言本意是：能忍让为善，像古公亶父一样，虽一时丢失了土地，而后世乃有天下。这是天意。不要只在乎一地一城之失，"君子创业垂统，为可继也"，要看远一点。留下名言一句："苟为善，后世子孙必有王者矣。"劝文公"强为善而已矣"。

15. 仁人也　不可失也

【原文】滕文公问曰："滕，小国也。竭力以事大国，则不得免焉。如之何则可？"

孟子对曰："昔者大王居邠，狄人侵之。事之以皮币，不得免焉；事之以犬马，不得免焉；事之以珠玉，不得免焉。乃属其耆老而告之曰：'狄人之所欲者，吾土地也。

吾闻之也：君子不以其所以养人者害人。二三子何患乎无君？我将去之。'去邠，逾梁山，邑于岐山之下居焉。邠人曰：'仁人也，不可失也。'从之者如归市。"

"或曰：'世守也，非身之所能为也。效死勿去。'"

"君请择于斯二者。"

【注释】皮币：毛皮和丝绸。属其耆老：属（zhǔ），集合、邀集；耆老，六十岁以上的老人。邀请六十岁以上的老人。梁山：现陕西乾县西北五里。如归市：形容跟从太王的人像赶集一样踊跃。

【译文】滕文公问孟子："滕国是个小国，即使尽自己最大的努力去侍奉大国，还是免不了受侵略的灾难，请问要怎么办才可以呢？"

孟子回答说："从前太王居住在邠地，狄人来侵犯他，太王拿毛皮和丝绸去事奉他们，他们不肯放过；拿猎犬和好马去事奉，也不肯放过，又拿珠玉珍宝去事奉他们，还是不肯放过。于是太王邀集国内六十岁以上的父老商量，太王告诉各位父老：'狄人所索求的，无非是我们的土地。我听前辈说，一个有道德的人不能拿养活老百姓的东西（土地是养活老百姓的）去害老百姓。诸位又何必担心没有君主呢？我打算离开这里了。'于是太王离开了邠地，翻过梁山，在岐山脚下筑邑定居了。邠地的老百姓说：'古公真是个有仁德的人呀，不可以失去他。'追随跟从他而去的人好像赶集市一样踊跃。"

"但是也有人说：'国土是祖先传下来应该由子孙世代守住的基业，不是可以由我们个人擅自做出处理的，应该效命死守，哪怕牺牲生命也不能丢弃。'"

"请文公您对这两种办法做出选择。"

【解读】第13、14、15，一连三章，都是滕文公请教孟子如何面对强敌，孟子三次的回答，实际上万法不离其宗，观点一以贯之：把百姓放在心里，仁爱、行善，依靠百姓，可御强敌，可保家国，可保创业垂统。

16. 鲁平公不见孟子

【原文】鲁平公将出，嬖人臧仓者请曰："他日君出，则必命有司所之。今乘舆已驾矣，有司未知所之，敢请。"

公曰："将见孟子。"

曰："何哉，君所为轻身以先于匹夫者？以为贤乎？礼义由贤者出；而孟子之后丧逾前丧。君无见焉！"

公曰："诺。"

乐正子入见，曰："君奚为不见孟轲也？"

曰："或告寡人曰：'孟子之后丧逾前丧。'是以不往见也。"

曰："何哉，君所谓逾者？前以士后以大夫，前以三鼎后以五鼎与？"

曰："否。谓棺椁衣衾之美也。"

曰："非所谓逾也，贫富不同也。"

乐正子见孟子，曰："克告于君，君为来见也。嬖人有臧仓者沮君，君是以不果来也。"

曰："行，或使之；止，或尼之。行止，非人所能也。

吾之不遇鲁侯，天也。臧氏之子焉能使予不遇哉？"

【注释】 鲁平公：鲁国君王，景公之子，叔立，平为谥号。嬖人：受宠的男小臣。乘舆：国君出行的车马。乐正子：孟子的学生，名克，当时还仕于鲁。鼎：古代祭祀时用来盛猪羊肉等的器皿，按古代礼制，士祭奠用三鼎，大夫可用五个鼎，显品位。沮：阻止。尼：阻止。

【译文】 鲁平公准备外出，近臣臧仓对平公说："往常君主出行，一定告诉有关官员到哪里去。今天您出行的车马都驾好了，有关官员还不知道您到哪里去。请允许我大胆地问您一声，好吗？"

平公回答："准备去见孟子。"

臧仓说："为什么君王自降身份去会见一个普通人？以为他是贤人吗？贤者在礼仪上是表率，而孟子违反礼制规定办母亲的丧事超过了父亲的丧事的规格。请大王不要去见他。"

平公一听就采信了，回答说："好的。"

乐正子进宫见平公，说："大王您为什么不见孟轲了呢？"

平公回答说："有人告诉我：'孟子办母亲的丧事规格超过了父亲的丧事。'就为这个，我没有去见他了。"

乐正子说："您所说的孟子办母亲的丧事超过其父亲的丧事是指什么呢？是说他前用三鼎后用五鼎？前他身为士的时候葬父办丧事，以士的身份用三鼎祭祀，而后丧母之时，孟子已是大夫，以大夫的身份用五鼎祭母，这是合乎礼仪规矩的呀！"

平公说："不是讲的这个，是讲他装殓父母的棺椁衣衾的精美，母亲超过了父亲。"

乐正子说："这不能说是'后丧超前丧'，这是因为前后家境贫富情况不同嘛。（这不属违礼。）"

乐正子见了孟子，对孟子说："我把您推荐给了平公，平公本来要来拜访您的。可是，有个叫臧仓近臣谗言阻止平公，平公没有如约。"

孟子说："一个人干某件事时，无形中也许有一种力量在支使他，他不干某件事时，也好像有一种力量在阻止他，干与不干，干成与干不成，并不全凭人力决定。我不能与平公相遇，是天命。臧姓小子，又怎么能使我们不遇呢？"

【解读】这一篇前面一连十五章，孟子见齐宣王、邹穆公、滕文公等一干诸侯及臣子，谈治国理政、王天下，劝诫诸王尊王道、施仁政、行仁义、仁爱百姓，慷慨陈词，观点鲜明，语言精辟，夫子的浩然之气、爱民之心、保民而王天下之情跃然纸上，读之倍长精神。

读到第十六章，很不是滋味！平治天下"舍我其谁"的孟夫子竟遭如此冷遇，最后孟子只能无奈地喟叹："行止，非人所能也。""天也。"

也不奇怪，至圣先师孔夫子游说十四国诸侯，行程数万里，历时十四年，不知遭多少冷遇和厄困，到最后也只能喟叹："夫遇与不遇者，时也。""君子博学深谋而不遇时者众，何独丘哉！"（《孔子家语·在厄》）但孔子境界很高，他说："不怨天，不尤人，下学上达，知我者其天乎！"（《论语·宪问》）

大哉，孔子"志於道"为了理想的"道""知其不可而为之"，"朝闻道，夕死可也"。孔子孟子时命逢春秋战国，厄困苦其心志，厄困成其伟大！太史公曰："仲尼厄而作《春秋》"，千古孔孟，千古道德文章。

第二篇 公孙丑（上）

《公孙丑》上篇共九章，否定齐桓、管仲、婴子霸道，念念不忘倡王道行仁政。其理论根据是"人皆有不忍人之心。先王有不忍人之心，斯有不忍人之政矣。以不忍人之心，行不忍人之政，治天下可运之掌上"。"仁心"是行仁政的基础，孟子提出的"人心四端"说更深刻地阐明了这一点。

本篇还提出了个人修养的养志养气，"持其志无暴其气"，"我善养吾浩然之气"，"君子莫大乎与人为善"。

1. 行仁政而王 莫之能御也

【原文】公孙丑问曰："夫子当路于齐，管仲、晏子之功，可复许乎？"

孟子曰："子诚齐人也，知管仲、晏子而已矣。或问首曾西曰：'吾子与子路孰贤？'曾西蹵然曰：'吾先子之所畏也'，曰：'然则吾子与管仲孰贤？'曾西艴然不悦，曰：'尔何曾比予于管仲！管仲得君，如彼其专也，行于国政，如彼其久也，功业如彼其卑也。尔何曾比予于是！'"

曰："管仲，曾西之所不为也，而子为我愿之乎！"

曰："管仲以其君霸，晏子以其君显。管仲、晏子，犹不足为与？"曰："以齐王，由反手也。"

曰："若是，则弟子之惑滋甚。且以文王之德，百年而后崩，犹未洽于天下，武王周公继之，然后大行。今言王若易然，则文王不足法与?"

曰："文王何可当也? 由汤至于武丁，贤圣之君六七作，天下归服久矣，久则难变也。武丁朝诸侯，有天下，犹运之掌也。纣之去武丁未久也，其故家遗俗，流风善政，犹有存者，又有微子、微仲、王子比干、箕子、胶鬲皆贤人也，相与辅相之，故久而后失之也。尺地，莫非其有也，一民莫非其臣也，然而文王犹方百里起，是以难也。

"齐人有言曰：'虽有智慧，不如乘势；虽有镃基，不如待时。'今时则易然也：'夏后、殷、周之盛，地未有过千里者也，而齐有其地矣；鸡鸣狗吠相闻，而达于四境，而齐有其民矣；地不改辟矣，民不改聚矣，行仁政而王，莫之能御也。且王者之不作，未有疏于此时者也，民之憔悴虐政，未有甚于此时者也。饥者易为食，渴者易为饮。孔子曰：'德之流行，速于置邮而传命。'当今之时，万乘之国行仁政，民之悦之，犹解倒悬也，故事半古之人，功必倍之，惟此时为然。"

【注释】公孙丑：齐国人，孟子的弟子。当路：当道、当政。曾西：曾参的孙子。蹵然：突然不安的样子，骤然改容易色。艴然：愠怒之色。以齐王，由反手也：王，应读 wàng，行王道，王天下；由，即犹。整句的意思是以齐国当时的条件和情势行王道，治理国家会犹如翻转手掌一样容易。则弟子之惑滋甚：滋，益，越，更加。镃基：大锄头。夏后：即夏禹。

【译文】公孙丑问孟子："先生您要是在齐国当政，可重建管仲、晏子那样的功业吗？"

孟子回答："你到底是个齐国人，只知道管仲、晏子。曾经有个齐国人问曾西：'先生您和子路相比，哪个更贤能呢？'曾西骤然易色，肃然起敬地说：'子路是我先祖父（曾子）尊敬的人呀。'那个人又继续问：'那么，您和管仲比，哪个更贤能些呢？'曾西怒形于色说：'你怎么竟拿管仲和我相比呢？管仲一直得到他君主的信任，一直长时间的行使国家重权，可是他所建的功业还很卑微，你怎么拿他来和我相比呢！'"

孟子停顿了一下，加重语气说："管仲那样的人连曾西都不屑和他相比，你以为我还会愿意学他啊！"

公孙丑说："管仲辅佐桓公成就了霸业，晏子辅佐景公名声显赫，难道管仲、晏子还不值得学习吗？"

孟子回答："以齐国的条件和情势行王道治理国家，可以像翻转手掌一样容易！"（言外之意，管、晏辅齐行霸道其功甚微，若行王道一定胜过霸道，所以不值一学。）

公孙丑说："这样说，那我就更不明白了。就拿文王的德政来说吧，他活了近百岁（执政的时间很长）还没有能够治平天下，后来武王周公继承了他的事业，才兴旺发达起来。现在您说王天下犹如反掌那么容易，那文王也不值得效法了吗？"

孟子说："文王怎么比得上呢！殷由商汤到武丁，贤圣之君有六七个，天下归服殷王朝的时间很久了，时间久了就不容易改变。武丁拥有天下，诸侯朝见，治理得很顺手。商纣离武丁不远，殷王朝好的传统作风和治政方略政策也都还存在，同时还有微子、比干、箕子、胶鬲一批贤臣一起辅弼纣王。所以商殷统治很长的时间才失天下。当时，没有一尺土地不归殷朝所有，没有一个臣子不是殷朝的。然而文王以百里之地而统一天下也是很难的呀！

    齐国有句俗话：'虽有智慧，不如乘势，虽有镃基，不如待时。'现在时势正当，行王道仁政就容易多了。即使在夏、商、周最兴盛的年代，他的国土面积也没有过千里的，而现在的齐国有广袤的国土，众多的百姓，国土不必再开拓，百姓不需再增加，行仁政而统一天下，谁也阻挡不了。并且，贤能之君不出现的时间，历史上从来没有像现在这么长，百姓被暴虐之政折磨，历史上也从来没有这么严酷，饥者已不择食，渴者已不择饮。孔子说过：'德政的推行，比驿站传达军令还要迅速'（国民已十分渴望德政），现在这个时候拥有万辆兵车的大国实行仁政，百姓的高兴就像被倒吊着得到释放一样。现在所施之事半于古人，而所建之功业倍于古人（事半功倍），只有这个时候才能够这样。"

【解读】这一章的中心思想是讲王道仁政。

公孙丑与孟子的对话比较生动精彩，讲历史，讲现实，讲"待时""乘势"，讲王天下的难与易。公孙丑发问尖锐，孟夫子胜于雄辩。

开章公孙丑崇扬管仲、晏婴辅桓公、景公称霸建功，问孟子如果当政于齐，能否期许效管、晏建立功业。孟子很不以为然，以曾西不屑比于管、晏，回答：不愿学管、晏。公孙丑反问，管、晏有功有名，为什么不值得学。孟子响亮回答："以齐王，由反手也。"所言之意：以齐国的国力和情势，行王道而一统天下，易如反掌，王道胜于霸道，管、晏不值得学。公孙丑又反问："文王以德为政，一生辛劳，近百岁才死，也没有能平治天下，直到武王、周公才兴盛起来。您说'王天下易如反手'，那文王也不足效法？"

孟子严肃地批评公孙丑："文王何可当也！"接着详细地讲述了周灭商纣的历史情势、过程和文王以百里之地而王天下的艰难。

最后，孟子特别引用了齐国的民谚"虽有智慧，不如乘势，虽有镃基，不如待时"和孔子名言"德之流行，速于置邮而传命"，审时度势，把握机遇，顺应民心而行仁政王天下，可"事半古之人，功必倍之"。

这就是"王天下，易如反手"，"行仁政而王莫之能御也。"

2. 我善养吾浩然之气

【原文】公孙丑问曰："夫子加齐之卿相，得行道焉，虽由此霸王不异矣。如此则动心否乎？"

孟子曰："否。我四十不动心。"

曰："若是，则夫子过孟贲远矣。"

曰："是不难，告子先我不动心。"

曰："不动心有道乎？"

曰："有。北宫黝之养勇也：不肤挠，不目逃，思以一豪挫于人，若挞之于市朝；不受于褐宽博，亦不受于万乘之君；视刺万乘之君，若刺褐夫；无严诸侯，恶声至，必反之。孟施舍之养勇也，曰：'视不胜犹胜也。量敌而后进，虑胜而后会，是畏三军者也。舍岂能为必胜哉？能无惧而已矣'。孟施舍似曾子，北宫黝似子夏。"

"夫二子之勇，未知其孰贤，然而孟施舍守约也。昔者曾子谓子襄曰：'子好勇乎？吾尝闻大勇于夫子矣：自反而不缩，虽褐宽博，吾不惴焉；自反而缩，虽千万人，吾往矣。'孟施舍之守气又不如曾子之守约也。"

曰："敢问夫子之不动心与告子之不动心，可得闻与？"

"告子曰：'不得于言，勿求于心；不得于心，勿求于气。'不得于心，勿求于气，可；不得于言，勿求于心，不可。夫志，气之帅也，气，体之充也。夫志至焉，气次焉；故曰：'持其志，无暴其气。'"

"既曰：'志至焉，气次焉。'又曰：'持其志，无暴其气。'者何也？"

"志壹则动气，气壹则动志也。今夫蹶者趋者，是气也，而反动其心。"

"敢问夫子恶乎长？"

曰："我知言，我善养吾浩然之气。"

"敢问何谓浩然之气？"

曰："难也。其为气也，至大至刚，以直养而无害，则塞于天地之间。其为气也，配义与道；无是，馁也。是集义所生者，非义袭而取之也。行有不慊于心，则馁也。我故曰，告子未尝知义，以其外之也。必有事焉而勿正，心勿忘，勿助长也。

"无若宋人然：宋人有闵，其苗之不长而揠之者，芒芒然归，谓其人曰：'今日病矣，予助苗长矣！'其子趋而往视之，则苗槁矣。天下之不助苗长者寡矣。以为无益而舍之者，不耘苗者也；助之长者，揠苗者也，非徒无益而又害之。"

"何谓知言？"

曰："诐辞知其所蔽，淫辞知其所陷，邪辞知其所离，遁辞知其所穷。生于其心，害于其政；发于其政，害于其事。圣人复起，必从吾言矣。"

"宰我、子贡善于说辞，冉牛、闵子、颜渊善言德行，孔子兼之，曰：'我于辞命，则不能也。'然则夫子既圣矣乎？"

曰："恶！是何言也？昔者子贡问孔子曰：'夫子圣矣乎？'孔子曰：'圣则吾不能，我学而不厌而教不倦也。'子贡曰：'学不厌，智也；教不倦，仁也。仁且智，夫子既圣矣。'夫圣，孔子不居，是何言也？"

"昔者窃闻之：子夏、子游、子张皆有圣人之一体；冉牛、闵子、颜渊则具体而微。敢问所安？"

曰："姑舍是。"

曰："伯夷、伊尹何如？"

曰："不同道，非其君不事，非其民不使；治则进，乱则退，伯夷也。何事非君，何使非民；治亦进，乱亦进，伊尹也。可以仕则仕，可以止则止，可以久则久，可以速则速，孔子也，皆古圣人也，吾未能有行焉。乃所愿，则学孔子也。"

"伯夷、伊尹于孔子，若是班乎？"

曰："否。自生民以来未有孔子也。"

曰："然则有同与？"

曰："有。得百里之地而君之，皆能以朝诸侯，有天下；行一不义，杀一不辜，而得天下，皆不为也。是则同。"

曰："敢问其所以异。"

曰："宰我、子贡、有若，智足以知圣人，汙，不至阿其所好。宰我曰：'以予观乎夫子，贤于尧舜远矣。'子贡曰：'见其礼而知其政，闻其乐而知其德，由百世之后，等百世之王，莫之能违也。自生民以来，未有孔子也。'有若曰：'岂惟民哉？麒麟之于走兽，凤凰之于飞鸟，太山之于丘垤，河海之于行潦，类也。圣人之于民，亦类也。出乎其类，拔乎其萃，自生民以来，未有盛于孔子也。'"

【注释】加卿相：加，加官晋爵的加，出任卿相。虽由此霸王不异矣：虽然是以卿相之位而行道，但成就霸王之业不异于霸王之君。动心：朱熹释，成霸王之业任大责重，可生恐惧疑惑之心。孟贲：卫国人，勇士。告子：名不害，说是墨子的学生，后又师从孟子，为研究人性，反复向孟子求教。北宫黝（yǒu）：齐国人，勇士。孟施舍：勇士。褐宽博：粗布织的宽大衣服，这里指穿粗布衣的普通人。无严诸侯：严作敬畏释，意为心中没有敬畏的诸侯。孟施舍似曾子，北宫黝似子夏：朱熹注，黝务敌人，舍专守己，子夏笃信圣人，曾子反求诸己，故二子与曾子、子夏。意思是，北宫黝好强争胜，目中无人，勇敢大气，上似子夏；孟施舍小心谨慎，克己守义，遇事反求诸己，修养上似曾子。缩：义、直的意思，即义正理直。守约：孟施舍守约，是指其守己不惧之气，曾子守约，是指曾子守道义的要点，守大节。

志壹则动气，气壹则动志：宋朱熹注释，壹为专一。东汉赵歧注释为壹是噎、梗塞、闭塞。我倾向于赵氏，志壹应是心志闭塞，理智丧失，心志闭塞，理智不明则感情冲动，意气用事；意气情感不顺也影响心志不顺。

以直养无害：直是义、道义。以道义培养自己的正气而不让邪辟干害。

集义所生：是由正义积累（仁、义、理、智）而生长的。非义袭而取：而不是一时的正义感冲动而取得。心有事焉而勿正：培养浩然之气，不能有利欲功利的不正之心。

汙：读 wū，通污，意为大、夸，是假借，夸大其词的意思。

【译文】公孙丑问孟子："老师假若您出任齐国卿相，按您自己的思想主张而行政，虽然是以卿相之位辅佐行政，但成就霸王之业不异于古之霸王之君，如此您也动恐惧疑惑之心吗？"

孟子说："不，我四十岁以后就不再心动了。"

公孙丑说："真是这样，那老夫子您比卫国的孟贲强多了。"

孟子说："这个不难，告子不动心比我还早呢。"

公孙丑说："做到不动心有什么办法吗？"

孟子说："有啊！齐国勇士北宫黝培养勇气：自己的肌肤被刺，一毫不动，眼睛被扎，眨都不眨，他以为受人一毫之挫，就好像是在街市之中人众之地挨了鞭挞一样反应强烈。既不能忍受卑贱之人的侮辱，也不能忍受大国君主的侮辱。视刺杀大国之君如同刺杀卑贱之人，无视诸侯威严，挨骂了一定回击。勇士孟施舍的培养勇气是这样，他说：'我对待不能战胜的敌人像对待能够战胜的敌人一样。先估计好敌人的力量才进攻，先考虑好能战胜后才交锋，这是充分估计三军敌人的力量。我哪能一定打胜仗呢？不过是无所畏惧罢了。'孟施舍的养勇像曾子谨慎（守己、守气）。北宫黝的养勇像子夏（气象大，争强好胜，什么都不怕）。"

"这两个人的勇气，我也不知道谁大，然而孟施舍以守己为要，从前曾子对他的弟子子襄说过：'你好勇吗？我听说过孔夫子讲过大勇：'一事当前，要反躬自问，不占理不合义，虽然对方是卑贱之人我不去恐吓欺负他；反躬自问，义正理直，对方纵是千军万马，我也义无反顾，勇往直前。'孟施舍的养勇还只是守持那一股无所畏惧的勇气。曾子所言之勇以孔子为师，守住义理，可见孟施舍养勇还逊于曾子养勇以守道义为要。"

公孙丑说："敢问先生，您不动心与告子的不动心有何异同，可以说给我听听吗？"

孟子回答说："告子说：'没听懂对方的话，不往心里去，心里不计较，不要动气。'心里不计较，不要动气，还可以，没听懂对方的话，不往心里去，还是不妥（应该分析弄懂），思想意志是情感意气的主导，意气只是身心的表达，心志所至，意气所发，所以说：'要守持心志不要感情冲动，意气用事。'"

公孙丑又问："您既然说'心志所至，意气所生'，又说'要守持心志，不要意气冲动。'这是什么道理呢？"

孟子回答："心志闭塞不顺则意气冲动，意气不畅而冲动，则心志蒙蔽。现在你看那些跌倒和奔跑的人，都只是因气而动，这也会反过来影响他的思想意志。"（心志闭塞，一时失去理智，意气冲动，发脾气，意气冲动发脾气往往是心志蒙蔽，失去理智。这样的事多的是，当事者往往后悔不及，悔责自己一时糊涂。（孟子志壹则动气，气壹则动志，壹应作闭塞、蒙蔽解。论断很正确，但他举例蹶者趋者不贴切）

公孙丑又问："请问先生您长于哪些方面？"

孟子说："我知言，我善养吾浩然之气。"

公孙丑问："请问什么是浩然之气？"

孟子说："这难以用语言表达。这种气呀，至大至刚，用道义培养不让邪辟干害，沛然充塞于天地之间；这种气呀，与道义相配，无有道义就失去了刚正。这种气是由道义日积月累培养出来的，而不是一时冲动之气所取得的。日常行为中做了一件于心有愧的事，这种气就会失去正义。所以我说：告子未必懂得义，他把义当成身外之物了。这种正义之气要以心志培养，不要以功利私欲为取向，以至失出了它的正义，要记在心灵深处，要长期集义于心，培养修炼而不能人为助长。不要像宋国有个人那样拔苗助长。

"宋国有个人嫌禾苗长得不快而去拔苗长高的人，十分疲惫地回到家里，对家里人说：'今天我累坏了，我帮助禾苗长高了。'他的儿子赶快跑到地里一看，禾苗全枯槁了。其实天下不帮助禾苗生长的人是很少的。以为培养帮助没有益处而舍弃不干的，是不耘田锄草的懒汉；违背庄稼生长规律是那拔苗助长的人，这种助长，不但没有益处，反而戕害了禾苗。"

公孙丑问："怎么样叫知言？"

孟子说："片面的言辞能知道它蒙蔽人的地方在哪里；过头的言辞知道它陷溺的地方在哪里；邪僻的言辞，知道它偏离的地方在哪里；躲避推托的言辞，知道它理屈词穷的地方在哪里。这四种言辞生于其心，害于其政，发于其政，害于其事。即使有圣人复出，也一定相信我的说法。"

公孙丑说："宰我、子贡擅长言辞，冉牛、闵子、颜渊长于德行，孔子言辞德行兼备，孔子却说：'我对辞令不擅长。'那么说您夫子已经是圣人了？"

孟子说："怎么乱说！你这是什么言语？从前子贡问孔子：'老师是圣人了吧？'孔子回答说：'圣人，我还不够格，我只是学而不厌，诲人不倦。'子贡说：'学而不厌是智慧的表现，诲人不倦是仁德的表现。既有仁德又有智慧，老师您已经是圣人了。'圣者呀，孔子都不敢自居，你却加在我头上，这是什么话！"

公孙丑说："从前我听说，子夏、子游、子张都有孔圣人的某些方面的优点，冉牛、闵子、颜渊基本上达到了圣人的境界，只是细微处还有差距。敢问老师您处在什么地位呢？"

孟子说："不谈这个。"

公孙丑又问："伯夷、伊尹怎么样？"

孟子回答："他的理念和风格不同。不是他理想的君主，他不去服事；不是他理想的百姓，他不去使唤；天下治平，他出来做官；天下纷乱，他退隐不仕，伯夷是这样的人。任何君主，他都可以服侍，任何百姓，他都可以使唤，天下太平，他做官，天下不太平，他也做官，伊尹是这样的人。可以做官就做官，应该辞职就辞职，可以继续干就继续干，应该马上走就马上走，孔子是这样的人。都是古代的圣人，我都做不到，至于我所希望的是学习孔子。"

公孙丑问："伯夷、伊尹与孔子不是一样的吗？"

孟子回答："不，从有人类以来，没有人能比得上孔子。"

公孙丑又问："那么这三位圣人，有相同的地方吗？"

孟子回答："有，得百里之地以他们为君王，他们都能够使诸侯来朝，天下治平；如果要他们做一件不合符道义的事，杀一个无辜的人，而可以得到天下，他们也绝不会去做，这就是他们相同的地方。"（德才兼备，道义至上）

公孙丑问："请问，他们不同的地方又在哪里呢？"

孟子说："宰我、子贡、有若他们三个人，以他们的智慧和知识，充分了解圣人，再夸大其词，他们也不会偏袒吹捧自己所爱戴的人。宰我说：'依我看，老师比尧舜都强得多得多。'子贡说：'看到一个国家的礼制，就了解了它的政治，听到一个国家的音乐，就知道它的礼乐教化，即使百世以后的君王，任何一位君王都不能违背孔子之道。从有人类以来，没有人能比得上孔子。'有若说：'难道只有人类才有高下的不同吗？麒麟之于走兽，凤凰之于飞鸟，太山之于土丘，河海之于小溪，何尝不是同类。圣人孔子和百姓也同是人类，而孔子出乎其类，拔乎其萃（出类拔萃），从有人类以来，没有比孔子更伟大的。'"

【解读】本章公孙丑设问孟子：加卿相，得位行道，成霸王之业，任大责重，生恐惧疑惑之心否？公孙丑层层设问，孟夫子一一回答，偏重讲个人修养：养勇、守义，求诸己、尊道义、养心志，"持其志，无暴其气"。特别提出"我知言，我善养吾浩然之气"。最后一言以备之"乃所愿，则学孔子也"，道义所在，大仁、大智、大勇，通篇是道德学问、哲理思维。

最精彩的是"我知言，我善养吾浩然之气"这一句，光耀古今，影响深远。

知言，是个人修养，为学为政的很高要求，"不知言，无以知人也"，这是《论语》压轴之章的经典名言。孟子在本篇中详细地讲了如何知言，就是明智不惑。孟子还大胆预言"圣人复起，必从吾言矣"。

"我善养吾浩然之气。"这是孟子的千古名言，震古烁今，几千年来无数中华民族的仁人志士以身秉持，发扬光大，铸就了中华民族精神与日月同光的亮点。

"其为气也，至大至刚，以直养而无害，则塞于天地之间，其为气也，配义与道。"南宋的民族英雄文天祥一首《正气歌》用鲜血和生命对浩然之气作了最经典的诠释，动天地而泣鬼神。"天地有正气，杂然赋流形，下则为河岳，上则为日星，于人曰浩然，沛乎塞苍冥"，"当其贯日月，生死安足论，地维赖其立，天柱赖以尊"，"道义为之根"。他坚定的爱国思想、伟大的献身精神、成仁取义的崇高气节，至今仍然是我们中华民族最宝贵的精神财富。

3. 以德行仁者王

【原文】孟子曰："以力假仁者霸，霸必有大国；以德行仁者王，王不待大。汤以七十里，文王以百里。以力服人者非心服也，力不赡也；以德服人者，中心悦而诚服也，如七十子之服孔子也。《诗》云：'自西自东，自南自北，无思不服。'此之谓也。"

【注释】力不赡也：赡，这里作形容词，充足，富足。意思是实力不足，实力不够强大。

《诗》云："自西自东，自南自北，无思不服"，引自《诗·大雅·文王有声》，是歌颂周武王的，即说从西到东，从南到北，无不心悦诚服，武王真是好君王。

【译文】孟子说："靠实力又假借仁义之名，可以称霸诸侯，称霸必凭借国力的强大；尊道德行仁义可以天下归服，使天下归服的不一定是大国。比如商汤以七十里而统一天下，周文王也只有一百里而统一天下。用武力征服别人的，别人心里不服，只不过是力量不敌；以仁德使人归服的，心悦诚服，就像孔子弟子三千，贤人七十二诚服孔子一样。《诗·大雅·文王有声》歌颂文王、武王民心所归，'从西到东，从南到北，无不心悦诚服'，说的正是这种以德服人，心悦诚服的情况。"

【解读】文辞简捷，观点鲜明，王道霸道泾渭分明，以力假仁者霸，霸有大国，霸不服人；以德行仁者王，王不待大，王者归心。

孟夫子书生意气，有点迂阔，总是那么理想化。他以民为重，以民心为取向，强调以德行仁，为治政之本，时越几千年，仍可参鉴。

但是从有阶级的社会以来，历朝历代都是以王为名，以霸为道。"人世难逢开口笑，上疆场彼此弯弓月"，人类历史就是阶级斗争史，要记住两点：人民永远是历史的主人，历史永远属于人民，属于民心拥戴的强者。民心所向，富国强兵，方可立不败之地。

4. 仁则荣　不仁则辱

【原文】孟子曰："仁则荣，不仁则辱；今恶辱而居不仁，是犹恶湿而居下也。如恶之，莫如贵德而尊士，贤者在位，能者在职。国家闲暇，及是时，明其政刑，虽大国，必畏之矣。

"《诗》云：'迨天之未阴雨，彻彼桑土，绸缪牖户。今此下民，或敢侮予？'孔子曰：'为此诗者，其知道乎！能治其国家，谁敢侮之？'今国家闲暇，及是时，般乐怠傲，是自求祸也。祸福无不自己求之者。《诗》云：'永言配命，自求多福。'《太甲》曰：'天作孽，犹可违；自作孽，不可活。'此之谓也。"

【注释】国家闲暇：闲暇即无事，引申为国家无内忧外患。

《诗》云："迨天之未阴雨，彻彼桑土，绸缪牖户，今此下民，或敢侮予？"引自《诗·豳风·鸱鸮》，以小鸟鸱鸮的口气诉说猫头鹰的残虐，借以揭露统治者暴虐百姓。这里引入是说凡事要提前做准备，免遭欺侮，成语未雨绸缪出自于此。

孔子曰句，是借诗意喻治国的道理。

《诗》云："永言配命，自求多福。"引自《诗·大雅·文王》"无念尔祖，聿修厥德。永言配命，自求多福"。引诗的意思是：立德修身，命由己造，福由自求。

《太甲》曰句，引自《尚书·太甲中》。原文是："天作孽，犹可违；自作孽，不可逭"，意思是天作的孽，还可以躲避，自己作的孽，不能逃脱，祸由自取。

止于至善

我读《大学》《孟子》

【译文】孟子说："施行仁政，国泰民安，君主尊荣；不施行仁政，国弱民穷，君王屈辱。现在厌恶屈辱却仍然不施行仁政，这就好像厌恶潮湿却又住在低下潮湿的地方。如果真厌恶屈辱，那最好的是贵德尊贤，任用贤德的人在位，让有贤能的人在职。在国家安定，无内忧外患的时候，修明政教，完备礼法，这样即使是大国也会为之敬畏。"

"《诗经》上说：'趁着天还没下雨，剥取桑树根的皮儿，把门窗缠好，未雨绸缪，住在里面，又有谁敢来欺侮我呢？'孔子说：'写这首诗的人呀，真是个懂治国之道的人，能把国家治理好，谁还敢欺侮？'现在国家安定，如果这个时候纵情淫乐，偷安忘政，那就是自取祸殃。祸福都是自己找的。《诗·大雅·文王》有这样几句诗：'无念尔祖，聿修厥德。永言配命，自求多福。'（不忘祖恩，立德修身，命由天配，福由自求。）《尚书·太甲中》有言：'天作孽还可以躲避，自己作孽，逃也逃不脱。'说的正是这个意思。"（祸福都是自己找的。）

【解读】这一章言简意深，经典警世。行仁则荣，国泰民安，虽大国必畏之；不仁则辱，众叛亲离，人皆欺侮。这是历史的事实和教训，更有古人的告诫："未雨绸缪，或敢侮予？""能治国家，谁敢侮之？""无念尔祖，聿修厥德。永言配命，自求多福""天作孽，犹可违；自作孽，不可逭。""祸福无不自己求之者。"句句是警世恒言！

国必修政，君必行仁，祸福由己，德配天命。

5. 信能行此五者　则天下之民皆悦

【原文】孟子曰："尊贤使能，俊杰在位，则天下之士皆悦，而愿立于其朝矣；市，廛而不征，法而不廛，则天下之商皆悦，而愿藏于其市矣；关，讥而不征，则天下之旅皆悦，而愿出于其路矣；耕者，助而不税，则天下之农皆悦，而愿耕于其野矣；廛，无夫里之布，则天下之民皆悦，而愿为之氓矣。

"信而行之五者，则邻国之民仰之若父母矣。率其子弟，攻其父母，自有生民以来，未有能济者也。如此，则无敌于天下。无敌于天下者，天吏也。然而不王者，未之有也。"

【注释】廛（chán）而不征：廛，古时指一户人家的房屋或街市商铺，商人租商铺，只收房租费，不征货物税。法而不廛：如果货物商品积压，政府依法收购货物并且暂不收廛租。讥而不征：讥，为错假，是稽，稽查，通关只稽查不征税费。助而不税：古时实行井田制，百亩中二十为公田，耕者只义助耕公田，不再征税。廛无夫里布：夫，是人；里，庭院；布，钱。居民住一宅，不收取以劳代役的徭税叫无夫布；宅之庭院不按规定植桑麻，空着或修建亭榭，要罚款收钱，叫里布，无里布就是不收这项罚款了。

【译文】孟子说："尊重贤人，任用能人，杰出的人才，任职在重要的岗位上，那么天下的读书人都会很高兴，愿意在朝为官了；在市集上经商，政府提供房屋和摊位，只交一定的房租，而不征缴营业税，如果商品货物滞销，政府还会依法按市收购积压的货物并且免除那段时间的房屋（库房）和摊位的租金，天下商贾都很高兴，愿意来市经商；关卡通过，只依法稽查不征税费，天下过往旅客都很高兴，都愿意与您的邦国往来了；种田的人，实行井田制（百亩井田，二十亩公田，八十亩自耕），只要出点义务工助耕公田，自耕部分免交田税，天下的种田人都很高兴，都愿意来你的田野里来种田了；住房、住户可以免除徭役并且不缴纳未服役的税费，房前屋后庭院未植桑麻，有的还建了亭榭，也不罚款，天下的自由民很高兴，都愿意来你的邦国当自由民了。

"果真能落实这五项政策，则邻国的百姓，都会像仰敬父母一样敬仰您了。有人想率领他的子弟，攻打他的父母，这是从有人类以来不可能的事。您现在五项政策落实（俊杰在朝，商贾、旅客载途，农民愿耕，民人乐居，邻国百姓仰之若父母）已经无敌于天下了。无敌于天下的人，就是上天的官吏呀，像这样还不能天下一统成就王业，是不会有的。"

【解读】这一章还是讲王道，更具体地涉及了惠民政策和选贤任能的用人之策。

孟子提出的五项政策，惠及士、农、工、商、旅、氓（尚无职业的自由民），真正的全民受惠（还包括旅客，外邦侨民），涵盖政治、经济、文旅、外事，很理想，又很具体实在，条条政策都是"干货"。所以"信而行此五者，则邻国之民，仰之若父母矣"，能行五者，真正可以实现"近者悦，远者来"，"如此，则无敌于天下"。

王天下从惠民开始，王道就是政为民立，法为民设，利为民谋，政策制度为民而置，为民而施。

6. 人皆有不忍人之心

【原文】孟子曰："人皆有不忍人之心。先王有不忍人之心，斯有不忍人之政矣。以不忍人之心，行不忍人之政，治天下可运之掌上。所以谓人皆有不忍人之心者，今人乍见孺子将入于井，皆有怵惕恻隐之心。非所以内交于孺子之父母也，非所以要誉于乡党朋友也，非恶其声而然也。

"由是观之，无恻隐之心，非人也；无羞恶之心，非人也；无辞让之心，非人也；无是非之心，非人也。恻隐之心，仁之端也；羞恶之心，义之端也；辞让之心，礼之端也；是非之心，智之端也。人之有是四端也，犹其有四体也。有是四端而自谓不能者，自贼者也；谓其君不能者，贼其君者也。凡有四端于我者，知皆扩而充之者矣，若火之始然，泉之始达。苟能充之，足以保四海；苟不充之，不足以事父母。"

【注释】 怵惕（chù tì）：惊恐、惧怕。恻隐：伤痛、哀痛，同情、慈爱之心。同情慈悲，底线为不忍，不忍害人之心，不忍伤民之政。

端：注为绪，头绪，基始出发点。我释为基点、底线，如恻隐之心仁之端。

【译文】 孟子说："人都有同情怜悯之心。先王有同情怜悯之心，不忍百姓受苦受难，就有慈悲为怀，仁爱百姓之政。有同情怜悯之心，施仁爱百姓之政，治理天下就会像用手把玩小物件一样运行自如。我之所以说，人人都有同情怜悯之心，不忍别人遭受痛苦灾难，这是出自人心天理之自然。比如，现在有人骤然看到一个小孩子要落到井里去了，任何人都会油然而生怵惕恻隐之心，着急、同情、施救。而不是因为和小孩子的父母有什么交情，也不是为了表现自己博取乡党朋友的赞誉，也不是怕不施救而影响自己的名声。

"从这里可以看出，一个人如果没有同情怜悯之心，简直就不是一个人；一个人如果没有羞耻之心，简直就不是一个人；一个人如果没有辞让之心，简直就不是一个人；一个人如果没有是非之心，简直就不是一个人。恻隐之心，是仁的初始基点，羞恶之心是义的初始基点，辞让之心是礼的初始基点，是非之心是智的初始基点。为人必须有这四个基点底线，就像是健康人就有四肢一样。有了这四个为人的基点底线还说自己不行的人，就是自暴自弃；君王有这四个基点底线，还说君王不行的，那是诋毁自己的君王。所有具备这四个基点底线的人，如果懂得从这个基点底线出发扩充光大，就像刚刚点燃的火，会冲天燎原，就像刚刚涌出的泉，会聚为滔滔江河。如果人把这四个善良的基点底线扩充光大，君王足以保民而王天下，若连基点底线都没有守住（不仁、不义、无辞让、无是非），那连敬养孝顺父母都做不到。"

【解读】"人皆有不忍人之心"这是孟子道性善的命题。简单明了，透辟经典。人人都有同情怜悯之心，不忍见别人遭受困苦和灾难，这是天理自然，出其真心。孟子说："所以谓人皆有不忍人之心者，今人乍见孺子将入于井，皆有怵惕恻隐之心。非所以内交于孺子之父母也，非所以要誉于乡党朋友也，非恶其声而然也。"骤然见小孩子落井，生怵惕恻隐之心，是本然真心，不掺任何私心杂念，非思而生，非勉而中，天理自然，本能所驱，发自内心，人皆有之。

以此得出结论："无恻隐之心，非人也；无羞恶之心，非人也；无辞让之心，非人也；无是非之心，非人也。"话糙理不糙，"四心"之有，是人之所以为人而别于禽兽的本质。

"四心"即人之四端：恻隐之心，仁之端；羞恶之心，义之端；辞让之心，礼之端；是非之心，智之端。端，是头绪，初始开端，基点和底线，所谓四端还不是仁、义、礼、智完美道德的全部，还只是其初始开端、基点和底线。"若火之始然，泉之始达。"为人为政还要从此出发，进一步修养尽善，扩充光大，能扩充光大而至善可以保民而王天下。如果不修养扩充，守不住基点底线，那么连敬养孝顺父母都会做不到。

7. 莫之御而不仁　是不智也

【原文】孟子曰："矢人岂不仁于函人哉？矢人唯恐不伤人，函人唯恐伤人。巫匠亦然，故术不可不慎也。孔子曰：'里仁为美。择不处仁，焉得智？'夫仁，天之尊爵也，人之安宅也。莫之御而不仁，是不智也。不仁不智，无礼无义，人役也。人役而耻为役，由弓人而耻为弓，矢人而耻为矢也。如耻之，莫如为仁。仁者如射，射者正己而后发，发而不中，不怨胜己者，反求诸己而已矣。"

【注释】矢人：造箭的工匠。函人：造铠甲的工匠。巫：巫神、巫医，驱疫治病或为人祈福驱鬼的巫婆神汉。夫仁，天之尊爵，人之安宅：仁是最高尚的品德，居于天最尊贵的位置，是人安身立命的精神家园。人役："不仁不智，无礼无义，人役也。"人役本意是仆役。孟子将其用于句中不太恰当，孟子及诸多文人因其阶级局限性，轻视底层劳动人民的观念根深蒂固。我以为这句话应理解为：不仁不智、无礼无义的人是卑鄙恶劣的人。

【译文】孟子说："难道说造箭的工匠比造铠甲的工匠缺少仁爱之心吗？造箭的工匠，就怕他造的箭射不伤人，而造铠甲的工匠就怕他造的铠甲保护不了人。做巫师和做木匠的也一样，巫师怕法术不灵，驱不了病，救不了人；而木匠怕不死人，棺材卖不出去。由此可知，选择谋生之术不可不谨慎。孔子说：'居住在有仁厚之风的地方是美好的，如果不选择有仁厚之风的地方居住，怎么能说是明智呢？'仁是最高尚的品德，居天最尊贵的位置，是人安身立命的精神家园。没有人阻挡你，你却不仁，这是愚蠢。不仁、不智、无礼、无义的人是卑鄙恶劣的人，知道自己不仁不智，无礼无义以为耻，就像造弓箭的人知道自己造弓箭伤人以为耻，那就不如丢弃这个耻辱去行仁。行仁的人就像比赛射箭的人一样：射箭的人先端正自己的姿势，然后放箭，如果没有射中靶心，不要埋怨胜射者，反过来自我检查罢了。"

【解读】孟子在这一章还是想接上章讲"仁义礼智"，并且突出讲"仁"。仁是孔孟思想的核心价值观，天之尊爵，人之安宅，领义、礼、智，是括总的带头的，为善之长。仁由己择，仁由己修。孟子说："仁者如射，射者正己而后发，发而不中，不怨胜己者，反求诸己而矣。"扩充仁端，修持仁德，厉行仁爱是一辈子的事。孔子说："仁以为己任，不亦重乎？死而后已，不亦远乎？"（《论语·泰伯》）

孔孟之道，仁爱为心。

遗憾的是孟夫子在这一章中混淆了一些概念：矢人造箭是不仁？木匠做棺材，也是不仁？函人制甲是仁？巫者祈福驱病是仁？他们的职业都是社会人群需要的，都有利人的一面，以仁与不仁来划分，以仁与不仁来对比，有失偏颇，更不应该的是得出"故术不可不慎"的荒唐劝诫。还把不仁不智无礼无义的卑鄙恶劣的人与造弓箭的人放在一起，言其耻于不仁，纯粹胡说，孟子迂阔可见一斑。

8. 君子莫大乎与人为善

【原文】孟子曰："子路，人告之以有过，则喜。禹闻善言，则拜。大舜有大焉，善与人同，舍己从人，乐取于人以为善。自耕稼、陶、渔以至为帝，无非取于人者。取诸人以为善，是与人为善者也。故君子莫大乎与人为善。"

【注释】禹闻善言：据《尚书·皋陶谟》记载，大禹听皋陶的明达之言（好意见），拜谢皋陶，这就是"禹拜昌言"的典故。

【译文】孟子说："子路闻过则喜，大禹听到皋陶的好意见，立马拜谢，虞舜更伟大了，他学人之善，推己之善，与百姓一起行善，自己有不善的地方，就舍弃而听从学习别人的善言善行，乐意吸取别人的善来完善自己。从耕种庄稼，到制作陶器，到捕鱼，以至为帝，都是听取吸纳众人的好意见。听取吸纳众人的好意见提高自己完善自己，把事业做得尽善尽美，这就是和大家一起行善（与人为善）呀。所以，君子的高明大器之处莫过于与人为善（吸纳众人之善，与众人一道行善）。"

【解读】本章文章短小，却意义宏大，"君子莫大乎与人为善"，"大舜有大焉"！一个善字了得！

子路闻过则喜，大禹拜谢皋陶善言，虞舜善与人同、自谦从人、与人为善。

闻过则喜，闻善则从，善善与同，纳众人之善，与众人同善，取天下之善，为善天下，止于至善。

9. 伯夷　柳下惠　君子不由也

【原文】孟子曰："伯夷，非其君不事，非其友不友；不立于恶人之朝，不与恶人言；立于恶人之朝，与恶人言，如以朝衣朝冠，坐于涂炭。推恶恶之心，思与乡人

立，其冠不正，望望然去之，若将浼焉。是故诸侯虽有善
其辞命而至者，不受也；不受也者；是亦不屑就已。柳下
惠不羞污君，不卑小官；进不隐贤，必以其道；遗佚而不
怨，厄穷而不悯。故曰：'尔为尔，我为我，虽袒裼裸裎
于我侧，尔焉能浼我哉？'故其由由然与之偕，而不自失
焉。援而止之而止；援而止之而止者，是亦不屑去已。"
孟子曰："伯夷隘，柳下惠不恭；隘与不恭，君子不
由也。"

【注释】涂炭：涂，污泥，炭：炭灰，污泥和炭灰堆积之地，污秽不
堪。恶恶：前一个恶（wū），厌恶，后一个恶（è），恶劣的人。望望然：斜目
而视，不屑一顾的样子。浼：玷污。袒裼（xī）裸裎：赤身裸体。由由然：无
拘无束，很自得的样子。

【译文】孟子说："伯夷，不是自己理想的君主，不予侍奉；
不是自己喜欢的朋友，不予交结；不在恶人当政的朝廷里为官，不
跟恶人讲话；立于恶人的朝廷，跟恶人讲话，就好像穿着朝服，戴
着官帽坐在污泥炭灰之中。他把这种厌恶坏人的心思推而广之，觉
得与乡下人站在一起，乡下人帽子歪歪斜斜戴在头上，不屑和他们
一起，斜瞄一眼而走开，好像会让乡下人玷污一样。所以当时一些
诸侯好言好语来聘请他去做官，他也不接受，他不接受，就是觉得
不屑与这些人在一起。而柳下惠不认为侍奉不好的君王可耻，也不
因为自己的官职低微而自卑；入朝做官尽贤尽能，尽职尽责，一定
坚守道义原则；自己被遗弃（免职或冷遇）而无怨言。自己受厄
困，也不忧闷。所以他说：'你是你，我是我，你即使在我身边赤
身裸体，你能玷污我吗？'因此，他很自得自在，与什么人都可以

高兴地在一起，又不失态，拽住他，让他留住，他就留住。之所以留住就留住，是因为他觉得没有必要拒绝别人而去。"

孟子说："伯夷呀，器量太小、太狭隘，柳下惠不严肃、太随便，器量小太狭隘，不严肃太随便，君子不要效尤追随他们。"

【解读】本章专讲伯夷和柳下惠，叙述和评议都比较客观，比较到位。

本篇第二章专题讨论过伯夷和伊尹，第五篇第一章又更全面地讨论了伯夷、伊尹、柳下惠和孔子。

孟子的结论是："伯夷，圣之清者；伊尹，圣之任者；柳下惠，圣之和者；孔子，圣之时者，孔子为集大成者，金声而玉振之也。"并且说："伯夷隘，柳下惠不恭；隘而不恭，君子不由也。""乃所愿，则学孔子也。"

公孙丑（下）

《公孙丑》下篇共十四章。记叙孟子在齐国期间的言论和活动。他的言行反映了他的思想和政治主张，行王道、施仁政、安天下，也表现了他的品格和作风，王者之师风范，大丈夫气派，道义至上，不求富贵。一篇名文《得道多助，失道寡助》；一句名言"如欲平治天下，当今之世，舍我其谁"。

1. 得道多助　失道寡助

【原文】孟子曰："天时不如地利，地利不如人和。三里之城，七里之郭，环而攻之而不胜。夫环而攻之，必有得天时者矣；然而不胜者，是天时不如地利也。城非不高也，池非不深也，兵革非不坚利也，米粟非不多也；委而去之，是地利不如人和也。

"故曰：域民不以封疆之界，固国不以山溪之险，威天下不以兵革之利。得道者多助，失道者寡助。寡助之至，亲戚畔之；多助之至，天下顺之。以天下之所顺，攻亲戚之所畔，故君子有不战，战必胜矣。"

【注释】天时地利人和：战国时即已俗成为语，沿用至今，耳熟能详。天时，时机和气候条件；地利，地形地势等地理条件；人和，人心所向，内部团结。

城郭：城是内城，郭是外城。域民：用国界线限制居民。固：固守、固国，国家防卫坚固。亲戚：内亲外戚，亲指族内，戚指族外。畔：通叛。

【译文】孟子说："（对于攻战）成熟的时机和良好的气候条件

不如有利的地形地势，有利的地形地势不如人心所向，内部团结。一座内城三里，外城七里的小城，四面围攻都未能攻破。既然来攻城，一定时机成熟，气候条件良好，但是没有破城，这说明成熟的时机和良好的气候条件不如有利的地形地势的地理条件。另一种情况，对于（固守）城墙不是不高，护城河水不是不深，兵器和盔甲不是不锐利坚固，粮草也不是不充足，但还是未能固守，弃城而逃了，这就说明有利的地形地势不如内部团结、齐心协力、士气高昂、效死而守。

"所以说：限制老百姓不是靠国界边境线，国防坚固不是靠山川险阻，威慑天下不是靠兵革之利。拥有道义，支持帮助的就多，失去道义，就少有支持帮助。失道寡助之极，连亲戚也会叛离，得道多助之极，全天下的人都会顺从支持。以全天下都顺从支持的力量去攻打连亲戚都叛离的人，必然是不战则已，战无不胜了。"

【解读】这一章记为"孟子曰"实际上是一篇独立成篇的经典古文，足以为"古文观止"。立意高远深邃，议论有理有据，条清缕晰，语言精练，提出的"天时不如地利，地利不如人和""得道者多助，失道者寡助"的观点，贯古今、通天下，与天地准，放之当今世界仍可为通鉴。

2. 孟子将朝王

【原文】孟子将朝王，王使人来曰："寡人如就见者也，有寒疾，不可以风；朝，将视朝，不识可使寡人得见乎？"

对曰："不幸而有疾，不能造朝。"

明日，出吊于东郭氏。公孙丑曰："昔者辞以病，今日吊，或者不可乎?"

曰:"昔者疾，今日愈，如之何不吊?"

王使人问疾，医来。

孟仲子对曰:"昔者有王命，有采薪之忧，不能造朝，今病小愈，趋造于朝，我不识能至否乎?"

使数人要于路，曰:"请必无归，而造于朝!"

不得已而之景丑氏宿焉。景子曰:"内则父子，外则君臣，人之大伦也。父子主恩，君臣主敬。丑见王之敬子也，未见所以敬王也。"

曰:"恶，是何言也! 齐人无以仁义与王言者，岂以仁义为不美也? 其心曰，'是何足与言仁义也'云尔，则不敬莫大于是。我非尧舜之道，不敢以陈于王前，故齐人莫如我敬王也。"

景子曰:"否，非此之谓也。《礼》曰:父召，无诺;君命召，不俟驾。固将朝也，闻王命而遂不果，宜与夫礼若不相似然。"

曰:"岂谓是与? 曾子曰:'晋、楚之富，不可及也。彼以其富，我以吾仁;彼以其爵，我以吾义，吾何慊乎哉!'夫岂不义而曾子言之? 是或一道也。天下有大尊三:爵一，齿一，德一。朝廷莫如爵，乡党莫如齿，辅世长民莫如德。恶得有其一以慢其二哉? 故将大有为之君，必有所不召之臣，欲有谋焉，则就之。其尊德乐道，不如是，不足与有为也。故汤之于伊尹，学焉而后臣之，故不劳而王；桓公之于管仲，学焉而后臣之，故不劳而霸。今天下地丑德齐，莫能相尚，无他，好臣其所教，而不好臣其所受教。汤之于伊尹，桓公之于管仲，则不敢召。管仲且犹不可召，而况不为管仲者乎！"

【注释】朝将视朝：前一个朝（zhāo），早上，后一个朝（cháo），视朝，即临朝办公视事。东郭氏：齐国大夫。孟仲子：孟子的堂兄，曾学于孟子。采薪之忧：有病不能上山打柴的推托委婉之辞，借用为托病推托之词。要（yào）：拦阻。景丑氏：齐国大夫。

慊：注为满足、快乐、无愧、心安理得。"吾何慊乎哉！"可译为"我为什么不心安理得呢！"。也有把"慊"注释为欠、少、亏钱、理亏。"吾何慊乎哉！"，"我为什么要感到理亏呢！"。宜与乎礼若不相似然：宜作事解、事宜。意思是，这件事用《礼》的要求来衡量，似乎不相符合呀。

【译文】孟子正打算去朝见齐王，却碰上齐王使人来传话："我本来就要来看望您的，不巧感冒了，不能吹风。如果您能来朝，我今临朝视事，不知道能不能看到您？"

孟子回答说："我也不幸得了病，不能上朝了。"

第二天，孟子到齐国大夫东郭氏家去做吊（悼念慰问）。公孙丑对孟子说："您刚托病不能上朝，今天却又出门去做吊，这样做不太合适吧？"孟子说："昨天有病，今天病好了，为什么不能去做吊呢？"（不巧，正在这个时候）齐王派人来探望孟子，还带来了医生。孟仲子只好应付来人说："昨天齐王召见，先生有点小病，未能来朝见大王。今天病稍好了一点，已上朝去了，我还不知道先生能不能到达朝里。"于是，孟仲子立马派了一些人去路上拦住孟子，告诉孟子："请您一定别回家，赶快去上朝。"孟子没办法，只好躲到景丑氏家里歇宿。

景丑对孟子说："在家里有父子，在外有君臣，这是最大的人伦关系。父子主恩，君臣主敬。我只见到齐王对您很尊敬，却没有看到您尊敬齐王。"

孟子说："唉，这如何说起！齐国的人，没有人以仁义之道向齐王进言的，难道认为仁义不好吗？他们心里是这么想的：'这样的王，怎么够和他谈仁义呀。'这是对齐王最大的不尊敬！我呢，不是尧舜的仁义之道，不敢对大王陈述，所以在齐国人中，还没有一个像我这样尊敬大王的。"

景丑说："不，我不是说的这个。《礼记》上说父亲召唤，应声而动，连诺都不说；君王召唤，不等车马驾好就走。可是您呢，本来准备朝见齐王，一听齐王召唤反而不去了，这件事，用《礼》的要求来衡量，似乎不相符合吧！"

孟子说："哪是这么讲呢！曾子说过：'晋国、楚国的财富，我们是赶不上的，但是他有他的财富，我有我的仁；他有他的爵位，我有我的义，我不亏欠什么，为何不得理心安呢！'这些话不合道义，曾子难道会说吗？这是合符道义的。天下公认的值得尊敬（达尊）的是三样：一是爵位，二是年龄，三是德行。朝廷中以爵位为尊，在乡里以年长为尊，至于辅佐君王仁爱百姓自然以德行为尊。他（齐王）怎么能凭着他的爵位（王位）轻慢我的年长和德行呢！所以大有作为的君王，一定有他不能召唤的臣子，若有什么想商量，就亲自到臣子那里去。尊崇仁德、乐行王道，不这样做，便不能有所作为。因此商汤之于伊尹，先以伊尹为师，然后以伊尹为臣，于是乎不费什么力气就统一了天下；齐桓公之于管仲，也是先以管仲为师，后以管仲为臣，也不费什么力气就称霸于诸侯了。现在，各诸侯大国，土地大小，行政风格都差不多，谁也超过不了谁，没有别的原因，只是因为他们的君王都只喜欢臣子听教于自己，却不喜欢自己受教于贤臣。汤之于伊尹，桓公之于管仲，就不敢也不用召唤。桓公尚且不可以召唤管仲，何况是连管仲都不愿学不愿做的人——我呢！"

【解读】应该是一个真实的故事：齐王与孟子，齐王居尊，孟子执傲，本来可以拜会朝见，既交流思想感情，又讨论仁政王道，或许利国利民，结果却弄得十分别扭尴尬，几乎成了笑话。

但其中景丑与孟子的对话很有趣，很有道理，很有教育意义。景丑所言有礼、有理、有义，孟子所言有理、有据、有力，气势如虹，不容置驳，更显孟夫子的好辩善辩，也显孟夫子的自尊自傲。但自视太高，全无一点先师孔子温良恭俭让的"躬行君子"的品格和"人不知而不愠"的君子气度。

3. 焉有君子而可以货取乎

【原文】陈臻问曰："前日于齐，王馈兼金一百而不受；于宋，馈七十镒而受；于薛，馈五十镒而受。前日之不受是，则今日之受非也；今日之受是，则前日之不受非也。夫子必居一于此矣。"

孟子曰："皆是也。当在宋也，予将远行，行者必以赆，辞曰：'馈赆。'予何不受？当在薛也，予有戒心；辞曰：'闻戒，故为兵馈之。'予何为不受？若于齐，则未有处也。无处而馈之，是货之也。焉有君子而可以货取乎？"

【注释】陈臻：孟子的学生。兼金：质量好的金，据说是铜不是黄金。

赆（jìn）：给远行人送的路费或礼物。货：贿赂、收买。

【译文】学生陈臻问孟子："前些日子在齐国，齐王馈赠上等的金一百镒，您没有接受；宋国馈赠七十镒您却接受了；薛地馈赠五十镒您也接受了。如果前些日子不接受是对的，那么，现在接受的就不对；如果现在接受是对的，那么前些日子不接受就是不对的。老师您一定要认定一下两者之中谁是谁非呀！"

孟子回答："两者都是对的。在宋国的时候我准备出远门，出远门一定要送些盘费，人家说'送点盘费'我为何不接受呢？在薛地的时候我有戒惧的心理。人家说：'听说您需戒备，所以送些买兵器的钱。'我为何不接受呢？但是在齐国，没有花钱的去处呀，没有花钱的去处而馈赠金钱，这是贿赂收买呀，哪里有君子还可以接受贿赂收买的呢？"

【解读】又是一则小故事。齐国馈金百镒，孟子不受；宋国馈金七十，孟子受之；薛地馈金五十，孟子也受了。学生陈臻不明就里，受与不受，谁对谁错，孟子一一解答。理由一条：有合理的用处可受，无用处不受；原则一条："焉有君子而可以货取乎？"货取就是受贿被收买。孟子处事有原则，有智慧，知裁度，守底线。

4. 孟子之平陆

【原文】孟子之平陆，谓其大夫曰："子之持戟之士，一日而三失伍，则去之否乎？"

曰："不待三。"

"然则子之失伍也亦多矣。凶年饥岁，子之民，老羸转入沟壑，壮者散而之四方，几千人矣。"

曰："此非距心之所得为也。"

曰："今有受人之牛羊而为之牧之者，则必为之求牧与刍矣。求牧与刍而不得，则反诸其人乎？抑亦立而视其死与？"

曰："此则距心之罪也。"

他日见于王曰："王之为都者，臣知五人焉。知其罪者，惟孔距心。"为王诵之。

王曰："此则寡人之罪也。"

【注释】平陆：齐国的边境县，在今山东汶上县北。大夫：即平陆长官孔距心。失伍：指士兵擅自离开队伍，这里引申为擅离职守、失职。牧：牧场。刍：草料。为都者：指治理城邑的官吏。

【译文】孟子到齐国的平陆县，对平陆县令孔距心说："你这里守卫的士兵，如果一天之内三次擅自离队，那么，是不是要开除呢？"

孔县令说："不待三次就会开除。"

孟子接着说："然而，你失职的地方也已经不少了呀，凶年饥岁，你的百姓，老弱病残的饿死病死抛尸山沟的，青壮年逃难四方背井离乡的，近千人了。"

县令说："这不是我距心所能避免的事啊。"

孟子说："假如现在有个人受人之托，为别人放牧牛羊，他就一定要去寻找好的牧场和充足的草料，如果没找到牧场和草料，他是把牛羊还给人家呢，还是站那里看着牛羊饿死呢？"

县令很愧疚，说："这是我距心的罪过呀！"

后来，孟子朝见齐王说："齐王，您的邑令我了解了五位，其中能认识到自己失职的只有孔距心一人。"于是把自己跟平陆孔距心谈话的情况叙述给了齐王。

齐王听后说："这也是我的罪过呀。"

【解读】这章对话，提出了一个十分尖锐严肃的问题：官吏的职责是什么？官吏失职该当何罪？

官吏，特别是一方地方长官，最基本的职责就是关心百姓疾苦，服务百姓，解决百姓基本的生活问题，让他们安居乐业，一家温饱，饥年凶岁，邑无流亡，百姓不饿死。否则就是失职，就是罪过。平陆邑令孔距心开始还认为"此非距心之所能为也"有点不谙职守。经孟子一说，才幡然认罪"此则距心之罪也"。然而齐国境内的邑令多数还没认识到这一点。孟子告诉齐王："我认识贵国五位邑令，真正懂得不关心百姓疾苦，不解决百姓温饱，饥年凶岁，邑有流亡，野见饿殍是失职是罪过的，还只有孔距心一人。"可见，官吏们不谙职守，甚至尸位素餐、失职渎职的还不在少数！

治国先治吏，治吏先教其守职爱民，施仁政从这里开始。这应该是孟子在这一章设问叙事的本意。

5. 孟子问蚔蛙

【原文】孟子问蚔蛙曰："子之辞灵丘而请士师，似也，为其可以言也。今既数月矣，未可以言与？"

蚔蛙谏于王而不用，致为臣而去。

齐人曰："所以为蚔蛙则善矣，所以自为，则吾不知也。"

公都子以告。曰："吾闻之也：有官守者，不得其职则去；有言责者，不得其言则去。我无官守，我无言责也，则吾进退，岂不绰绰然有余裕哉？"

【注释】蚳蛙：齐国的大夫。灵丘：齐国的一个边境县邑。致为臣而去：辞职而去。公都子：孟子学生。

【译文】孟子对齐国大夫蚳蛙说："你辞去灵丘邑令，却要去做治狱官，似乎有点道理。因为可以向王进言了。现在你做治狱官已经几个月了，还不可以向王进言吗？"

蚳蛙向王进谏，王不采纳，所以辞职了。齐国有人说："孟子替蚳蛙考虑的意见是好的，但是他怎样替自己考虑呢，我还不得而知。"

公都子把这个话告诉孟子。

孟子说："我听说过，有官位职守的，如果不能尽其职责，就可以辞职；有进言之责的官员，如果进言，王不听、不纳、不用，也可以辞职而去。我呢，既无官守，又无言责，岂不是自由自在进退有余吗（所以用不着为自己考虑什么。)？"

【解读】此章似乎还是讲有官守者应守责尽职，不能守责尽职，不如辞之而去。"当官不为民作主，不如回家卖红薯。"说得的轻松诙谐。

孟子更轻松自在："我无官守，我无言责也，则吾进退，岂不绰绰然有余裕哉？"

孔子对颜渊说过一句话："用之则行，舍之则藏，惟我与尔有是夫！"（《论语·述而》）

6. 孟子与王驩使滕

【原文】孟子为卿于齐，出吊于滕，王使盖大夫王驩为辅行。王驩朝暮见，反齐滕之路，未尝与之言行事也。

公孙丑曰："齐卿之位，不为小矣；齐滕之路，不为近矣，反之而未尝与言行事，何也？"

曰："夫既或治之，予何言哉？"

【注释】 出吊于滕：孟子以齐卿受齐王派遣去滕国为文公吊丧。盖：齐国邑名，今山东沂水西北。王驩：齐王宠臣，时以大夫而任盖邑邑令，为人佞陷，办事自专，孟子不悦其人。夫既或治之：夫这里是代词，他，指代王驩。即他都办好了。

【译文】 孟子以齐卿受齐王派遣，到滕国为滕文公吊丧，齐王还派了盖邑的大夫王驩为副使与孟子同行。王驩与孟子，一个是副使，一个是正使，朝夕相处，天天见面。在齐国滕国往返的路上，孟子和王驩也没有谈过完成出使任务的事。

公孙丑就问孟子："您居齐国客卿之位，不算小了，齐国往返滕国的路程，也不算近了，您和王驩在往返的路上从不谈论这次出使的事情，这是为什么呢？"

孟子说："他都办好了嘛，我还有什么讲的呢？"

【解读】 这是一则"话不投机半句多"的小故事。孟子与王驩，道不同，不相与言，气不投如同陌路。

赵岐注：王驩，齐王宠臣，盖邑大夫，齐以为佞陷之人，行事自专。自以为是齐王宠臣，又是地方一把手，根本不把孟夫子放在眼里。

孟子呢，经天纬地之才，浩然正气，铮铮傲骨，当然也不屑与之言语。

7. 君子不以天下俭其亲

【原文】 孟子自齐葬于鲁，反于齐，止于嬴。

充虞请曰："前日不知虞之不肖，使虞敦匠事。严，虞不敢请. 今愿窃有请也, 木若以美然?"

曰: "古者棺椁无度, 中古棺七寸, 椁称之。自天子
达于庶人。非直为观美也, 然后尽于人心。不得, 不可以
为悦; 无财, 不可以为悦。得之为有财, 古之人皆用之,
吾何为独不然? 且比化者, 无使土亲肤, 于人心独无恔
乎? 吾闻之也, 君子不以天下俭其亲。"

【注释】 孟子自齐葬于鲁: 孟子为齐国客卿, 携母居齐, 孟母殁于齐,
孟子送母回鲁国安葬。止于嬴: 嬴, 齐国南面的邑哪在嬴邑住下来。充虞:
孟子的学生, 随孟子送孟母归葬, 负责督办孟母棺椁。敦: 即敦促、督办。
严: 紧、紧急。非直为观美也: 不只是为了看起来美 (更重要的是厚实)。不
得: 礼制所禁, 礼规定不得用什么规格的棺椁。且比化者: 比, 为替; 化者,
死者, 言化, 不言死。意思是且替死者想想。于人心独无恔乎: 恔 (xiāo),
畅快。即在我这孝子的心里不是也就没什么不快了吗。

【译文】 孟子从齐国送母归葬于鲁国, 又回到齐国, 在齐国嬴
邑住下来。

孟子的学生充虞问孟子: "前些日, 承先生看重, 叫我为令堂
大人督办棺椁制作的有关事宜, 由于事情比较紧急, 我不敢打扰
您, 现在我想问您一下, 棺椁的木材是不是太好了?"

孟子说: "在古代做棺椁没有规定标准, 到了中古时候 (周公
制礼) 规定内棺七寸厚、外椁与之相配称, 从天子到庶民百姓都是
一个标准。不只是为了美观 (更重要是厚实)。葬之以礼, 尽于人
心。不符合礼制, 心里不宽慰, 财力不允许, 棺椁不好, 心里也不
宽慰。又符合礼制, 又有财力置办好的棺椁, 古代人都是这样做
的, 为什么唯独我不这么做呢? 况且为死者考虑, 总不能让泥土直

接粘贴到肌肤上，这样，在人子心上不是就没什么遗憾了吗？我听人说：不要以天下为借口（不要找任何借口）在父母身上省钱呀。"

【解读】孟子葬母，曾有人异议，鲁平公因此不见孟子，"谓棺椁衣衾之美也"。

这一章所记"孟子自齐葬于鲁""任虞敦匠事"，把所谓"棺椁衣衾之美"说得清清楚楚了。于礼于财于心，合礼法道义天理人情。鲁平公、臧仓者流应无话可说了。

"生，事之以礼，死，葬之以礼，祭之以礼，可谓孝也。"（《论语·为政》）孟子以孝为大，"不以天下俭其亲"之谓也，不要找任何借口在父母身上省钱！孝为仁之本，"尧舜之道，孝悌而已矣"（《孟子·告子下》）。

8. 今以燕伐燕　何为劝之哉

【原文】沈同以其私曰："燕可伐与？"

孟子曰："可。子哙不得与人燕，子之不得受燕于子哙。有仕于此，而子悦之，不告于王而私与之吾子之禄爵；夫士也，亦无王命而私受之于子，则可乎？何以异于是？"

齐人伐燕。或问曰："劝齐伐燕，有诸？"

曰："未也。沈同问'燕可伐与'，吾应之曰：'可'。彼然而伐之也。彼如曰：'孰可以伐之？'则将应之曰：'为天吏，则可以伐之。'今有杀人者，或问之曰：'人可杀与？'则将应之曰：'可'。彼如曰：'孰可以杀之？'则将应之曰：'为士师，则可以杀之。'今以燕伐燕，何为劝之哉?"

【注释】沈同:齐国的臣子。子哙不得与人燕,子之不得受燕于子哙:讲的是一个历史事件,参见《梁惠王(下)》的第十章、第十一章。子哙,燕国国君,将君位私让给国相子之,国人不服发生内乱。齐宣王乘此伐燕,杀了子哙和子之,不到五十天就攻下了燕国。

【译文】齐国臣子沈同以个人身份私下里问孟子:"燕国可以讨伐吗?"

孟子回答:"可以。燕王子哙无权私自把燕国国君之位让给别人,国相子之无权从子哙那里接受国君之位。比如,这里有个人想谋求官职,你也喜欢他,你不给齐王报告,便私自把自己的官职爵禄让给他,而那个人也没有得到齐王的任命就私自接受了你的官职爵禄,你说这样行吗?子哙和子之私自授受国君之位和这个有什么不同呢?"

齐国人出兵讨伐燕国。有人问孟子:"听说您曾劝齐国讨伐燕国,有这回事吗?"

孟子说:"没有。沈同问过'燕国可以讨伐吗',我回答他说'可以',他便以为是我劝齐讨伐燕了。他如果进一步问'谁可以讨伐燕国',那我就会告诉他,只有得天意民心的王者才可以去讨伐它。比如,现在有个杀人的人,有人问道:'这个杀人犯可以杀掉吗?'那么被问的那个人就会说'可以',他如果再问:'谁可以杀他呢?'那就一定回答:'治狱官,可以杀他。'现在一个和燕国一样无道的国家去讨伐燕国,我为什么会劝他们去讨伐呢?"

【解读】这里说的是一段历史公案。燕王子哙、国相子之无道不义私自授受燕国王位,以致国家内乱,齐宣王乘机讨伐,五十天破燕,杀了子哙、子之。

后来，齐国有人问孟子："劝齐伐燕，有诸？"孟子说："未也。"孟子的回答是历史事实，本段孟子与齐臣沈同的对话说得很清楚：燕王子哙"与人燕"，私自把燕国让给别人，违礼也逆民心，是无道，当然可伐。但是，讨伐无道燕国必须尊王道、顺天意民心。孔子说过："礼乐征伐自天子出。"（《论语·季氏》）齐国伐燕有违王道礼制。"为天吏，则可以伐之。"伐燕者必须是行仁义于天下，得民心于天下的王者，如汤之伐葛，武王之伐纣，而齐宣王之辈资格不够，德性也不配，齐取燕之后，燕民更感到"水益深、火益热"就是明证。（参见《梁惠王（下）》第十章、第十一章）所以孟子说："今以燕伐燕，何为劝之哉？"

东汉赵岐注《孟子》言："诛不义者，必须圣贤，礼乐征伐自天子出，王道之正也。"

9. 今之君子　岂徒顺之又从而为之辞

【原文】燕人畔，王曰："吾甚惭于孟子。"

陈贾曰："王无患焉。王自以为与周公，孰仁且智？"

王曰："恶，是何言也。"

曰："周公使管叔监殷，管叔以殷畔。知而使之，是不仁也。不知而使之，是不智也。仁智，周公未之尽也。而况于王乎？贾请见而解之。"

见孟子问曰："周公何人也？"

曰："古圣人也。"

曰："使管叔监殷，管叔以殷畔也，有诸？"

曰："然。"

曰："周公知其将畔而使之与？"

曰："不知也。""然则圣人且有过与？"

曰："周公，弟也；管叔，兄也。周公之过，不亦宜乎？且古之君子，过则改之；今之君子，过则顺之。古之君子，其过也，如日月之食，民皆见之；及其更也，民皆仰之。今之君子，岂徒顺之，又从而为之辞。"

【注释】燕人畔：畔，通叛。齐破燕，齐宣王想吞并占领燕，曾问计孟子，孟子进言："王速出令，反其旄倪。止其兵器，谋于燕众，置君而后去之。"但宣王未听，于是燕国在其他诸侯国的谋划支持下立公子平为燕王，不肯归附齐。这就是所谓"燕人畔"。吾甚惭于孟子：齐王对孟子很愧疚。孟子没有劝王伐燕，齐人以为孟子劝了，这是愧疚之一；其二，王欲取燕，孟子曾进言"置君而后去之"，王未及时采纳，以致"燕人畔"。陈贾：齐国的大夫。周公使管叔监殷，管叔以殷畔：周公，武王之弟，文王第四子，管叔为其兄。武王灭纣后第二年死，托周公旦摄政，辅年纪尚幼的成王，诸兄弟不服。以管叔、蔡叔、霍叔为主到处散布周公篡权的流言。"周公恐惧流言日"即指此。管叔等受派遣监督纣王之子武庚，不但不履行职责，反而与武庚串通叛乱，后为周公平定，杀了武庚、管叔，放逐蔡叔。史称周公东征平叛三监，三监是指管叔鲜、蔡叔度、霍叔处。

【译文】燕国人反对齐国的统治。齐宣王说："我对于孟子感到很惭愧。"

陈贾说："王不必愧疚。论仁和智，您自己想，您和周公哪个更胜呢？"

宣王说："唉，这是什么话！"

陈贾说："周公派管叔鲜监督殷纣王的儿子武庚，管叔却串通武庚谋反（致三监之乱）。如果周公早有预知，还派其监殷，那么周公不仁，在仁德用人方面有缺失；如果周公没能有所预知，那么周公不智，不会知人用人。仁和智，周公却没有做到尽善尽美，何况您呢？陈贾愿意去见孟子，向他解释解释。"

于是陈贾见孟子，对孟子说："周公是怎样的人？"

孟子说："周公是古代的圣人呀！"

陈贾问："周公派管叔监督殷纣王之子武庚，结果管叔串通武庚谋反，有这回事吗？"

孟子回答："有这回事。"

陈贾又问："周公是早预见到管叔会谋反，却还要派管叔去的吗？"

孟子回答："周公不曾预知。"

陈贾说："那么圣人也有过错呀。"

孟子说："周公，是武王的弟弟，管叔是武王和周公的兄长。周公这个过错，不也符合情理吗？而且，古代的君子，有过则改，不像今天的人，有过不改还任其发展。古代的君子，他们有了过错，就如日食月食一样，老百姓都看得见，当他们改正的时候，百姓人人仰望。今天的人，岂止是有过任其发展，还要找推托之辞辩解。"

【解读】 "今之君子，岂徒顺之，又从而为之辞"应该是本章文眼章旨。

齐宣王伐燕，又占领燕，有违王制，有逆民心，是错的，却找托辞，请大夫陈贾去说于孟子。陈贾用周公平叛三监之乱说事，以证齐王没大错。"仁、智，周公未之尽也，而况于王乎？"实际上设置三监，监督制约武庚，是武王在位时和周公一起作出的重大战略部署，不是周公亲亲，不存在"仁、智，周公未之尽也"。三监串通武庚反叛，导火线是管叔、蔡叔、霍叔等不满周公摄政成王，是管叔自以为自己是老三，武王之弟，周公之兄，理应摄政，对周公摄政不服，三监之乱的主谋是管叔。周公平叛三监之乱，巩固了周王朝的一统天下，历史功勋不可抹杀。

孟子对陈贾还算客气，没有针锋相对予以驳斥，但是委婉之辞更显批驳的力度和深度："古之君子，其过也，如日月之食，民皆见之，及其更也，民皆仰之。"百姓的眼睛是雪亮的！而现在的君子（虽未点名，却明显针对宣王和陈贾），岂只是有过错任其发展，还要找各种理由推托辩解。

10. 孟子致为臣而归

【原文】孟子致为臣而归。王就见孟子，曰："前日愿见而不可得，得侍同朝，甚喜。今又弃寡人而归，不识可以继此而得见乎？"

对曰："不敢请耳，固所愿也。"

他日，王谓时子曰："我欲中国而授孟子室，养弟子以万钟，使诸大夫国人皆有所矜式。子盍为我言之？"

时子因陈子而以告孟子，陈子以时子之言告孟子。

孟子曰："然，夫时子恶知其不可也？如使予欲富，辞十万而受万，是为欲富乎？季孙曰：'异哉子叔疑！使己为政，不用，则亦已矣，又使其子弟为卿。人亦孰不欲富贵？而独于富贵之中，有私龙断焉。'古之为市也，以其所有易其所无者，有司者治之耳。有贱丈夫焉，必求龙断而登之，以左右望，而罔市利。人皆以为贱，故从而征之。征商，自此贱丈夫始矣。"

【注释】孟子致为臣而归：致，辞；归，回家。孟子辞去齐国客卿职位回家。时子：齐国的臣子。矜式：尊敬效法。陈子：即孟子学生陈瑧。龙断：站在高处探望，操纵集市，牟取高利，有如股市之操盘。本章有二处用到龙断，一是讲子叔疑"有私龙断焉"，把富贵都揽入自家。二是"贱丈夫"龙断集市而罔市利。与今之垄断有同意处，又不全同。

【译文】孟子辞去齐国客卿打算回乡。齐王到孟子家里来看望，很客气地对孟子说："前些日子想见一见您，没能见到，后来和您一起同朝共事，我非常高兴。今天您要丢下我辞职回乡，不知道从今以后还能不能再见面。"

孟子说："我本有这个愿望，只是不敢有这个要求。"

过了几天，宣王对时子说："我想在临淄城里给孟子一幢房屋，用一万钟粟资助供养他的学生们，我们齐国的官吏和国民都尊敬他，以他为榜样。你何不替我去给孟子说一说。"

时子托孟子的学生陈瑧把这些话转告孟子。于是，陈瑧把时子说的话告诉了孟子。

孟子说："这样啊，时子哪里知道这件事我是不能做的呢。如果说我是想求富，那么辞十万钟粟的俸禄而接受一万钟粟的资助，这是为求富吗？季孙说过：'子叔疑，真奇怪！自己想从政为官，不被见用，也就算了，而他还要他的子弟去做卿相。人谁不想富贵呢？唯独这个子叔疑，自己已处富贵之中，还想一家一族全部做官发财，独享富贵，这就是为私居高龙断啊。'（就像）古代集市上做买卖交易，以已所有交易其自己没有的，由有关的官吏协调管理（维护公平交易）。有这样一个卑鄙强霸的人，一定要站在高处，左右张望见利而夺，企图操纵集市，网吞市利。人人都认为这样的人卑鄙强霸，所以就征他的税。据说，向商人征税，是从这个家伙开始的。"

【解读】本章记"孟子致为臣而归"，宣王专程俯就登门看望孟子，挽留孟子，孟子以礼相待，还算客气。本来孟子也想留，但宣王为挽留孟子托时子转告孟子的一段话，再一次伤了孟子的自尊。宣王要给孟子房屋和一万钟粟资助他的学生。孟子觉得，这样做是对他人格的侮辱，不能接受。本章最后一段孟子对陈臻说的话就是对宣王和时子十分不满的回复（甚至是愤怒的回答），意思是：我是贪求富贵的人吗，我能像子叔疑那样吗？我能像贱丈夫那样吗？贪富贵而违道义是我的耻辱。"不义而富且贵，于我如浮云"，"邦无道，谷耻也"，不能为富贵而损其义屈其道。宣王误会了孟子，孟子伤心了。

11. 孟子去齐　宿于昼

【原文】孟子去齐，宿于昼。有欲为王留行者，坐而言不应，隐几而卧。客不悦曰："弟子齐宿而后敢言，夫子卧而不听，请勿复敢见矣。"

曰："坐！我明语子。昔者鲁缪公无人乎子思之侧，则不能安子思；泄柳、申详，无人乎缪公之侧，则不能安其身。子为长者虑，而不及子思，子绝长者乎？长者绝子乎？"

【注释】昼：齐国邑，在国都西南，很近。齐宿：齐，为斋，《论语》中常把"齐"与"斋"通。齐宿，昨晚上斋戒沐浴。鲁缪公：春秋时鲁国国君，很尊重子思，常问政子思。泄柳：鲁国贤人。申详：孔子的弟子，子张的儿子。

【译文】孟子离开齐都临淄，在离临淄不远的昼县过夜。有一位想替齐宣王挽留孟子的人毕恭毕敬地坐在孟子面前，请求孟子留齐，孟子不理睬，伏在靠几上。那个人有点不高兴了，说："为了来见您，昨天晚上我就斋戒沐浴，今天来是怀着恭敬和虔诚来给您说说话，想挽留您的，您却倚几而卧，不听我的，以后我真不敢再来见您和您说话了。"（说着，欲起身）

孟子说："坐下来吧，我坦白地告诉你。过去，鲁缪公很尊敬子思，常常问政子思，不离左右，如果没有人陪在子思身边，子思就心里不安。鲁缪公也一样，如果泄柳、申详不陪在缪公身边，缪公也不心安。你要为老者想想啊，您怎么就联想不到鲁缪公如何周至入微地对待子思，你怎么就不以此提醒劝说宣王呢？（反而在这里说空话还不耐烦。）这是你决绝于我呢，还是我决绝于你呢？"

【解读】孟子诚直，老人家有老人家的想法，当时他已年过七十，心里怎么想就怎么说。孟子其实不想走，其实还真想留。离开临淄不过二三十里就留宿昼县了，并且和挽留者说出了心里的想法。前一章讲了"致为臣而去"不为利禄富贵，只为道义。这一章讲"去"为礼，为宣王真心诚意的尊重和礼遇。孟子很有个性，"动则思礼，行则思义。不为利回，不为义疚"。

12. 予虽然　岂舍王哉

【原文】孟子去齐。尹士语人曰："不识王之不可以为汤武，则是不明也；识其不可，然且至，则是干泽也。千里而见王，不遇故去。三宿而后出昼，是何濡滞也？士则兹不悦。"

高子以告。

曰："夫尹士恶知予哉？千里而见王，是予所欲也；不遇故去，岂予所欲哉！予不得已也。予三宿而出昼，于予心犹以为速。王庶几改之。王如改诸，则必反予。夫出昼而王不予追也，予然后浩然而归志。予虽然，岂舍王哉？王由足用为善。王如用予，则岂徒齐民安，天下之民举安。王庶几改之，予日望之。予岂若是小丈夫然哉？谏于其君而不受，则怒，悻悻然见于其面。去则穷日之力而后宿哉？"

尹士闻之曰："士诚小人也。"

【注释】尹士：齐国人。干泽：干即求，泽即禄。《论语》子张学干禄，求官职俸禄。高子：齐人，孟子的学生。浩然：形容水奔流不复返的样子，这里是说孟子义无反顾地回乡。

【译文】孟子离开齐国。齐国人尹士对人家说："没有认识到齐宣王不能够做商汤、周武，那是孟子的不明智；知道宣王做不了商汤、周武却还要来，那便是想求官职俸禄。不远千里来见王，不相融洽而走。在昼县歇了三宿才离开，为什么这样迟滞慢腾呢？我尹士为此感到心里不快。"

孟子的学生把这个话告诉了孟子。

孟子说："那个尹士哪能了解我啊！千里来见齐王，是我的愿望；不相融洽而走，岂是我的情愿，是不得已啊！我在昼县滞留三宿才离开，我内心感到还太快了。我心里是这么想的，宣王也许会改变态度的，如果他改变态度，一定会把我召回。然而我停留三天之后离开昼县，宣王没来追我，我才动了不再留恋义无反顾回乡的念头。纵然这样，难道我就舍得抛弃离开宣王吗？不，宣王虽然不能做商汤、周武，也还足以成就一番王业；宣王如果用我，何止齐国的百姓可以安享太平，天下的百姓都可安享太平。宣王也许会改变态度的，我天天盼望着呀。我难道会像一个小气的人吗？向王进言劝谏，王不接受，就发脾气，使性子瞪眼睛上脸，一旦离开就气呼呼地一天走到黑也不歇脚？"

尹士听到孟子说的这段话以后，说："我真是个小人。"

【解读】孟子去齐，齐人尹士说了一些很不好听的话，孟子听到后对学生高子说了一席话，这一段话非常感人：孟子真君子、大丈夫。连因误会中伤孟子的齐人尹士也十分惭愧自责说："士诚小人也。"我尹士真的是个小人啊，以小人之心度君子之腹！

孟子来齐，是齐宣王招贤纳士引进来的。孟子在齐威王时到过齐，威王不遇，孟子只几天就走了。孟子对齐国和齐宣王是看好的，"以齐王，由反手也"。以齐国的国力，实行王道，统一天下，犹如反掌。孟子很欣赏宣王的率真，宣王不讳其"好乐""好勇""好货""好色"，孟子非常贴心地客观地规劝："好乐""好货""好色"应为"与民同乐""与民同之"，先想到百姓，"好勇"，劝之"王请无好小勇""王请大之"。言语谆谆，宣王颔首，相谈十分轻松。宣王和孟子相处有六七年，宣王说："得侍同朝，甚喜。"相处还是比较融洽的。宣王以客卿待孟子，孟子提出的"保民而王""制民以产""尊贤使能"等，不能说宣王完全没听进去。孟子对这些是认可的，以至孟子去齐宿昼之日还说："予虽然，岂舍王哉？王由足用为善。"当然，战国时代实际上是个战争时代，国与国争雄称霸，连年征战是当时的主旋律，与孟子"言必称尧舜"，尊王道行仁义，大相径庭，所以宣王和孟子意见有分歧是可以理解的。

孟子和宣王真正的冲突起于"伐燕"与"取燕"，见本篇第八章。孟子对宣王虽有明确的反对意见和批评，但还是站在宣王的立场上为齐国好，"置君而后去之，则尤可及止也"。如果宣王听了孟子的建议，及时撤军，齐国也不会因此陷入危机，走向衰败，因此宣王说："吾甚惭于孟子。"

"予虽然，岂舍王哉？"孟子重道也重情重义。"王庶几改之，予日望之。"

"王如用予，则岂徒齐民安？天下之民举安。"孟子去齐，为什么还如此留恋迟滞？留恋宣王"王由足用为善"，留恋道义，更留恋百姓，放不下心中的责任，天下平百姓安。最后还特别说明：我与宣王，"谏其君而不受"，但是我不计较，不发脾气，不"悻悻然见于其面"。

一连四章讲孟子去齐，孟子真君子、大丈夫的形象伟然而立。

13. 如欲平治天下　当今之世　舍我其谁

【原文】孟子去齐，充虞路问曰："夫子若有不豫色然。前日虞闻诸夫子曰：'君子不怨天，不尤人。'"

曰："彼一时，此一时也。五百年必有王者兴，其间必有名世者。由周而来，七百有余年矣。以其数则过矣，以其时考之则可矣。夫天，未欲平治天下也，如欲平治天下，当今之世，舍我其谁也？吾何为不豫哉？"

【注释】豫：通愉。若有不豫色然：好像不愉快的样子。彼一时，此一时：这里是指圣王之时和当今战国之时。名世者：辅佐圣贤之君而王天下的贤臣名士，如周武之于周公。

【译文】孟子离开齐国。学生充虞在路上问孟子："先生您好像不愉快的样子。以前我听您说过：'君子不抱怨上天，也不责怪人。'"（今天怎么啦？）

孟子说："（历史变迁）彼一时，此一时啊。从历史上来看，每五百年就会有一位圣贤之君兴起，与其相随的必然有辅佐圣贤之君的贤臣名士。从周武王以来到现在已经有七百年了。从年数来看，已经超过五百年，从时势来考察分析应该是时候了。上天还不想平治天下吧，如果想平治天下，当今之世，除了我还有谁呢？我为什么不愉快呢?"

【解读】读到这一章,不只是感动而是热血沸腾。孟子至齐,孟子去齐,都只为一个愿望、一个等待:"五百年必有王者兴,其间必有名世者。"孟子以自己崇高的历史使命感、平治天下的责任担当和气吞山河的自信,从心灵深处喊出了这一句:"如欲平治天下,当今之世,舍我其谁也!"这里有孟子冲天的豪情,也有孟子无尽的怨愤,非大丈夫不敢说,非大丈夫不能说!

14. 继而有师命　不可以请

【原文】孟子去齐,居休。公孙丑问曰:"仕而不受禄,古之道乎?"

曰:"非也。于崇,吾得见王。退而有去志,不欲变,故不受也。继而有师命,不可以请。久于齐,非我志也。"

【注释】居休:孟子离开齐国回家乡,在休邑暂住。崇:齐国的地名。师命:征战之事,这里是指齐伐燕的事。

【译文】孟子离开齐国,暂居于休邑。公孙丑问孟子:"做官却不受俸禄,符合古代的道义和规定吗?"

孟子回答:"没这个规定。在崇那个地方的时候,我见到了宣王。之后我就萌生了离开齐国的想法,并且还比较坚定,不想再改变,所以不接受齐王的俸禄了。不久,齐宣王举兵伐燕,国有战事,我不便请辞。长久地留在齐国,已经不是我的意愿了。"

【解读】这一章是对前几章"孟子去齐"的一个补充,补充说明孟子与齐王的矛盾起于"伐燕取燕"之前后。与第十二章所言看似矛盾,实际上不矛盾。孟子很有大局意识、道义意识,虽有若干不满,但齐国有战事,深陷危机,孟子还是维护齐国,欲齐民安,天下举安,所以也不请辞。

第三篇 滕文公（上）

　　《滕文公》上篇共五章，记述了孟子在滕国与滕文公的交往情况和言论主张。"孟子道性善，言必称尧舜"阐述了古代社会的政治经济教育制度，主张"仁政，必自经界始"，重农耕也重工商发展，还提出了社会分工、易货贸易、等价交换等问题，促进了社会时代的进步。

1. 世子过宋见孟子

　　【原文】滕文公为世子，将之楚，过宋而见孟子。孟子道性善，言必称尧舜。

　　世子自楚反，复见孟子。

　　孟子曰："世子疑吾言乎？夫道一而已矣。成覵谓齐景公曰：'彼，丈夫也；我，丈夫也，吾何畏彼哉？'颜渊曰：'舜，何人也？我，何人也？有为者亦若是。'公明仪曰：'文王，我师也，周公岂欺我哉？今滕，绝长补短，将五十里也，犹可以为善国。'《书》曰：'若药不瞑眩，厥疾不瘳。'"

　　【注释】世子：太子，滕文公当时还是太子。成覵（gàn，亦读 jiàn）：齐国的勇臣。过宋：宋是商业、文化的故国，周至封殷三仁之一的微子开国，国都先在河南商丘，后迁彭城（徐州），滕文公至楚和自楚反过宋并不顺路，是因为孟子当时在宋国。公明仪：曾子的学生。《书》曰："若药不瞑眩，厥疾不瘳。"引自《尚书·说命上》，用药不够量，病就不会痊愈。治乱世须用重典，起沉疴要下猛药。这里的引申意思是力行方可近仁。清焦循疏："喻仁当精熟，德惠乃洽。"

【译文】滕文公还是太子的时候，要到楚国去，专程经过宋国，拜见了孟子，孟子给他讲人性本善的道理，言必称道尧舜。

太子从楚国返回，又专程去拜会孟子。

孟子对太子说："太子您还不相信我的话吗？天下的道理就一个（人性本善，人人可效尧舜，仁行天下，德惠苍生）。从前齐国的勇臣成覸说：'他是个男子汉，我也是个男子汉，我为什么怕他呢？'颜渊说：'舜是什么样的人，我也是什么样的人，有作为的人都可以像他那样。'公明仪说：'文王是我的老师，周公的话难道会骗我？现在滕国，假如把国土裁长补短，也将近五十里，还可以治理成一个好国家。'《尚书》上说：'如果用药不吃到头晕目眩的足量程度，病也是治不好的。'"

【解读】滕文公还是太子的时候，两次到宋国，专程拜望孟子。孟子道性善，言必称尧舜，这是孟子第一次提出人性本善的哲学命题，为前圣所未发，为天下明人性正人心，为万世营和谐开太平。

滕太子第二次拜望孟子时，孟子又专题讲尧舜。"夫道一而已矣"，这道就是以仁义为核心的尧舜之道，重点讲学习尧舜，行尧舜之道靠自己力行不懈，"力行近乎仁"，仁当精熟，德惠乃洽，"人皆可以为尧舜，亦为之而已矣"。孟子言语中引成覸、颜渊、公明仪的话，结尾又引《尚书·说命上》的"若药不瞑眩，厥疾不瘳"名句，都是为了说明这一点。如子思子所说："人亦人也，我亦人也，人一能之，已百之，人十能之，已千之，果能此道，虽愚必明，虽柔必强。"

孟子勉励太子：人皆可以为尧舜，亦为之而已矣。

2. 世子葬父

【原文】滕定公薨，世子谓然友曰："昔者孟子尝与我言于宋，于心终不忘。今也不幸至于大故，吾欲使子问于孟子，然后行事。"

然友之邹问于孟子。

孟子曰："不亦善乎！亲丧，固所自尽也。曾子曰：'生，事之以礼；死，葬之以礼，祭之以礼，可谓孝矣。'诸侯之礼，吾未之学也；虽然，吾尝闻之矣：三年之丧，齐疏之服，飦粥之食，自天子达于庶人，三代共之。"

然友反命，定为三年之丧。父兄百官皆不欲，曰："吾宗国鲁先君莫之行，吾先君亦莫之行也，至于子之身而反之，不可。且《志》曰：'丧祭从先祖。'曰：'吾有所受之也。'"

谓然友曰："吾他日未尝学问，学驰马试剑。今也父兄百官不我足也，恐其不能尽于大事，子为我问孟子。"

然友复之邹问孟子。

孟子曰："然，不可以他求者也。孔子曰：'君薨，听于冢宰，啜粥，面深墨，即位而哭，百官有司莫敢不哀，先之也。'上有好者，下必有甚焉者矣。君子之德，风也；小人之德，草也。草尚之风，必偃。是在世子。"

然友反命。

世子曰："然，是诚在我。"

五月居庐，未有命戒。百官族人可，谓曰知。及至葬，四方来观之，颜色之戚，哭泣之哀，吊者大悦。

【注释】滕定公：滕文公的父亲。然友：太子的师傅。邹：邹国，孟子的家乡。齐疏之服：用粗布制作的丧服。钎粥之食：礼制规定，服丧期间只能吃粥。钎粥，糜粥。宗国：同宗之国，因鲁国和滕国同是周文王之子的封国，鲁为周公，滕为错叔绣。冢宰：六卿之长，相当于宰相。"君薨，百官总己以听于冢宰三年"，服丧三年，冢宰代王行政务。五月居庐：诸侯死后五个月才下葬，未下葬之前的五个月，孝子们住在很简易的土棚子里。

【译文】滕定公死了，太子对他的师傅然友说："以前我在宋国与孟子有很多语言交流，我心里一直不曾忘记，今天不幸，遭遇父丧，我想请您去孟子那里问问（丧礼事宜），然后再办丧事。"

于是，然友去邹国请教孟子。

孟子说："不也是好事吗，父母的丧事，本来应该自己尽心竭力的。曾子说过（《论语》记载是孔子说的）：'当他们在世的时候，依礼事奉；他们去世了，应该依礼安葬、依礼祭奠，这就是尽孝。'安葬诸侯的礼节，我没学过，虽然如此，但我听说过：要服三年之丧，穿粗布缝边的孝服，吃糜粥，从天子一直到百姓都一样，夏、商、周三代都沿袭这个礼节。"

然友回滕复命，太子就决定实行三年丧礼。滕国的父老、官吏们都不愿意，说："我们的同宗，鲁国历代君王都没有实行过，我们的历代祖先也没有实行过，到了你这里就改变祖先的惯例，不能这样。况且《志》有记载，'丧礼、祭礼，一律按祖宗的规矩。'并且说：'我们就是从这一传统传下来的呀。'"

太子又对然友说："我过去不曾做过学问，只喜欢跑马舞剑，今天，我要实行三年丧礼，父老官吏们都对我不满意，恐怕这一丧礼不能使我竭力尽心，请您替我再去问问孟子。"

然友又去邹问孟子。

孟子说："嗯，这是不能求别人的。孔子说过：'君王薨，太子把所有政务交给宰相，自己喝着糜粥，面涂深黑，一临孝子之位就哭，大小官吏没有人不敢不悲伤，因为太子带头尽孝呀。'在上位的人有什么爱好，在下边的人一定效法爱好更厉害。君子的德好比是风，百姓的德好比是草，风吹在草上，草必然随风倒伏。这件事完全取决于太子。"

然友回到滕，又向太子汇报。

太子说："对！这件事应当取决于我。"

于是，太子居丧庐五个月，政务全由冢宰，自己没有颁布任何政令或禁令，官吏和亲族都很认可，称赞太子知礼。等到举行葬礼的时候，四面八方参加葬礼的诸侯、来宾和亲朋看到太子满面悲戚、哭泣哀痛都非常满意。

【解读】当时还是太子的文公葬父，两次派然友去邹国孟子家乡，请教孟子。孟子一而再地强调："生，事之以礼，死，葬之以礼、祭之以礼，可谓孝矣。"这是礼制的规定，更是孝道的原则。并且强调："三年之丧"行孝礼葬，"不可他求""是在世子"。滕文公为太子时在宋国听过孟子"道性善称尧舜"，懂得"百善孝为先""尧舜之道，孝弟而已矣""道德仁义，非礼不成"。因此太子很尊重孟子的意见，"是诚在我"，坚定地表示，下决心依礼葬父，以行孝道，尽人伦。于是太子"五月居庐，未有命戒，百官族人可，谓曰知"。这次活动可以说是一次尊礼制、行孝道、尽人伦的宣示，在当时有很好的影响。太子很尊重孟子，孟子也很看重太子。《孟子》一书，《滕文公篇》有很重的分量。以下各章记载，孟子在治国理政的思想、方略、政策以及个人的理想、抱负、道德修养等方面，和滕文公都有很深度的交流。这不是偶然的。

3. 滕文公问为国

【原文】滕文公问为国。

孟子曰："民事不可缓也。《诗》云：'昼尔于茅，宵尔索绹；亟其乘屋，其始播百谷。'民之为道也，有恒产者有恒心，无恒产者无恒心。苟无恒心，放辟邪侈，无不为已。及陷乎罪，然后从而刑之，是罔民也。焉有仁人在位，罔民而可为也？是故贤君必恭俭礼下，取于民有制。阳虎曰：'为富不仁矣，为仁不富矣。'"

"夏后氏五十而贡，殷人七十而助，周人百亩而彻，其实皆什一也。彻者，彻也；助者，藉也。"

"龙子曰：'治地莫善于助，莫不善于贡。'贡者较数岁之中以为常。乐岁粒米狼戾，多取之而不为虐，则寡取之；凶年，粪其田而不足，则必取盈焉。为民父母，使民盼盼然，将终岁勤动，不得以养其父母，又称贷而益之，使老稚转乎沟壑，恶在其为民父母也？夫世禄，滕固行之矣。《诗》云：'雨我公田，遂及我私。'惟助为有公田。由此观之，虽周亦助也。"

"设为庠序学校以教之。庠者，养也；校者，教也；序者，射也。夏曰校，殷曰序，周曰庠，学则三代共之，皆所以明人伦也。人伦明于上，小民亲于下。有王者起，必来取法，是为王者师也。"

"《诗》云：'周虽旧邦，其命维新。'文王之谓也。子力行之，亦以新子之国！"

使毕战问井地。

孟子曰："子之君将行仁政，选择而使子，子必勉之！

夫仁政，必自经界始。经界不正，井地不钧，谷禄不平，是故暴君污吏必慢其经界。经界既正，分田制禄可坐而定也。"

"夫滕，壤地褊小，将为君子焉，将为野人焉；无君子，莫治野人，无野人，莫养君子。请野九一而助，国中十一使自赋。卿以下必有圭田，圭田五十亩；余夫二十五亩。死徒无出乡，乡田同井，出入相友，守望相助，疾病相扶持，则百姓亲睦。方里而井，井九百亩，其中为公田，八家皆私百亩，同养公田；公事毕，然后敢治私事；所以别野人也。此其大略也，若夫润泽之，则在君与子矣。"

【注释】豳（bīn），地名，即邠，周代祖先公刘在此立国，豳风，邠地的民歌。《诗》云："昼尔于茅，宵尔索绹；亟其乘屋，其始百谷。"引自《诗·豳风·七月》，一首农事诗，这几句诗的意思是：白天去割茅草，夜里搓绳索，赶紧整修好房屋，春来了好种百谷。龙子：古代贤人。粒米狼戾：粮食抛撒，一片狼藉。民盼盼然：勤苦劳碌的样子。称贷而益之：借粮借钱来凑足种田的赋税。《诗》云："雨我公田，遂及我私"，引自《诗·小雅·大田》，描写农业生产的叙事诗，反映了周代井田制农业生产的情况，先种公田，然后种私田，助种公田之后不再纳税，助而不税。庠序学校以教之：乡校的基础教育，主要是行全民的人伦教育，明人伦礼义。序者，射也：射不是射艺，是讲父子、君臣、长幼的人伦秩序之教。《诗》云："周虽旧邦，其命维新。"引自《诗·大雅·文王》，意思是岐国虽然是个古老的邦国，但与时俱进，国运常新。圭田：田地的性质是零星小块的，不如井田成整，主要分给卿以下的官吏作为祭祀的田地，也分给一家之中除主要劳力之外的老少尚有余力的人（余夫），卿至士五十亩，余夫二十五亩。

【译文】滕文公请教孟子如何治国。

孟子说："最当急的是老百姓的生产。《诗·豳风·七月》说：'白天去割茅草，夜里搓绳索。抓紧修整好房屋，赶上春来了好播种百谷。'老百姓的惯常之道，老百姓有固定的产业和收入，思想情绪便稳定，没有固定的产业和收入，思想情绪便不稳定，道德观念就会丧失，于是，就肆意乱来、胡作非为。等到犯了罪，然后刑罚处理，就等于是布下罗网陷罪于百姓啊。哪里有仁爱的君子在位而陷罪于百姓的呢！所以贤良的君王必须做到处事恭谨，生活简朴，以礼待下，向百姓征收赋税有定规制度。阳虎说过：'发财不行仁爱，行仁爱不求发财。'"

"夏朝每家授田五十亩，赋税行的是贡法；殷商每家授田七十亩，赋税行的助法，周代每家授田百亩，赋税行彻法。其实以田征税都是十一制。彻就是通，百亩留十亩为公田，助耕公田，私田不收税，五十亩留五亩，七十亩留七亩，都用助法，助就是借，借力助耕以代税。"

"古时有位贤人叫龙子的说：'经营土地的税制没有比助法更好的，没有比贡法更糟糕的。'贡法是比较几年的收入统计出一个平均数以为赋税的规定数，不管丰年、歉年都照这个规定数纳税。丰收年成呢，粮食多，有时抛撒狼藉，多收一点不算苛税虐民，但比之收成就算征少了。凶年饥岁，田地的收成还不够买耕种田地的肥料，却还要按规定征收赋税（这就惨了）。作为百姓父母的君王，使百姓终年辛勤劳苦不堪，却养不活自己的父母，还要借贷凑足田地税款，甚至使自己的父母孩子饿死而葬身沟壑。君王，怎么称得上是为民父母啊！做大官的都有固定的一定的田租收入，并且子孙

我读《孟子》

相传。据说滕国早就实行了（为什么老百姓就不能有比较固定田地收入保证呢?）。《诗·小雅·大田》描写周代井田制农业生产的情况，'雨我公田，遂及我私。'只有助法才有公田私田之说，从这里可以知道，周代也是实行助法的。"

"兴办庠序乡校，对百姓进行基础教育。庠是教育，校，是教正，序，就是教父子、君臣、长幼的人伦秩序，这些地方乡校，夏代叫'校'，殷商叫'序'，周代叫'庠'，三代都叫'乡学'，都是教百姓明人伦，懂得父子、君臣、长幼的人伦关系和基本的人伦道德准则。这种人伦道德准则，王卿官吏要懂，以治国爱民；普通百姓要懂，以亲亲睦邻。（滕文公基础教育抓好了）如果有圣贤王者兴起，必定会来（滕国）学习效仿，您就是圣贤王者的老师了。"

"《诗经》上说：'岐周虽然是个古老的国家但它革故鼎新，与时俱进，国运常新。'这是赞美文王的。你励志力行吧，你也能够使你的国家气象一新!"

滕文公派毕战向孟子请教井田制。

孟子说："你的君王将行仁政，派你来问我，你一定要好好干。实行仁政，一定要从划分整理田土之界开始。田土之界划分得不准确，井田的大小就不均匀，作为俸禄的田租收入也就不公平合理。所以暴虐的君王和贪官污吏必定马虎了事把田土界限搞混乱。田地之界搞准确了，分配给百姓的田地，制定官吏的俸禄，都可以毫不费力地搞正确了。"

"滕国的土地虽然褊小，也一样有官吏，有百姓呀。没有官吏就没有人管理种田的百姓，没有种田的百姓就没有人供养官吏。在农村请实行井田制的"九一"助法，在都市实行"十一"的税法。卿以下的官员一定要划给其祭祀用的圭田，圭田五十亩，百姓家里尚有劳动能力的老少余夫分圭田二十五亩。安葬死人和迁移人口都不出乡，乡里的田地都在同一片井田，乡里的人种田同进同出、互相友爱、守望相助，有了疾病，也互相关照扶持，百姓之间和睦亲热。所谓井田，就是将一里见方的土地划成井字，每井九百亩、中间一块是公田一百亩，八家各分一百亩为私田，八家共同耕种公田。公田的农活做完了，然后才能耕种私田，以此区别官吏与百姓。这就是井田制的大略，至于怎样具体的酌情增减，就在于国君和你了。"

【解读】滕文公问孟子如何治国。孟子主要讲了两条：一是"民事不可缓"，置民以恒产，取民有定制。"夫仁政，必自经界始"实行古圣贤之君的井田制和助法（助而不税的田地税制度），实现理想的"乡田同井、出入相友、守望相助、疾病相扶持，百姓亲睦"的和谐乡村，农耕社会。"耕者有其田"是农民问题的根本问题，农民安则天下安，农民富则天下富，农民稳则天下稳。

二是"设为庠序学校以教之"，明人伦、识礼义，"人伦明于上，小人亲于下"。

孔子说过，治国理政第一位的是富民，其次是教民。"既庶矣，富之。""既富矣，教之。"（见《论语·子路》）

东汉赵岐《孟子章句》中总结这一章说："修学校，劝礼仪，敕民事，正经界，均井田，赋十一，则为国之大本也。"南宋朱熹也说："孟子之学，识其大者。"

4. 劳心者治人　劳力者治于人

【原文】有为神农之言者许行，自楚之滕，踵门而告文公曰："远方之人闻君行仁政，愿受一廛而为氓。"

文公与之处。

其徒数十人，皆衣褐，捆屦、织席以为食。

陈良之徒陈相与其弟辛负耒耜而自宋之滕，曰："闻君行圣人之政，是亦圣人也，愿为圣人氓。"

陈相见许行而大悦，尽弃其学而学焉。

陈相见孟子，道许行之言曰："滕君则诚贤君也，虽然，未闻道也。贤者与民并耕而食，饔飧而治。今也滕有仓廪府库，则是厉民而自养也，恶得贤！"

孟子曰："许子必种粟而后食乎？"

曰："然。"

"许子必织布然后衣乎？"

曰："否。许子衣褐。"

"许子冠乎？"

曰："冠。"

曰："奚冠？"

曰："素冠。"

曰："自织之与？"

曰："否，以粟易之。"

曰："许子奚为不自织？"

曰："害于耕。"

曰："许子以釜甑爨，以铁耕乎？"

曰："然。"

"自以为与之？"

曰："否，以粟易之。"

"以粟易械器者，为不厉陶冶；陶冶亦以其械器易粟者，岂为厉农夫哉？且许子何不为陶冶，舍皆取诸其宫中而用之？何为纷纷然与百工交易？何许子之不惮烦？"

曰："百工之事固不可耕且为也。"

"然则治天下独可耕且为与？有大人之事，有小人之事。且一人之身，而百工之所为备，如必自为而后用之，是率天下而路也。故曰，或劳心，或劳力；劳心者治人，劳力者治于人；治于人者食人，治人者食于人，天下之通义也。"

"当尧之时，天下犹未平，洪水横流，泛滥于天下，草木畅茂，禽兽繁殖，五谷不登，禽兽偪人，兽蹄鸟迹之道交于中国。尧独忧之，举舜而敷治焉。舜使益掌火，益烈山泽而焚之，禽兽逃匿。禹疏九河，瀹济漯而注诸海，决汝汉，排淮泗而注之江，然后中国可得而食也。当是时也，禹八年于外，三过其门而不入，虽欲耕，得乎？"

"后稷教民稼穑，树艺五谷；五谷熟而民人育。人之道也，饱食、暖衣、逸居而无教，则近于禽兽。圣人有忧之，使契为司徒，教以人伦，父子有亲，君臣有义，夫妇有别，长幼有序，朋友有信。放勋曰：'劳之来之，匡之直之，辅之翼之，使自得之，又从而振德之。'圣人之忧民如此，而暇耕乎？"

"尧以不得舜为己忧，舜以不得禹、皋陶为己忧。夫以百亩之不易为己忧者，农夫也。分人以财谓之惠，教人以善谓之忠，为天下得人者谓之仁。是故以天下与人易，为天下得人难。孔子曰：'大哉，尧之为君！惟天为大，惟尧则之，荡荡乎民无能名焉！君哉舜也！巍巍乎有天下而不与焉！'尧舜之治天下，岂无所用其心哉？亦不用于耕耳！"

"吾闻用夏变夷者，未闻变于夷者也。陈良，楚产也，悦周公、仲尼之道，北学于中国。北方之学者，未能或之先也。彼所谓豪杰之士也。子之兄弟事之数十年，师死而遂倍之！昔者孔子没，三年之处，门人治任将归，入揖于子贡，相向而哭，皆失声，然后归。子贡反，筑室于场，独居三年，然后归。他日，子夏、子张、子游以有若似圣人，欲以所事孔子事之，强曾子。"

"曾子曰：'不可；江汉以濯之，秋阳以曝之，皓皓乎不可尚矣。'今也南蛮鴃舌之人，非先王之道，子倍子之师而学之，亦异于曾子矣。吾闻出于幽谷迁于乔木者，未闻下乔木而入于幽谷者。《鲁颂》曰：'夷狄是膺，荆舒是惩。'周公方且膺之，子是之学，亦为不善变矣。"

"从许子之道，则市贾不贰，国中无伪；虽使五尺之童适市，莫之或欺。布帛长短同，则贾相若；麻缕丝絮轻重同，则贾相若；五谷多寡同，则贾相若；屦大小同，则贾相若。"

曰："夫物之不齐，物之情也；或相倍蓰，或相十百，或相千万。子比而同之，是乱天下也。巨屦小屦同贾，人岂为之哉？从许子之道，相率而为伪者也，恶能治国家？"

【注释】 许行：孟子时代的一位研究神农学说，有重农思想的农学家。屦：草鞋，用稻草、麻、葛编织的。陈良：楚国的儒者。偪：古"逼"字。瀹（yuè）：疏通。后稷：周朝始祖，善于种植粮食作物。大哉尧之为君：见《论语·泰伯》，孟子所引与《论语·泰伯》孔子言略有出入。"子曰：巍巍乎！舜、禹之有天下也，而不与焉。"倍：同"背"，背叛。鴂（jué）：伯劳鸟。《鲁颂》曰："戎狄是膺，荆舒是惩。"膺，此为动词，膺惩，讨伐。"北伐狄族西击戎，楚国舒国遭严惩。"蓰（xǐ）：五倍。贾相若：贾即价，价钱，价钱差不多。

【译文】 有一位研究神农学的农学家许行，从楚国来到滕国，登门拜访滕文公说："远方之人听说君王您施行仁政，我愿意领取一处廛舍，做您的百姓。"

滕文公给了他一个住处。

他的弟子数十人，都穿粗布衣服，靠打草鞋、编席子维持生活。

楚国儒者陈良的弟子陈相和他的弟弟陈辛，扛着耒耜等农具从宋国来到滕国，对滕文公说："听说君王施行圣人的仁政，那您也是圣人呀。我们愿意做圣人的百姓。"

陈相见到许行非常高兴，完全放弃自己所学而向许行学习。

陈相见了孟子，给孟子讲述许行的话，说："滕国的君王确实是位贤德的君王，不过，他还不懂得一个大道理。贤德的君王应该和百姓一起耕种劳动而食，自己动手烧茶做饭还要治理国家。现在滕国有仓廪府库储存着粟米货物，则说明这是搜刮老百姓以供养自己的，这怎么称得上是贤德呢？"

孟子说："那许行一定是自己种粮食，然后才饮食的吧？"

陈相回答："是的。"

孟子问："许行一定自己织布才穿衣吧？"

陈相答："不是的。许行穿粗布衣。"

孟子问："许行戴帽子吗？"

陈相答："戴帽子。"

孟子问："戴什么样的帽子？"

陈相答："戴素帽。"

孟子问："自己织的吗？"

陈相答："不，用粟换来的。"

孟子问："许行为什么不自己织呢？"

陈相答："因为妨碍种庄稼。"

孟子问："许行也用锅甑灶做饭，用铁器耕田吗？"

陈相答："对。"

孟子问："是他自己做的吗？"

答："不是的，是用粟换来的。"

孟子说："农民用谷米换取锅甑和农具，不能说是损害了瓦匠铁匠，瓦匠铁匠用锅甑和木具换取谷米，难道说是损害了农民？而且许行为什么不亲自烧窑冶铁自作器械放在家里备用呢，许行为什么还要忙忙碌碌去和百工交易呢，为什么许行这样不怕麻烦？"

陈相说："各种工匠的工作本来不是一方面耕种一方面烧窑冶铁同时干得了的。"

孟子说："那么，难道独独管理国家就能一方面与民并耕，一方面治国理政，同时干得了吗？官员有官员的工作，百姓有百姓的工作。即使是一个人要生产生活，他也需要百工生产提供产品和服务。如果都要由自己做，那就使天下的人搞乱套路、忙碌不堪。所以说：或者劳心，做脑力劳动者，或者劳力，做体力劳动者，各尽其能。劳心者，脑力劳动者统治人；劳力者，体力劳动者被劳心者统治；被统治者养活别人，统治者靠被人养活，这是天下通行的法则。"

"当唐尧在位的时候，天下还没有治理好，洪水横流，到处泛滥成灾，草木茂盛，禽兽繁衍，谷物没有收成，恶禽猛兽侵逼人，禽兽乱窜国中。尧独自忧愁，选拔舜来分管治理。舜派伯益任火正官，伯益用火焚烧山林草泽，禽兽无处藏身，四处奔逃。使派大禹疏通九条河道，疏通了济水、漯水，让河水入大海，开凿汝、汉、淮、泗，把河水开口流入大江，然后中原地带的人才能种庄稼，得到饭吃。当时，大禹为疏通河流奔忙了八年，三过家门而不入。（你想想）像这种情况，他想自己去耕田种庄稼，有可能吗？"

"后稷教导百姓耕种收割，栽培粮食作物，粮食成熟了，百姓才得以养育。人也有常道（人伦秉彝，人之道曰仁与义）。人呀，吃得饱、穿得暖，住得也舒服安逸，如果不受教育（不明人伦，不行仁义），就会像禽兽一样。圣贤之君为之深感忧虑，于是委任契为司徒，掌管教化，教人明人伦道德，父子有亲，君臣有义，长幼有序，夫妇有别，朋友有信。尧说：'慰劳鼓励他们，教育匡正他们，关心帮助他们，使他们各得其所，又从而提振他们的道德和精神。'圣贤之君如此为百姓操劳，哪里还有时间与民并耕呢？"

"尧以得不到舜这样的贤德之人作为自己的忧虑，舜以得不到大禹、皋陶这样的贤德之人作为自己的忧虑。以百亩私田耕种不好作为自己忧虑的是农夫啊。分人以财叫'惠'，教人以善叫'忠'，为天下得到人才叫'仁'。所以说：把天下给别人容易，为天下得到能治好天下的人难。孔子说过：'伟大啊，尧作为君王！只有天最伟大，只有尧能效法天，浩浩荡荡圣德齐天，人民找不到恰当的词语来赞美他！舜也真伟大啊，他拥有了天下，但以天下为公，不谋私利。'（见《论语·泰伯》）尧舜治理天下难道还不用心尽力吗？只是不能够分心于耕种了。"

"我听说过中国（诸夏）的仁义之道，礼义之教可以改变落后国家，没有听说过一些文明落后的国家能改变诸夏。陈良，是土生土长的楚国人，他很喜欢周公、孔子的思想学说，到北方来学习，北方的读书人还没有能超过他的，他还真的称得上豪杰之士（楚国的名儒）！你们兄弟向他学习了几十年，你们老师一死，你们就完全背叛了他。"

"以前，我们的孔子死了，孔子的弟子都给他守孝三年，三年之后，弟子们收拾行李准备回去，一起到子贡那里作揖告别，相对而哭、泣不成声，这才离去。子贡送别了各位同学又返回坛场，在那里重新建房筑室，独自住庐守丧又三年，才回去。过了一些时候，弟子子夏、子张、子游看到有若有点像孔子，便想用尊敬孔子之礼来尊敬有若，还勉强曾子同意。（你看孔子的弟子是如何尊敬孔子的！哪像你们两兄弟背师忘祖。）曾子说：'不可，譬如用江汉之水洗涤过，用秋天的太阳暴晒过，真是洁白得无以复加了（指孔子的思想学说、道德文章至纯至尚了）。'今天许行这些荆蛮之徒，语言怪腔怪调，来非议我们华夏祖先的圣王之道，你们两弟兄背叛你们的老师陈良而学许行，和我们曾子对老师孔子的感情态度完全相反了。我只听说过鸟儿从幽深的山谷里飞到高大的乔木上，没有听说鸟儿从高大的乔木上飞进幽深的山谷里。《诗·鲁颂·闷宫》

说：'戎狄是膺，荆舒是惩。'荆楚这样的国家，周公尚且要讨伐它，你们还要向许行这样的人学，这不就变坏了。"

陈相说："按照许子的办法，就可以使市场上的物价一样，国内就没有弄虚作假的，哪怕是不满五尺的儿童到市场上买东西，也不会被欺骗。棉布和丝绸长短一样，价钱就相同；麻线和丝绵轻重一样，价钱就相同；各种谷物多少一样，价钱就相同；鞋子大小一样，价钱也相同。"

孟子说："各种货物品种质量不同，这是物品的实际情况（当然价钱不应该一样）。有的价钱会相差一倍到五倍，有的要相差十倍到百倍，有的还相差千倍到万倍。你把他们强拉在一起同价，这使天下市场价格混乱啊。制作粗糙的鞋子与制作精美的鞋子同一个价钱，人会这么蠢吗？按照许行的办法去做买卖，那简直是带人弄虚作假，这怎么能治理好国家呢？"

【解读】孟子和陈相的对话，讨论了一个十分重大的社会分工和市场等价交换的问题。

许行是典型的原始农耕社会的认知和思想，"有为神农之言"，还停留在传说中的神农时代。陈相受他的影响很深，鼓吹君王与民"并耕而食，饔飧而治"。孟子与陈相一问一答，设问很有逻辑层次，清晰明快，论说旁征博引，有理有据，雄辩滔滔，陈相无言。孟子提出：当时的社会已经有了种粟的、织布的、制衣帽的、烧窑制陶的、冶铁的、做农具的、为政的、为教的，有大人事，有小人事，百业兴、百工备，"且一人之身，而百工之所为备"。社会生产的发展，必然也必须有社会分工。进而孟子得出了一个结论："或劳心，或劳力，劳心者治人，劳力者治于人，治于人者食人，治人者食于人，天下之通义也。"

社会分工是生产关系的范畴，其产生和发展是由社会生产力的发展和进步决定的，反过来，社会分工的不断完善和进步，又有利于解放生产力，人尽其才，各尽所能，有利于提高社会劳动生产率，推动社会的发展和进步，其本质是人的解放和全面发展。可以说是社会分工的进步和完善，是人类社会文明进步的标志。这是马克思主义的观点。

在两千多年前，孟子能敏锐地认知当时社会经济、政治，第一次生动而精辟地提出社会分工问题，不愧为伟大的思想家、政治家。

孟子提出的这一句："劳心者治人，劳力者治于人。"语言简捷精炼，两千多年来，影响深远，理解起来仁者见仁，智者见智，歧义甚多，还是批判吸收吧！语言优美、含义深刻。

5. 墨者夷之因徐辟而求见孟子

【原文】墨者夷之因徐辟而求见孟子。孟子曰："吾固愿见，今吾尚病，病愈，我且往见，夷子不来。"

他日，又求见孟子。孟子曰："吾今则可以见矣。不直，则道不见，我且直之。吾闻夷子墨者，墨之治丧也，以薄为其道也，夷子思以易天下，岂以为非是而不贵也？然而夷子葬其亲厚，则是以所贱事亲也。"

徐子以告夷子。

夷子曰："儒者之道，古之人若保赤子，此言何谓也？之则以为爱无差等，施由亲始。"

徐子以告孟子。

孟子曰："夫夷子信以为人之亲其兄之子为若亲其邻之赤子乎？彼有取尔也。赤子匍匐将入井，非赤子之罪也。且天之生物也，使之一本，而夷子二本故也。盖上世尝有不葬其亲者，其亲死，则举而委之于壑。他日过之，狐狸食之，蝇蚋姑嘬之。其颡有泚，睨而不视。夫泚也，非人为泚，中心达于面目，盖归反虆梩而掩之。掩之诚是也，则孝子仁人之掩其亲，亦必有道矣。"

徐子以告夷子。夷子怃然，为间曰："命之矣。"

【注释】墨者夷之：墨家学派的信徒，名夷之。徐辟：孟子的学生。若保赤子：语出《尚书·康浩》"若保赤子，惟民其康乂"。康乂（yì）：平安康泰。其颡有泚（cǐ）：额头上冒汗，脑门上冒汗。虆梩（lěi lí）：盛土的箕和挖土的锹。

【译文】墨家信徒夷之借孟子学生徐辟的关系求见孟子。孟子说："我本来想见他，不过我今天病了，等病好了，我去见他，夷之不必来。"

过了一些时候，徐辟又代夷之请求见孟子。孟子说："我今天可以见了。不过，不说直话，道理讲不透，我姑且说说直话吧。我听说夷之是墨家信徒，墨家办理丧葬，以从简薄葬为指导思想，夷之想用从简薄葬来移风易俗，改革丧葬，认为不从简薄葬就是不尊贵。然而他自己葬其父母却相当丰厚，那便是以自己认为不尊贵的礼仪来轻贱自己的父母。"

徐辟把孟子的话告诉了夷之。

夷之说："儒家学说认为，古代的君王爱护百姓像爱护婴儿一样，这句话是什么意思呢？我认为是爱无差等，对天下人都爱，只是实行起来从父母亲人开始。"

徐辟把夷之的话告诉孟子。

孟子说："夷之的确认为人们亲爱他哥哥的儿子和亲爱他邻居的儿子是一样的吗？"若保赤子"这句话是有所指的。（是周公以成王的名义教诫康王封，爱百姓要像爱婴儿一样。）譬如，婴儿在地上爬行要掉到井里去了，这不是婴儿的错，看到了，人人都会要救的（这是恻隐之心，人皆有之，不是爱无差等），况且天生万物，只有一个根源（只有一个父母，儒家主张，亲亲爱人，老吾老，以及人之老），夷子却说是二个根源（甚至是泛源，所以墨子之徒夷之主张泛爱、兼爱、爱无差等），道理就在这里。大概是上古的时候有人不埋葬自己的父母，他的父母死了，就直接扔在沟壑里。过些日子，他经过沟壑，狐狸在那里啃吃他父母的尸体，苍蝇、蚊子也在那里叮嗫。看到后他额头上直冒汗、不忍正视。额头上冒汗，是他心里无比的哀痛啊。于是回家里拿了锹、箕等工具把父母的尸体掩埋了。掩埋是情理所当，所以孝子、有仁爱之心的人埋葬他的父母一定是出于天理人情的。"

徐辟把孟子的话告诉了夷子。夷子很是怅惘，停了一会儿，才说："我受教了。"

【解读】此章孟子与墨者之徒夷之间接的一次对话，讲了两个问题：一是墨家的爱无差等的兼爱，与儒家的亲亲仁人的仁爱，其区别在人伦。二是丧葬之道，墨家以薄葬为其道，儒家以礼为其道。孟子从仁、义、礼、智的道义高度、历史沿革和天理人情的实际，把道理讲得很清楚，比较完整准确地表达了儒家的思想、观点和立场。所以夷子虽只间接耳闻，也很有感慨。"怃然，为间曰：'命之矣。'"

滕文公（下）

《滕文公》下篇共十章，主要讲品德节操修养，提出"大丈夫"的立身为人标准。"居天下之广居，立天下之正位，行天下之大道。""富贵不能淫，贫贱不能移，威武不能屈。"

本篇孟子对杨朱、墨翟的思想言论提出了很严厉的批判，扛起了捍卫三圣儒学之道的思想旗帜。

1. 枉己者　未有能直人者也

【原文】陈代曰："不见诸侯，宜若小然，今一见之，大则以王，小则以霸。且《志》曰：'枉尺而直寻，'宜若可为也。"

孟子曰："昔齐景公田，招虞人以旌，不至，将杀之。志士不忘在沟壑，勇士不忘丧其元。孔子奚取焉？取非其招不往也，如不待其招而往，何哉？且夫枉尺而直寻者，以利言也。如以利，则枉寻直尺而利，亦可为与？昔者赵简子使王良与嬖奚乘，终日而不获一禽。嬖奚反命曰：'天下之贱工也。'或以告王良。良曰：'请复之。'强而后可，一朝而获十禽。反命曰：'天下之良工也。'简子曰：'我使掌与汝乘。'谓王良。良不可，曰：'吾为之范我驰驱，终日不获一；为之诡遇，一朝而获十。《诗》云：不失其驰，舍矢如破。我不贯与小人乘，请辞。'御者且羞与射者比，比而得禽兽，虽若丘陵，弗为也。如枉道而从彼，何也？且子过矣，枉己者，未有能直人者也。"

【注释】陈代：孟子的学生。枉尺而直寻：枉，屈；直，伸长。屈曲一尺，伸长八尺。昔齐景公田，招人以旌，不至：出自《春秋左传·昭公》"昔我先君之田也，旃以招大夫弓以招士，皮冠以招虞人。臣不见皮冠，不敢进。"仲尼曰："守道不如守官。君子韪之。"齐景公狩猎，以旌旗招猎场管理员（虞人），这不符合规定，招虞人是用皮帽子，所以虞人不到。虞人依礼忠于职守，是对的。

赵简子：春秋末年，晋国正卿。王良：晋国的驾车能手。嬖奚：赵简子的宠臣，名奚。《诗》云句：引自《诗·小雅·车攻》："不失其驰，舍矢如破。"按照规则奔驰，箭一放出就破的。"比：一起合作（搞在一起），比而不周的"比"。

【译文】孟子的学生陈代对孟子说："您到各地不肯求见诸侯，似乎有点小气吧，如今您去谒见诸侯，大呢，可以实行仁政，统一天下；小呢，可以励精图治，成就霸业。况且有些《志》书上说：'屈曲一尺，却可伸长八尺。'（所屈者小，所伸者大呀。）好像可以试一试。"

孟子说："从前齐景公田猎，用旌旗传唤管理山林猎场的虞人，虞人不受传唤，不去，齐景公要处死他。孔子听说后说：'志士不怕弃尸山沟，勇士不怕丧失头颅。'孔子取虞人哪一点赞颂呢？取不合礼制规定的传唤不去，如果不待传唤就去，那又如何呢？（屈义违礼。）况且所谓屈曲一尺而伸长八尺，是从利上来说的。如言利，那屈曲八尺而伸直只一尺而有利，是不是也可以屈就呢？从前晋国的赵简子派王良为他最宠信的臣子奚驾车去打猎，一整天没有捕到一只鸟。奚回报赵简子：'王良是天下最低劣的驾手。'有人把这话告诉了王良。王良说：'请让我们再去一次。'经过强烈请求才获允准，结果一个早上就捕了十只鸟。奚又向赵简子回报说：'王良是天下最好的驾手。'赵简子说：'我派他专门给你驾车。'便告诉王良，王良不同意，说：'我按规矩给他驾车，一整天捕不到一只鸟，不按规矩驾车，一早上就捕了十只鸟。《诗经》上说：按规矩驾驰，箭一放就中的。我不习惯于替奚这种邪辟之人驾车，我请求不当这个差。'一个驾车的人尚且羞耻于和这种邪辟之人搞在一起，和这种人搞在一起纵然捕获的禽兽堆积如山丘，我也不干。如果违背道义，屈从权利，那是什么？而且背义趋利是你错了，自己不正直，从来没有能使别人正直的。"

【解读】孟子的学生陈代建议孟子低下身价去谒见诸侯，并且说这有利于实现孟子的抱负："大则以王，小则以霸，枉尺而直寻，宜若可为。"

但孟子坚决反对，绝不屈己背义、枉道富贵而一见诸侯。为了表明心志，教育陈代，讲了两个春秋时代的故事：齐景公狩猎，以旌旗传唤虞人，违礼，虞人不至，不怕杀头。孔子盛赞虞人依礼守正。赵简子的著名驾手王良耻于给搞歪门邪道，不守规矩的宠臣奚驾车打猎，宁愿规规矩矩一无所获，也不要"诡遇而猎，一朝获十"。

最后的结论是：背义枉道、走歪门邪道、投机钻营、屈从权利去跟从诸侯，成何体统！"如枉道而从彼，何也？""枉己者，未有能直人者也。"自己搞歪门邪道，还谈什么王道霸道，匡正天下！"己不正，焉能正人。"

2. 富贵不能淫　贫贱不能移　威武不能屈

【原文】景春曰："公孙衍、张仪岂不诚大丈夫哉？一怒而诸侯惧，安居而天下熄。"

孟子曰："是焉得为大丈夫乎？子未学礼乎？丈夫之冠也，父命之；女子之嫁也，母命之，往送之门，戒之曰：'往之女家，必敬必戒，无违夫子！'以顺为正者，妾妇之道也。居天下之广居，立天下之正位，行天下之大道。得志与民由之，不得志，独行其道。富贵不能淫，贫贱不能移，威武不能屈，此之谓大丈夫。"

【注释】景春：战国时纵横家们的信徒。纵横：即合纵连横，战国时期因诸侯国之间征战不断，一群谋略之士迎合诸侯，出谋划策，到处游说联合结盟，以强凌弱或连弱抗强。连横，主要是北方、东西方分布的诸侯国联盟，如五国伐齐，代表人物是张仪。合纵，是南北方向诸侯国，联合抗秦，代表人物是苏秦、公孙衍。丈夫之冠也，父命之：意思男子二十岁成年，行加冠礼，父亲加以训诫。往之女家：去到你的夫家。广居、正位、大道：朱熹注释为，广居，居于仁；正位，立于礼；行大道，行天下道义。

【译文】战国纵横家的信徒景春说："公孙衍、张仪难道不确实是大丈夫吗？他们一发怒（挑起事端）诸侯就害怕，他们要是安居闭嘴（不到处游说）天下就息战太平。"

孟子说："这些人怎么算得是大丈夫呢？景春你没学过礼吗？男子二十加冠礼时，父亲要亲自面命、训诫；女子出嫁时，母亲要亲自面命，送到出门，训诫说：'到了你的夫家，必须恭敬谨慎，不要违逆丈夫。'以恭顺作为准则，这是为人妻的妇道。作为男子，居天地之间要胸怀天下行仁天下，站在天下人道正义的立场上，坚守礼义，行天下仁义之大道（这就是男子汉大丈夫的志向）。得志，就和百姓一起实现这个志愿，不得志，也要不忘初心，坚守道义。富贵不乱其心，贫贱不移其志，威武不屈其节。这才叫做大丈夫。

【解读】这一章讲大丈夫，纵横家的信徒景春提出战国时纵横家代表人物公孙衍、张仪可算大丈夫。

孟子愤怒回怼：这些人算什么大丈夫？他们这些人不学礼，不守礼，游说诸侯，挑起战乱，破坏诸侯间的邦国秩序，祸国殃民，乱礼、乱天下。

进而孟子响亮地提出了大丈夫的标准："居天下之广居，立天下之正位，行天下之大道。得志与民由之，不得志，独行其道。富贵不能淫，贫贱不能移，威武不能屈，此之谓大丈夫。"

岂只是大丈夫标准，更代表着一种顶天立地的伟大的中华民族精神！

语言豪迈经典，堪称千古名言。

3. 古之君子仕乎

【原文】周霄问曰："古之君子仕乎？"

孟子曰："仕。《传》曰：'孔子三月无君则皇皇如也。出疆必载质。'公明仪曰：'古之人三月无君则吊'。"

曰："三月无君则吊，不以急乎？"

曰："士之失位也，犹诸侯之失国家也。《礼》曰：'诸侯耕助以供粢盛；夫人蚕缫以为衣服。牺牲不成，粢盛不洁，衣服不备，不敢以祭。惟士无田，则亦不祭。'牲杀、器皿、衣服不备，不敢以祭，则不敢以宴；亦不足吊乎？"

"出疆必载质，何也？"

曰："士之仕也，犹农夫之耕也；农夫岂为出疆舍其耒耜哉？"

曰:"晋国亦仕任国也,未尝闻仕如此其急。仕如此其急也,君子之难仕,何也?"

曰:"丈夫生而愿为之有室,女子生而愿为之有家;父母之心,人皆有之。不待父母之命,媒妁之言,钻穴隙相窥,逾墙相从,则父母国人皆贱之。古之人未尝不欲仕也,又恶不由其道。不由其道而往者,与钻穴隙之类也。"

【注释】周霄:魏国人。粢盛:祭礼时用的谷物。牺牲:古时祭礼所杀的牛羊等牲畜,又叫"牲杀"。

【译文】魏人周霄问孟子:"古代的君子做官吗?"

孟子回答:"做官。《传》上说:'孔子三个月没有君王任用他,就惶恐不安了。离开一个国家到另一个国家去,一定带上相关的礼物好与君王见面。'(注释都说是礼品,我以为是见面的相关文牒,推荐信自我介绍推荐等,后文说是'犹农夫为出疆带耒耜')公明仪也说过:'古代的人三个月没有被君王任用,就要去安慰一下。'"

周霄问:"三个月不被君王任用,就要安慰,这太着急了吧?"

孟子说:"士失掉官职,就好像诸侯失掉了国家。《礼记》上说:'诸侯靠助耕田地获得供应祭礼的谷物;他的夫人靠养蚕缫丝,制作祭服。牛羊不肥壮,谷物不清洁,祭服不准备好,不敢祭祀先人。士如果没有祭祀的田地(井田制所说的官吏的圭田五十亩,供祭祀用的),这也就不能祭祀。'牛羊、祭器、祭服不备好,则不能参加祭祀的礼宴,这还不够给以安慰吗?"

周霄又问:"离开国界一定带见面礼,是什么道理呢?"

孟子说:"士要做官,就跟农民要种田一样,农夫出疆种田难道会(丢弃)不带耒耜这些农具吗?"(可见,"质"不是礼物,而是与当官任职的有关资料文牒，跟农民的农具一样。）

周霄说："我们魏国也是一个可以任仕的国家，我从未听说过想仕任的竟这么急切。士想任仕的如此急切，士却又如此难得任仕，这又是为什么呢？"（晋：三家分晋后为魏、韩、赵。）

孟子说："男孩子生下来，做父母的便愿想为他将来找房妻室，女孩子生下来，做父母的便愿想为她找一个称心如意的郎君。父母这种心愿，做父母的都有的。但是做儿女的不经父母允许，不经媒人介绍，便钻隙穴相窥，逾墙私会，父母和社会上的人都会轻贱他们。古代的士未尝不想做官，但又讨厌那种不行正道，投机钻营的做法。那些不能行正道，投机钻营去做官的人和违父母之命，避媒妁之言，钻穴隙相窥，逾墙私会的男女行为是一样的不光彩，为人所不齿。"

【解读】周霄和孟子问答，讲了两个问题，也可以说是一个问题的两个方面：一是当官要行道，行王道仁政，志在"修、齐、治、平"，实现士人学子的人生理想和价值，"修身、齐家、治国、平天下"，"内圣外王"。这里需要说明的是孔子并不迷恋于"当官"，当官入仕是很有原则的，《论语》中有很多明确的记载，并非三月不仕"皇皇如也"。二是求官要有道，做官仕进，士之所欲，必走正道，"不由其道而往"，投机钻营，走歪门邪道去谋取官位，那就"犹钻穴隙之类"是不光彩的。

4. 彭更问

【原文】彭更问曰："后车数十乘，从者数百人，以传食于诸侯，不以泰乎？"

孟子曰："非其道，则一箪食不可受于人；如其道，则舜受尧之天下，不以为泰，子以为泰乎？"

曰："否，士无事而食，不可也。"

曰："子不通功易事，以羡补不足，则农有余粟，女有余布，子如通之，则梓、匠、轮、舆皆得食于子。于此有人焉，入则孝，出则悌，守先王之道，以待后之学者，而不得食于子，子何尊梓、匠、轮、舆而轻为仁义者哉？"

曰："梓、匠、轮、舆，其志将以求食也，君子之为道也，其志亦将以求食与？"

曰："子何以其志为哉？其有功于子，可食而食之矣。且子食志乎？食功乎？"

曰："食志。"

曰："有人于此，毁瓦画墁，其志将以求食也，则子食之乎？"

曰："否。"

曰："然则子非食志也，食功也。"

【注释】彭更：孟子的学生。传食：传，转。走到哪吃到哪，"转着吃"。泰：通太，太过分。梓、匠、轮、舆：木工等专业工匠。待后之学者：培养后代的学者。通工易事，以羡补不足：指社会职业分工，工作业绩成果。羡，余，以余补不足，互相之间把服务、产品交通互换。

【译文】孟子的学生彭更问孟子："跟在身后的车几十辆，随行的几百人，从这个诸侯国吃到那个诸侯国，不觉得太过分吗？"

孟子说："如果不正当，不合符道义，就是一竹篮子饭也不能够接受；如果正当、合符道义，就是像舜那样接受尧禅让的天下也不过分，你觉得过分吗?"

彭更说:"我不是这个意思。我是讲我们的这么多的门徒弟子跟着您到处白吃饭，感觉到过分了。"

孟子说:"是你彭更不懂服务（教育宣传也是劳动服务，也创造事功，也有很高的价值），也可以用来与其他劳动产品互通交易，以劳动价值互补。这样，农民生产了谷米，妇女织成了布，多余部分拿来流通交换，那么梓、匠、轮、舆等工匠就可以用他们的劳动产品换来谷米和布了。现在有这样一个人，在家孝顺父母，在外尊长敬人，严守古代圣贤先王的道义，致力于培养教育后代学者，却不能吃到谷米，那为什么木工等工匠可以得到谷米，有饭吃，受到尊重，而这些守先王之道，培养教育后代学者的仁义之士却被轻慢，吃不到饭呢?"

彭更说:"木工等工匠，他们起心（动机）本就是务工谋饭吃，君子宣传先王之道，推行仁义，培养教育后代学者，其动机也是谋饭吃吗?"

孟子说:"你为什么要讨论动机呢? 他们的劳动成果有益于你，按劳付酬应该给他们吃的，你究竟是按动机付酬，还是按劳动成果绩效付酬呢?"

彭更说:"论动机。"

孟子说:"这里有个匠人，把房子上的瓦打碎，在新粉刷的墙壁上乱涂画，他的动机也是想寻到饭吃，你给他吃的吗?"

彭更说:"不给。"

孟子说:"那么，你不是论动机，还是论劳动成果绩效呀。"

【解读】孟子与学生彭更的争论很有意思。首先彭更提出的问题是很认真的，也是很尖锐的批评，孟子游说诸侯，队伍庞大，随行数百，走到哪吃到哪，太过分了。我认为彭更是正确的，作为一个学生真正懂道义。而孟子的回答自视太高，实际上问题很严重，而孟子则"不以为太"，孟子不对。

但是孟子在后面讨论问题时阐述的观点很睿智，很正确，"通工易事""食工""食志"概念的讨论很前瞻。"通工易事"是把服务也认定是劳动，和农民、织女、百工一样，宣传、教育、道义推广是劳动，创造事功，并且有很高的劳动价值，应该受到尊重，也应该和其他劳动产品一样互通交易。"食工"还是"食志"？肯定是"食工"。"食工"是按劳取酬、按劳付酬，这应该是"按劳付酬"概念的最早萌芽。

5. 苟行王政　四海之内　皆举首而望之

【原文】万章问曰："宋，小国也，今将行王政，齐、楚恶而伐之，则如之何？"

孟子曰："汤居亳，与葛为邻，葛伯放而不祀。汤使人问之曰：'何为不祀？'曰：'无以供牺牲也。'汤使遗之牛羊。葛伯食之，又不以祀。汤又使人问之曰：'何为不祀？'曰：'无以供粢盛。'汤使亳众往为之耕，老弱馈食。葛伯率其民，要其有酒食黍稻者夺之，不授者杀之。有童子以黍肉饷，杀而夺之。《书》曰：'葛伯仇饷。'此之谓也。为其杀是童子而征之，四海之内皆曰：'非富天下也，为匹夫匹妇复仇也。'汤始征，自葛载，十一征而无敌于天下。东面而征，西夷怨，南面而征，北狄怨，曰：'奚为后我？'民之望之，若大旱之望雨也。归市者弗止，芸者不变。诛其君，吊其民，如时雨降，民大悦。《书》曰：'徯我后，后来其无罚。'"

"'有攸不惟臣，东征，绥厥士女，篚厥玄黄，绍我周王见休，惟臣附于大邑周。'其君子实玄黄于篚，以迎其君子，其小人箪食壶浆，以迎其小人。救民于水火之中，取其残而已矣。"

"《太誓》曰：'我武惟扬，侵于之疆，则取于残，杀伐用张，于汤有光。'不行王政云尔，苟行王政，四海之内皆举首而望之，欲以为君，齐楚虽大，何畏焉？"

【注释】 万章：孟子的学生，参与编写《孟子》。亳（bó）：地名，今河南商丘东南，商汤发祥地。葛：当时称葛国，一个部落。在今河南宁陵境内。《书》曰："徯我后，后来其无罚。"引自《尚书·仲虺之诰》，期待我的王，王来了我们就不再受罪了。《太誓》曰句：引自《尚书·泰誓（中）》"我武惟扬，侵于之疆，则取于残，杀伐用张，于汤有光。"写武王伐纣的，大意是扬我威武，打入商境，杀了纣王，胜利辉煌，胜过商汤。

【译文】 万章问孟子："宋是个小国，如今想行仁政，齐楚两国都因此厌恶宋国，出兵征伐它，该怎么办呢？"

孟子说："商汤居住在亳地的时候，和葛国相邻。葛国君王葛伯很放肆，不守礼法，不祭祀天地神灵。汤派人去问他：'您为什么不行祭祀之礼呢？'葛伯说：'没有牛羊牲兽做祭品。'汤派人把牛羊牲兽送过去，葛伯吃了，还是不祭。汤又派人去问他：'为什么不祭呢？'他又说：'没有谷米做祭物。'汤就派亳地的老百姓去帮他们耕种，老弱的人就给耕田的人送饭。葛伯却带领他的百姓拦住送饭的，抢劫酒菜和饭，不肯交出饭菜的要被杀掉。有一个来送饭的小孩子，葛伯竟抢夺了他饭菜，还把他杀了。《尚书》上所说的‘葛伯仇饷’就是说的这个事。汤为葛伯杀孩子这件事忍无可忍，就带兵征讨葛国，天下人都支持，说：‘汤不是为抢占葛国的财富，而是为百姓和无辜的小孩子报仇。’汤出征讨伐，就从葛国开始，出征十一次没有人能抵抗商汤。向东方出征，西方的夷民埋怨，向南方出征，北方的狄民也埋怨，他们说：‘您出征为什么把我们放在后面呀！’四方百姓都期盼商汤的到来，就像久旱盼望下雨一样。商汤征伐时，集市上做买卖的不停止营业，耕田种地的照常耕田种地，只杀百姓痛恨的残暴君王，而安慰抚恤广大百姓，如及时雨一样，百姓高兴极了。《尚书》上说：‘期盼着我们的王啊，我们的王来了，我们就不要再受罪了。’”

“周代时有人说：‘攸国不肯臣服，周王就东行讨伐，安抚那里的男男女女，百姓都高兴，他们把黑色的黄色的丝绸捆好放在筐里，求见周王以为荣耀，要做大周国的臣民。’这是说的周朝初年东征攸国的情景，官员们把黑色黄色的丝绸捆好放在筐里赠送给官员，百姓们用竹篮盛饭，酒壶盛酒迎接士兵。周王出征只是为了把百姓从水深火热之中解救出来，把百姓痛恨的残暴君王杀掉。《尚书·泰誓》上说：‘扬我武威，打过商纣的疆界，杀掉纣王，扩大胜利，我们的胜利比汤放桀更加辉煌。’（历史已经证明）现在宋国不实行王道便罢，实现王道，四海之内都会举头仰望，愿意拥戴您为君王。齐国、楚国虽是大国，有什么可怕的呢？”

【解读】孟子与万章对话，用历史事实宣讲王道仁政，汤伐葛，以至放桀，"民之望之，若大旱之望雨"，武王伐纣，救民于水火之中，百姓箪食壶浆以迎，得民心，得天下，故事讲得很生动。得出的结论是"苟行王政，四海之内，皆举目而望之"。

孟子还特别指出："以德行仁者王，王不待大"，行王道，修德仁民，小小宋国也可王天下。

　　历史也同样证明：王天下必富国强兵，没有实力，何以推行王道，造福百姓，没有实力有时连话语权都没有。宋国将行王道，就遭齐、楚打压，"恶而伐之"。强权霸凌，古今如是，观今宜鉴古，以史为鉴，可以知兴替。

6. 一薛居州　独如宋王何

　　【原文】孟子谓戴不胜曰："子欲子之王之善与？我明告子。有楚大夫于此，欲其子之齐语也，则使齐人傅诸，使楚人傅诸？"

　　曰："使齐人傅之。"

　　曰："一齐人傅之，众楚人咻之，虽日挞而求其齐也，不可得矣；引而置之庄、岳之间数年，虽日挞而求其楚，亦不可得矣。子谓薛居州，善士也，使之居于王所。在于王所者，长、幼、卑、尊皆薛居州也，王谁与为不善？在王所者，长、幼、卑、尊皆非薛居州也，王谁与为善？一薛居州，独如宋王何？"

　　【注释】戴不胜：宋国的臣子。咻（xiū）：吵闹、喧哗。庄、岳：齐国的街道、里弄的名字。薛居州：宋国的善人。傅：师傅的傅，这里是"教"。

　　【译文】孟子对戴不胜说："你希望你的君王向善吗？我明白的告诉你吧。比如，有位楚国的大夫，希望他的儿子学会齐国语言，找齐国人教他的儿子好呢，还是楚国人教好呢？"

戴不胜说："找齐国人教好。"

孟子说："如果一个齐国人来教，众多的楚国人围着他讲楚国话，喧哗吵闹，即使你天天鞭打他，要求他讲齐国话，那也是学不好齐国话的。反之你如果把他送到齐国去，住在齐国某街市的庄、岳的街道里巷中，在那里生活几年，那么，你就是每天鞭打他，要他只讲楚国话，那也是不可能的了。你说薛居州是位仁善之士，要他居处在王宫里，如果王宫里的人不论年龄大小，地位尊卑都是薛居州那样的仁善之士，那君王与谁去为不善之事呢？如果在王宫里的人不论年龄大小、地位尊卑都不是薛居州那样的仁善之士，那君王又与谁去为善呢？一个薛居州能把宋王怎么样呢？（怎么能使宋王向善呢？）"

【解读】这一章孟子把人的向善学好与周围环境、人群的关系说得很极端，有一定的道理。《论语》第四篇专题说"里仁为美，择仁而居"说得很清楚。孟母为培养孟子好学成人，曾三迁其居，"孟母三迁"成千古佳话。

但是君王向仁善，更重要的是自己，孔子和孟子都有很明确的观点："为仁由己，而由人乎哉？""我欲仁，斯仁至矣。""子欲善，而民善矣。君子之德风，小人之德草，草上之风，必偃。""君仁，莫不仁。""君子莫大乎与人为善。"

因此，孟子这章的结论："一薛居州，独如宋王何？"有失偏颇，善辩者往往攻其一点，不计其余，此孟子之常失，孟子逊于"仲尼不为已甚者"。

当然也有可能宋王确实不堪劝善，一个仁善之士薛居州也无法改变他。从孟子本章说话的口气，从孟子在宋国没有和宋王交流的记载推测，很有可能是指宋王不贤（但无资料可考，存疑）。

7. 由是观之　则君子之所养可知已矣

【原文】公孙丑问曰："不见诸侯何义？"

孟子曰："古者不为臣不见。段干木逾垣而辟之，泄柳闭门而不内，是皆已甚，迫，斯可以见矣。阳货欲见孔子而恶无礼，大夫有赐于士，不得受于其家，则往拜其门。阳货瞰孔子之亡也，而馈孔子蒸豚，孔子亦瞰其亡也，而往拜之。当是时，阳货先，岂得不见？曾子曰：'胁肩谄笑，病于夏畦。'子路曰：'未同而言，观其色赧赧然，非由之所知也。'由是观之，则君子之所养可知已矣。"

【注释】 段干木：魏文侯的贤士，曾师从卜商子夏。泄柳：鲁缪公的臣子，起初不见缪公后关系亲密。阳货见孔子：见《论语·阳货》。胁肩谄笑，病于夏畦：耸动肩胁强装笑容表示恭敬的样子，非常难受，像是盛夏之节在菜园里浇水种菜一样痛苦。色赧赧然：面有羞色为难尴尬。非由之所知也：由，子路，仲由字子路。不是我子路所知道的。

【译文】 公孙丑问孟子："您不愿谒见诸侯是什么意思？"

孟子说："古时候的惯例，没有当诸侯的臣子便不去谒见诸侯。段干木翻墙躲避魏文侯，泄柳闭门不接受鲁缪公的访问，这都太过分了，要是诸侯硬是逼着要见你，还是可以见的。阳货想要孔子来见又怕失礼，（于是阳货使了个心眼，当时有个礼数）大夫（阳货正是季孙家宰）如果送礼品给士（孔子当时还是士），士要是不在家，不能在家里收受礼品，那就应该到大夫家去登门拜谢。阳货盯住孔子不在家的时候，给孔子送一个蒸猪。孔子也盯住阳货外去时，到阳货家里去拜谢。阳货先去送蒸猪给了孔子，这个时候孔子怎么能不去拜谢呢？曾子说过：'耸动肩胁，强装媚笑，比盛夏之节到菜园里浇水种地还痛苦。'子路说：'明明志趣不同，还要勉强交谈，脸面羞涩难堪，我真不知道这是所由何来。'（何必呢？）从以上这些事例，作为一个君子，如何修养自己的品格和操守，就可以知道了。"

【解读】见不见诸侯，什么动机，什么态度，什么途径，体现一个人的品德节操。本篇第一章孟子的学生陈代劝孟子低下身价去谒见诸侯，"枉尺而直寻，宜若可为也"。孟子断然拒绝，绝不屈己背义、枉道富贵而见诸侯。本章学生公孙丑又问："不见诸侯何义？"孟子从古贤人段干木不见魏文侯，泄柳不见鲁缪公，子路很反感那些道不相同、志不相投的曲意迎逢的见面说起，最后一句关总：作为君子一定要修养自己的品德和节操，堂堂正正，光明磊落。不走歪门邪道。"安能摧眉折腰事权贵，使我不得开心颜。"李白颇有孟子气质。

8. 如知其非义　斯速已矣

【原文】戴盈之曰："什一，去关市之征，今兹未能，请轻之，以待来年，然后已，何如？"

孟子曰："今有人日攘其邻之鸡者，或告之曰：'是非君子之道。'曰：'请损之，月攘一鸡，以待来年，然后已。'如知其非义，斯速已矣，何待来年？"

【注释】戴盈之：宋国大夫，有说即戴不胜。

【译文】戴盈之对孟子说："税率十分抽一，免除关卡和市面上的商品税，今年还做不到，准备先减轻一点，等到明年，再完全减免，您看如何？"

孟子说："我打个比方吧，现在有个人，他每天都偷邻人一只鸡，有人告诉他：'你这不是正派人做的事呀！'他就说：'请允许我减少一些，先减少到每个月只偷一只，等到明年，我就不再偷了。'如果知道偷鸡是不正当的行为，就马上不偷了呀，为什么还要等到明年呢？"

【解读】轻徭薄赋，减轻百姓负担，是孟子的一贯主张。宋国戴盈之报告孟子，宋国已确定减免税，但要慢慢来，"待明年，然后已"。孟子不满，于是给戴盈之讲了"邻人攘鸡"的故事，很说明问题，改非从善，速然后可，推行善政，应雷厉风行。

"邻人攘鸡"是孟子原创的寓言故事，语言之简捷、寓意之深刻，堪称寓言之范本。

9. 岂好辩哉　予不得已也

【原文】公都子曰："外人皆称夫子好辩，敢问何也？"

孟子曰："予岂好辩哉？予不得已也。天下之生久矣，一治一乱。当尧之时，水逆行，泛滥于中国，蛇龙居之，民无所定。下者为巢，上者为营窟。《书》曰：'洚水警余。'洚水者，洪水也。使禹治之，禹掘地而注之海，驱蛇龙而放之菹，水由地中行，江、淮、河、汉是也。险阻既远，鸟兽之害人者消，然后人得平土而居之。"

"尧舜既没，圣人之道衰，暴君代作，坏宫室以为污池，民无所安息，弃田以为园囿，使民不得衣食。邪说暴行又作，园囿、污池、沛泽多而禽兽至。及纣之身，天下又大乱。周公相武王，诛纣伐奄，三年讨其君，驱飞廉于海隅而戮之，灭国者五十，驱虎、豹、犀、象而远之，天下大悦。《书》曰：'丕显哉，文王谟！丕承哉，武王烈！佑启我后人，咸以正无缺。'"

"世衰道微，邪说暴行有作，臣弑其君者有之，子弑其父者有之。孔子惧，作《春秋》。《春秋》天子之事也。是故孔子曰：'知我者，其惟《春秋》乎！罪我者，其惟《春秋》乎！'"

"圣王不作，诸侯放恣，处士横议，杨朱、墨翟之言盈天下。天下之言不归杨，则归墨。杨氏为我，是无君也；墨氏兼爱，是无父也。无父无君，是禽兽也。公明仪曰：'庖有肥肉，厩有肥马，民有饥色，野有饿莩，此率兽而食人也。'杨墨之道不息，孔子之道不著，是邪说诬民，充塞仁义也。仁义充塞，则率兽食人，人将相食。吾为此惧，闲先圣之道，距杨墨，放淫辞，邪说者不得作。作于其心，害于其事；作于其事，害于其政。圣人复起，不易吾言矣。"

"昔者，禹抑洪水而天下平，周公兼夷狄，驱猛兽而百姓宁，孔子成《春秋》而乱臣贼子惧。《诗》云：'戎狄是膺，荆舒是惩，则莫我敢承。'无父无君，是周公所膺也。我亦欲正人心，息邪说，距诐行，放淫辞，以承三圣者。岂好辩哉？予不得已也。能言距杨墨者，圣人之徒也。"

【注释】公都子：孟子的学生。洚水：四处泛滥的大水，即洪水。菹：多水草的沼泽地。飞廉：蜚廉，纣王佞臣。杨朱：魏国人，战国时一个"重己"思想流派的代表人物。主要思想是"贵生""重己""为我"，个人本位，"拔一毛而利天下不为"。墨翟即墨子，春秋末年著名的思想家，主要思想是"兼爱""非攻"，有《墨子》一书传世，以国家百姓人民为利为价值取向，但轻人伦，薄孝道。闲：取门中有木为阑（栅栏），引申为保卫、捍卫。

【译文】公都子对孟子说："别人都说您喜欢辩论，请问，为什么呢？"

孟子说："我哪里是喜欢辩论啊，我是迫不得已，不能不辩啊！人类社会的历史很久了，天下太平一时，又混乱一时。"

"唐尧之时，大水横流，到处泛滥，大地上成为龙蛇的居处，人们无处安身，低处的人在树上搭巢而居，高处的人在山上挖洞穴栖身。《尚书》上讲：'洚水警逼我们。'洚水就是洪水。于是派大禹治水。大禹疏通河道，使水流入大海，把龙和蛇驱赶到水草多的沼泽，水顺着河道走，长江、黄河、淮河、汉水就这样。危险消除了，野兽之害也没有了，人们这才到平原之地居住了。"

"尧舜去世之后，圣人之道逐渐衰微。暴君当道了，他们撤毁房屋修建池沼，使百姓居无定所；废弃田地修建花园围场，弄得百姓衣食无着。荒谬的思想学说，暴虐的施政行为随之横溢，苑囿、深池、草泽多起来了，伤人的禽兽也出现了。到了纣王天下大乱了，周公辅佐武王杀死纣王，讨伐奄国，历经三年，杀了奄国国君，并把飞廉赶到海边也杀了，灭掉了五十个国家，并把凶猛的野兽驱赶到很远的地方去了，天下百姓非常高兴。《尚书》上说：'文王的谋略多么英明啊！武王的功勋多么伟大啊，他们的思想和功勋启迪我们和后代，我们大家都能够走正道了。'"

"之后，太平盛世和仁义之道又逐渐衰微，荒谬的学说、论调，暴虐的行为又起来了，臣弑其君者有之，子弑其父者有之。孔子对这种现象非常忧虑担心，于是写了一本春秋时代的历史著作《春秋》。《春秋》记述历史、褒贬天下是非，正名分、辨是非、明忠义、弘扬仁政美德，这本是天子的职分（孔子担当天下，使命所之），所以孔子说：'知我者，其惟《春秋》乎！罪我者，其惟《春秋》乎！'"

"从那以后，圣贤的天子（指尧舜禹、汤、文、武）再没有出现了，诸侯恣肆无羁，一般士人乱发议论，杨朱、墨翟的思想充盈天下。天下的一些言论不是来源于杨朱派的思想，就是墨翟派的学说。杨朱派一切为我，心里没有君王国家；墨翟主张爱无差等（兼爱）心里没有父母亲人。心中无国家君王，无父母亲人，如同禽兽。公明仪说过：'厨房里有肥肉，马厩里有肥马，百姓满脸饥色，野外可见饿死的人，这就等于是带着禽兽吃人。'杨朱、墨翟的荒谬思想言论不消灭，孔子的学说就无法弘扬。这样，荒谬的思想言论就会欺骗蛊惑百姓，充斥阻塞仁义之道。仁义之道被充塞，就会率兽食人，人与人之间也将互相残杀。我因此深为忧虑担心，站出来捍卫古代圣人的思想学说，抵制扬朱、墨翟的荒谬的思想言论，使这些荒谬的思想言论不得泛滥。这些言论毒害人心，就妨害人的工作，妨害人的工作，就危害政事。（我坚信）如果圣人再度兴起，也不会改变我说的这些话。"

"从前，大禹制服了洪水，天下才太平；周公兼并了夷狄，赶跑了野兽，百姓才安宁；孔子成《春秋》，叛乱的臣子、不孝的子孙才有所震慑。《诗经》上说：'讨伐戎狄，严恶荆舒，就无人可抵御我。'无父无君的杨朱、墨翟之流，正是周公要惩治的。我也是要端正人心，废黜邪说，反对恶劣的行为，抵制驳斥荒谬的思想言论，以此来继承尧舜禹、周公、孔子三代圣人的思想和事业。我哪里是喜欢辩论啊，我是不得已，不能不辩啊！能用我的言论来批驳杨朱、墨翟的荒谬思想言论，是圣人门徒的使命和责任啊。"

【解读】孟子本是性情中人，平天下之心，继往圣之志，行仁义之道，一腔热血，浩然正气，疾恶如仇。

公都子一句话："外人皆称夫子好辩，敢问何也？"不问则已，一问就使孟子血脉偾张，激情澎湃。于是孟子满怀悲愤回顾从远古到春秋战国的文明史，一治一乱，令人痛心，更激起了孟子平治天下的责任、使命和豪情。

尧舜禹天下为公，开辟中华原始文明，治洪荒安百姓，尧舜后，圣人之道衰，暴君当政，天下大乱，及至"周公相武王"平治天下，为后人开启圣人正道。至春秋，圣人正道衰微，臣弑君，子弑父，礼崩乐坏。孔子见此十分忧虑担心，于是著《春秋》，记述春秋历史，褒贬天下是非，正名分，明忠义，使乱臣贼子惧。到了战国，更加混乱，圣王不再，诸侯恣肆，处士横议，以杨朱、墨翟为代表的异端邪说，充斥天下，是非不明，大道不行。孟子说："吾为此惧，闲先圣之道，距杨墨，放淫辞，邪说者不得作。""我亦欲正人心，息邪说，距诐行，放淫辞，以承三圣。"最后理直气壮地再一次回答公都子（也是宣言天下）："我哪里是好辩啊，我是不得已，不能不辩啊！这是我——圣人之徒的责任和使命！"

好一个孟子，"我善养吾浩然之气"，"如欲平治天下，当今之世，舍我其谁也"。

10. 仲子恶能廉

【原文】匡章曰："陈仲子岂不诚廉士哉？居於陵，三日不食耳

无闻，目无见也。井上有李，螬食实者过半矣，匍匐往，将食之，三咽，然后耳有闻，目有见。"

孟子曰："于齐国之士，吾必以仲子为巨擘焉。虽然，仲子恶能廉？充仲子之操，则蚓而后可者也。夫蚓，上食槁壤，下饮黄泉。仲之所居之室，伯夷之所筑与？抑亦盗跖之所筑与？所食之粟，伯夷之所树与？抑亦盗跖之所树与？是未可知也。"

匡章曰："是何伤哉？彼身织屦，妻辟纑，以易之也。"

曰："仲子，齐之世家也；兄戴，盖禄万钟，以兄之禄为不义之禄而不食也，以兄之室为不义之室而不居也，辟兄离母，处于於陵。他日归，则有馈其兄生鹅者，己频顣曰：'恶用是鶃鶃者为哉？'他日，其母杀是鹅也，与之食之。其兄自外至，曰：'是鶃鶃之肉也！'出而哇之。以母则不食，以妻则食之；以兄之室则弗居，以放陵则居之。是尚为能充其类也乎？若仲子者，蚓而后充其操者也。"

【注释】匡章：齐国人，曾为齐威王将军。陈仲子：又称於陵子，居於陵。《淮南子·氾论训》记：季襄、陈仲子立节抗行，不入洿君之朝，不食乱世之食，遂饿而死。

【译文】匡章说："陈仲子难道不是真正的廉洁之士吗？居於陵，

三天没吃东西，耳朵都饿得听不见，眼睛也昏花了。水井边上有一个李子、金龟子都吃了一半了，他爬过去，拿过来吃，吃了三口耳朵才听得见了，眼睛才看得见了。"

孟子说："在齐国的士人之中，我认为陈仲子很了不起，是为巨擘堪称大拇指。但是仲子怎么能叫廉洁之士呢？要推广仲子的所谓廉洁操守，那只有把人变成蚯蚓之后才行。蚯蚓在地面上吃干土，在地面下饮黄泉（不食人间烟火）。仲子住的房屋是伯夷（圣之清者）修建的呢，还是盗跖修建的呢？所吃的谷米是伯夷种的，还是盗跖种的呢？不得而知。（超尘脱欲何以居食！）"

匡章说："这又何妨呢？他自己编草鞋，妻子搓麻绳，以换谷米居室呀。"

孟子说："仲子是齐国世代官宦之家的子弟，他的兄长戴在盖邑为官，俸禄万钟，他认为他兄长的俸禄不义，不去吃；他认为他兄长的房屋也来之不义，也不居住，避开他的哥哥，离开他的母亲，自己居于於陵。过了一些时间，他回到家里，看到有人给他哥哥送来了一只鹅，他皱着眉头很不高兴，说：'要那个嘎嘎叫的东西做什么呢？'翌日，他母亲杀了那只鹅给他吃，他哥哥从外面回来，问：'这是那嘎嘎叫的肉吗？'他连忙跑外面吐掉了。母亲做的东西，他不吃，妻子做的，他吃；哥哥的房子，他不住，於陵的房子，他住。这还能够使那'不义则不食，不义则不居'之类的廉洁操守充实完满吗？像仲子这样的人，只有变成蚯蚓之后才能使他的所谓廉洁操守充实完满。"

【解读】陈仲子在齐国是著名的廉士，但在孟子看来，"仲子恶能廉？"，为什么？因为仲子廉而矜，偏执，冷峻严厉，不尊伦理，耿介特立不近人情，几乎像蚯蚓一样，"上食干壤，下饮黄泉"，有点不食人间烟火。所以孟子说："若仲子者，蚓而后充其操也。"

第四篇　离娄（上）

本篇共二十八章，思想主线是修身齐家治国平天下，而以修身为本。修身立其诚，尊人伦，行仁义，诚是基础，仁是核心。

1. 不以规矩　不能成方圆

【原文】孟子曰："离娄之明，公输子之巧，不以规矩，不能成方圆；师旷之聪，不以六律，不能正五音；尧舜之道，不以仁政，不能平治天下。今有仁心仁闻，而民不被其泽，不可法于后世者，不行先王之道也。故曰：徒善不足以为政。徒法不能以自行。"

"《诗》云：'不愆不忘，率由旧章。'遵先王之法而过者，未之有也。圣人既竭目力焉，继之以规矩准绳，以为方圆平直，不可胜用也；既竭耳力焉，继之以六律正五音，不可胜用也；既竭心思焉，继之以不忍人之政，而仁覆天下矣。故曰，为高必因丘陵，为下必因川泽，为政不因先王之道，可谓智乎？"

"是以惟仁者宜在高位，不仁者而在高位，是播其恶于众也。上无道揆也，下无法守也，朝不信道，工不信度，君子犯义，小人犯刑，国之所存者幸也。故曰：城郭不完，兵甲不多，非国之灾也；田野不辟，货财不聚，非国之害也；上无礼，下无学，贼民兴，丧无日矣。"

"《诗》曰：'天之方蹶，无然泄泄！'泄泄，犹沓沓也。事君无义，进退无礼，言则非先王之道者，犹沓沓也。故曰，责难于君谓之恭，陈善闭邪谓之敬，吾君不能谓之贼。"

【注释】离娄：相传为黄帝时奇人，目力极强，百步之外可视秋毫之末。公输子：鲁国人，又称鲁班。师旷：鲁国人，著名的乐师。揆：准则、原则、总规则。天之方蹶，无然泄泄：出自《诗经·大雅·板》，是一首写厉王时政治黑暗的诗。蹶，本意是跌倒、失败、挫折，这句是讲动乱。泄泄，同喋喋，乱发议论，多嘴多舌。天下正动乱，你别多嘴多舌。

【译文】孟子说："就是有离娄的目力，鲁班的技巧，如果不用圆规和曲尺，也不能准确地划出圆和方；就是有师旷的听力，如果不用六律，也不能准确地校正五音；就是有尧舜之道，如果不能施行仁政，也不能平治天下。现在有些诸侯虽然也有同情心（如齐宣王不忍看杀牛衅钟）和仁爱的声誉，但是没有真正实行仁政，百姓没有得到实惠享受恩泽，这种治政不为后世效法，因为他们没有真正施行先王尧舜的仁政之道。所以说，徒有善心不足以施仁政，徒有好的章法却不能付诸行动。《诗经·大雅·假乐》唱到：'不犯过错不忘祖训，尊圣王之法度，守既定之规章。'遵循先王的法度还出现差错，是从来不会有的。离娄、鲁班既竭尽自己的目力，又借助圆规曲尺来画圆的、方的、平的，就可以得心应手做到极至了；师旷既尽耳力，又用六律来校正五音，音乐之美就可以达到极至了。（圣人成就事业，既尽心竭力，又遵循规矩法度，就会尽善尽美了。）圣人既尽心竭力，发挥自己的聪明睿智，又用仁爱不忍之心实施仁政，那么就可以让仁政德泽满布天下了。所以说，要登高就要从山丘上往上爬，要临深，就要沿溪流河水向下找。要施仁政，就要学习遵循先王之道，施政不学习遵循先王之道怎么能叫聪明呢？

所以说，仁者宜在高位。不仁的人在高位，其恶劣的思想言行会流毒天下贻害百姓。在上位的无道义原则，在下位的无法度职守，朝廷的人不信仰先王之道，地方官不守礼义，君子违反道义，小人触犯刑律，这个样子，国家还存在是一种侥幸。所以说：内外城墙修得不完善，兵甲数量不足，尚不是国家的灾祸。在上位的不尊礼义，在下位的缺乏教养，作乱的烽起，亡国的时日不多了。《诗经·大雅·板》的歌词说：'天下还在动乱，不要这样喋喋多言。'喋喋，就是不负责任不讲礼义，多嘴多舌，出言诋毁圣王之道，离散民心，伤害国家沓沓'横议'，所以说：作为臣子要心怀善意给君王提意见，希望他效法尧舜之道，做尧舜之君，这是'恭'，向君王陈说仁义善政，不让君王陷不仁不义，这是'敬'，如果我的君王不能行善政，作为臣子我有责任，等于是我贼害了君王，这是'贼'。"

【解读】本章从"不以规矩，不能成方圆"启议，直奔主题："尧舜之道，不以仁政，不能平治天下。"紧扣主题，讲了四个观点，是历史经验教训。

一、施仁政，核心是以民为本，恩泽于民，民得实惠。有心不为，是"徒善"，徒善不足以为政，有规不行，是"徒法"，徒法不足以行仁。

二、要让仁政尽善尽美，泽被天下，君王要尽心竭力，充分发挥聪明睿智，尊先王之法，行不忍人之政，就像大师名匠们一样，既竭尽其超人的才智，又谨遵准绳规矩。

三、要国泰民安，从君王、臣工到庶民百姓要以上率下，尊道义，守理法，忠职守。共建共享平安和谐，国家安全，社会安定，百姓安宁。

四、国家有难，天下不安之时，要举国同心，共赴时艰，恪尽职守。决不能处士横议，无然泄泄，非议离心，空谈误国。

2. 圣人　人伦之至也

【原文】孟子曰："规榘，方员之至也；圣人，人伦之至也。欲为君，尽君道；欲为臣，尽臣道；二者皆法尧舜而已矣。不以舜之所以事尧事君，不敬其君者也，不以尧之所以治民治民，贼其民者也。"

"孔子曰：'道二：仁与不仁而已矣。'暴其民甚，则身弑国亡，不甚则身危国削。名之曰幽厉，虽孝子慈孙，百世不能改也。《诗》云：'殷鉴不远，在夏后之世。'此之谓也。"

【注释】至：极致。幽厉：指周代的周幽王、周厉王。周幽王，昏君一个，为千金一笑而亡国，谥为幽，贬其昏庸。周厉王，暴虐，民深受其虐，为民放逐而亡，谥为厉，贬其暴虐。《诗》云句：引自《诗经·大雅·荡》，全诗以文王的口气叙说商纣的无道而亡，以警示周代之后。结尾一句"殷鉴不远，在夏后之世"，意思是殷商忘记了离它们最近的夏桀时代的惨痛教训。

【译文】孟子说："圆规和曲尺，是画方画圆的极至标准（金标准），圣人，是人伦道德的最高典范。想做一位好的君王，就要尽君主之道；想做一个好臣子，就要尽为臣之道。为君为臣都要向尧舜学习人伦之道。不以舜侍奉尧的忠诚恭敬侍奉自己的君王，就不能说是对君王忠诚恭敬；不以尧治理百姓仁爱宽厚对待自己的百姓，就不能说是对百姓仁爱宽厚了，而可能是暴虐百姓。"

"孔子说过：'治国理政之道只有二道，就是行仁政，还是不行仁政。'一个君王暴虐百姓，后果严重，重则君王被杀，国家灭亡；轻则本身危险，国势衰退，死后会像周幽王、周厉王一样谥号蒙羞，即使其子孙后代有孝子贤孙，历经百代，也改不了这贬责蒙羞的谥号。《诗经·大雅·荡》说得好：'殷商的惨痛教训并不太远，只在夏桀的时候。'就是说的这个呀。"

【解读】规矩，方圆之至，圣人，人伦道德的典范。为人为政、为君为臣都必须以尧舜为榜样，从人伦道德学立身，从亲亲仁民学为政。这一章语言简捷，立论很经典。归根结底是"人伦""仁民"，这是孔孟之道的两个关键词，也是孔孟思想学说的核心。

3. 三代之得天下也以仁

【原文】孟子曰："三代之得天下也以仁，其失天下也以不仁。国之所以废兴存亡者亦然。天子不仁，不保四海，诸侯不仁，不保社稷，卿大夫不仁，不保宗庙，士庶人不仁，不保四体。今恶死亡而乐不仁，是犹恶醉而强酒。"

【注释】三代：指夏、商、周。宗庙：本文指大夫的封邑。

【译文】孟子说："夏、商、周三代能得天下，是因为仁，失去天下是因为不仁。诸侯国家兴衰存亡也是由于同样的原因。天子不仁，不能保有天下；诸侯不仁，不能保住国家；卿大夫不仁，不能保住采邑宗庙，士人庶民不仁，不能保全身家性命。如今一些人既害怕死亡却又沉于与做不仁不义的事，这就好像既害怕醉酒却又偏偏拼命喝酒一样。"

【解读】"仁"是孔孟全部思想学说的核心，孔子重点讲以仁修身，修己安人，孟子重点讲以仁行政，仁政爱民。仁与不仁，只此两道：国之所兴，家之所旺，人之所安，莫若为仁；丢天下，败家国，毁身家，莫若为不仁。自天子以至于庶人都应明智择仁。

4. 行有不得者皆反求诸己

【原文】孟子曰："亲人不亲，反其仁；治人不治，反其智；礼人不答，反其敬。行有不得者皆反求诸己，其身正而天下归之。《诗》云：'永言配命，自求多福。'"

【注释】反其仁、反其智、反其敬：意思是反省、反思、反躬自问，找自己的主观原因，这是孔孟儒家在克己修身方面的突出特点和方法。《诗》云句：引自《诗经·大雅·文王》"无念尔祖，聿修厥德，永言配命，自求多福"，意思是不忘祖训，律己修德，永记德以配命。自己努力实现幸福理想。

【译文】孟子说："亲爱别人却得不到别人的亲近，那就该反省自己，对别人的仁爱是不是诚挚；管理别人却管理不好，那就该反省自己，管理的才智和方法是不是有缺陷；礼貌待人却得不到别人以礼相答，那就该反省自己，对别人是不是很尊敬。（礼是敬，是谦卑处下，尊人爱人。）凡是自己的努力不能预期所得，都应该反省检讨自己，自身行为端正，所为尽心竭力，天下之人定有所归（爱你、敬你、服你）。《诗经·大雅·文王》说：'永远记住自己的美德与天命相配，自己的努力就可以寻求到更多的幸福。'"

【解读】"反求诸己"，是克己修身，成就完美道德学问，实现人生价值和理想的不二法门。孔子、曾子、子思、孟子（也包括历代圣人君子，还有平常百姓）都有很多修身进德的经典格言警句，而孟子这一段算是最完整、最准确、最有指导性操作性的，处处严格要求自己，时时反躬自省，精修品德，增进学养，成就事业的教典，诵读必有大益。

5. 人有恒言　天下国家

【原文】孟子曰："人有恒言，皆曰'天下国家'。天下之本在国，国之本在家，家之本在身。"

【译文】孟子说："人们常说，'天下国家'。意思是说，天下的根本在国，国的根本在家，家的根本在每个人自身。"

【解读】这句话应该是"修身齐家治国平天下"思想的根脉，归根结底一句话："自天子以至庶人，壹是皆以修身为本"。

6. 为政不难

【原文】孟子曰："为政不难，不得罪于巨室。巨室之所慕，一国慕之；一国之所慕，天下慕之。故沛然德教溢乎四海。"

【注释】巨室：朱熹注，巨室是世臣大家族，为国人钦敬，有贤德、有良好家风的卿大夫之家。

【译文】孟子说："治理国家并不难，只要不得罪那些有影响的贤明的卿大夫家族就行了。他们敬慕拥护，一国的人都会敬慕拥护，一国的人敬慕拥护，全天下的人都会敬慕拥护，因此沛然德教影响天下、洋溢四海。"

【解读】孟子这段话的本意是倡行道德示范效应，以德教治天下。但本章措辞，若不加特别的注释，多有歧义。"为政不难，不得罪巨室。"此言差矣！读到这一句，就想起了《红楼梦》第四回的"护官符""贾不贾，白玉为堂金做马"云，为官别得罪四大家族。读到这一句也会记得鲁国三桓之擅权控国，晋国六卿之三家分晋，齐国诸田之篡国代齐，等等。自春秋以来两千多年，权门乱政，巨室篡国，教训深刻。

7. 斯二者　天也　顺天者存　逆天者亡

【原文】孟子曰："天下有道，小德役大德，小贤役大贤；天下无道，小役大，弱役强。斯二者，天也。顺天者存，逆天者亡。

"齐景公曰：'既不能令，又不受命，是绝物也。'涕出而女于吴。

"今也小国师大国而耻受命焉，是犹弟子而耻受命于先师也。如耻之，莫若师文王。师文王，大国五年，小国七年，必为政于天下矣。

"《诗》云：'商之孙子，其丽不亿；上帝既命，侯于周服。''侯服于周，天命靡常。殷士肤敏，裸将于京。'孔子曰：'仁不可为众也。夫国君好仁，天下无敌。'今也欲无敌于天下而不以仁，是犹执热而不以濯也。《诗》云：'谁能执热，逝不以濯？'"

【注释】小德役大德，小贤役大贤：这里的小是指在上位的君子，"关键少数"的统治者、领导者。役，是统役、领导、引导、率领。有"君子德风小人德草"君仁，莫不仁"的意思，可译为：在上位的君子（明君贤臣）以崇高的思想道德引领广大百姓的道德风尚，以治国理政的睿智贤能领导广大百姓丰衣足食。小役大、弱役强：这是天下无道，霸凌天下，大压小，强凌弱的情况。役，是被统治，被奴役，被霸凌。《诗》云："商之孙子，其丽不亿。上帝既命，侯于周服。"引自《诗经·大雅·文王》第四段，叙殷商子孙臣服于周。其丽不亿，丽是数量，其数量不下一个亿。侯于周服，心甘情愿臣服于周天子。"侯服于周，天命靡常。殷士肤敏，裸将于京"：殷士肤敏，文王称赞殷商的子孙美善能干。裸将于京，裸是禘尝之祭的第一道祭酒"灌"礼，殷商子孙在镐京助祭。《诗》云：意思是谁能执热，逝不以濯？"引自《诗经·大雅·桑柔》讽劝周厉王的诗，意思是谁手持滚烫之物，不用冷水冲洗一下呢。

【译文】孟子说："天下有道，政治清明，明君贤臣以自己崇高的思想道德引领广大百姓的道德风尚，以自己治国理政的睿智贤能领导广大百姓丰衣足食。天下无道，仁政不行，以大欺小，恃强凌弱，以力霸天下。这都是天下大势，能顺应天下大势，就可以生存，违逆天下大势就会灭亡。齐景公说过：'我既不能统领别人，又不甘心接受别人的统领，我是走投无路啊。'说着满含泪水，把自己的女儿被迫嫁到吴国去了（时势就这样无情）。现在有些弱小的国家以大国为师，而又耻于受大国支配，这就犹如学生以耻于受自己老师的支配一样。如果真以这样做为耻，那最好以文王为师。以文王为师，强大的国家只需要五年，弱小的国家也只要七年，就一定可以为政天下了。

"《诗经·大雅·文王》中说：'殷商子孙，人数众多，上天有命，臣服周庭。''臣服周庭，无常天命，子孙贤敏、禘祀灌酒助祭于周京。'孔子对此很有感慨，他说：'仁不等于人多势众。君王行仁，天下归仁，再人多势众也敌不过仁政之君。'如今有的人想天下无敌却不行仁政，就像拿着烫手的东西却不用冷水浇凉一样。正如《诗经·大雅·桑柔》讽劝周厉王说：'谁执滚烫之物，不用冷水冲洗一下呢？'"

【解读】孟子这段话中心思想是为政以德，行仁天下。但议论中有四点值得思考：

一、"斯二者，天也。顺天者存，逆天者亡"，这是孟子第一次超越"道"讲了一个人类社会历史发展的实际问题。无论是"以德役"还是"以力役"，无论是"王"还是"霸"，发展图强才是硬道理，这是天下大势、社会历史发展的大趋势，不然的话，落后就要挨打，弱者就要被淘汰。所以齐景公只能涕泪哀叹。"既不能令，又不受命，是绝物也。"《左传·僖公七年》也说过："既不能强，又不能弱，所以毙也。"这才是社会历史发展的铁律，"天下大势，浩浩荡荡，顺之者昌，逆之者亡"。要思考，要清醒，要发奋图强。

二、孟子说：要富民强国应以大国为师，还要不耻于受命（示弱认怂，受其支配），值得思考斟酌。

三、周王行仁政，殷商臣民子孙臣服，孔子感慨"仁不可为众也，夫国君好仁，天下无敌"，盛赞了周天子以仁者赢天下归心。仁，作为为政保民的意识形态的核心价值观，并不是富民强国的全部，徒仁不足以为政。

四、"今也欲无敌于天下而不以仁，是犹执热而不以濯也。"为政以德行仁是长期的持续的永久的，而不是权宜应急，一时欲仁，冷濯执热，适得其反。"苟为不畜、终身不得。"

8. 不仁者可与言哉

【原文】孟子曰："不仁者可与言哉？安其危而利其灾，乐其所以亡者；不仁而可与言，则何亡国败家之有？"

"有孺子歌曰：'沧浪之水清兮，可以濯吾缨；沧浪之水浊兮，可以濯我足。'孔子曰：'小子听之！清斯濯缨，浊斯濯足矣，自取之也。'夫人必自侮然后人侮之；家必自毁，而后人毁之；国必自伐，而后人伐之。《太甲》曰：'天作孽，犹可违；自作孽，不可活。'此之谓也。"

【注释】乐其所以亡者：其，代指他人。对导致他人亡国败家的事幸灾乐祸。沧浪之水：在湖北境内的汉水上游。其歌词见于屈原的《渔父》，是孔子时的童谣，屈原大概是引用的，因屈原晚孔子孟子若干年。缨：系结帽子的绦带。

【译文】孟子说："没有仁德的人和他有什么共同语言呢？那样的人只顾自己安乐，乘人之危，以他人之灾难谋利，对导致别人家破国亡的不幸之事幸灾乐祸。如果和那样的人有共同语言，可以商谈事情，哪还有家破国亡的事情发生呢？"

"从前小孩子们唱着一首童谣：'沧浪的水清啊，可以洗我的帽缨，沧浪的水浊啊，可以洗我的双足。'孔子听了说：'弟子们听好啊！水清用来洗帽缨，水浊用来洗双足，自己选取吧。'（人呀，好多事都是自己选取的。）一个人往往是先自取其辱，别人才侮辱他；一个家庭往往是先自己败坏，别人才毁灭它；一个国家往往是先内部动乱，然后他国（别人）才攻伐它。《尚书·太甲》说：'上天降下的灾害，还可以抗御，自己所造的罪孽就只有死路一条。'说的就是这个意思。"

【解读】本章有两层意思：第一段讲不要与没有仁德的人话语交流，讲多了会祸及家国。《公孙丑（下）》第六章记孟子与佞臣王驩同行滕国几天一句话也没讲。

第二段讲咎由自取，祸因己造，甚于天孽，不可不慎。

童谣所唱，孔子释为清浊自取，孟子引申为安危祸福皆由于己。屈原所遇高人渔父理解为水清水浊自然之境，劝屈原和光同尘，不要嫉世清高"举世皆浊我独清，世人皆醉我独醒"。

9. 得其民　斯得天下也

【原文】孟子曰："桀纣之失天下也，失其民也；失其民者，失其心也。得天下有道：得其民，斯得天下矣。得其民有道：得其心，斯得民矣。得其心有道：所欲与之聚之，所恶勿施，尔也。民之归仁也，犹水之就下，兽之走塘也。故为渊驱鱼者，獭也，为丛驱爵者，鹯也；为汤武驱民者，桀与纣也。

"今天下之君有好仁者，则诸侯皆为之驱矣。虽欲无王，不可得已。今之欲王者，犹七年之病求三年之艾也。苟为不畜，终身不得。苟不志于仁，终身忧辱，以陷于死亡。《诗》云：'其何能淑，载胥及溺。'此之谓也。"

【注释】尔也：就是这样。塘：旷野，山林。鹯（zhān）：鹰一样的猛禽。艾：艾蒿，是一种中草药，五月采摘，存放的时间越长药效越好，叫陈艾。《诗》云："其何能淑，载胥及溺。"引自《诗经·大雅·桑柔》。其，语气词；淑，仁善；载，语气转折词，相当于则；胥，相与，一起；及溺，一起陷溺一起落水。这如何能行仁善呢，君臣一起陷溺完蛋吧！

【译文】孟子说："桀纣之所以丧失天下，是因为失去了百姓的拥护，而失去百姓的拥护，是因为失去了民心。得天下有道：得百姓拥护，就能得天下。得百姓拥护有道：得民心，就能得到百姓的拥护。得民心有道：百姓需要的，就要满足他们，百姓厌恶的，就不要强加于他们，就这样。百姓归心于仁政，就像水往低处流，兽往旷野跑一样。所以为深渊把鱼驱来的是水獭；为丛林驱飞禽来的是鹯鹰；为汤武王驱赶来民众的是桀纣。现在为好仁的君王驱来民众的是那些不仁的诸侯。这样，不想王天下，也是不可能的了。如今一些想统一天下的诸侯却急于求成，就像要治好自己七年的沉病只用三年的艾蒿一样，如果平常不行仁政，不积善德，想王天下，终身也得不到的。如果不下决心实行仁政，终身都会受尽忧患和侮辱，以至于死亡。《诗经·大雅·桑柔》上说：'这如何能行仁善呢，君臣一起陷溺完蛋吧。'就是讲得这个意思。"

【解读】本章孟子把行仁政，得民心，得天下，讲得透彻。民心向背关乎生死存亡。"得民心有道：所欲与之聚之，所恶勿施，尔也。"以百姓之心为心，关心百姓的根本利益，满足百姓的基本需要，百姓不喜欢的事不要强加给他们。

中国共产党的宗旨更加明确，并且全心全意，说到做到。"以人民为中心""人民至上""为人民服务""人民对美好生活的向往，就是我们的工作目标"，古今中外，惟精惟一。"民心是最大的政治。"

10. 自暴自弃　旷仁舍义

【原文】孟子曰："自暴者，不可与有言也；自弃者，不可与有为也。言非礼义，谓之自暴也；吾身不能居仁由义，谓之自弃也。仁，人之安宅也；义，人之正路也。旷安宅而弗居，舍正路而不由，哀哉！"

【注释】自暴：自己戕害自己。有言：文中之意是崇信礼义，态度积极，有信心的语言。有为：行仁履义，积极作为。非：非议、诽损、毁损。

【译文】孟子说："自己戕害自己的人，和他谈话，很消沉，讲不出几句好话；自己放弃自己的人，和他共事，很消极，一点也不努力。一讲话就毁损仁义礼法，不自信、不知自爱就是自己戕害自己；溺于怠惰，不以身行仁履义，不作为，不知自重，就是自己放弃自己。仁，是人最安定的住所，义是人间正路。把最适的住所空着不住，把最正确的道路舍弃不走，这太可悲了！"

【解读】本章是孟子教诫弟子的一段话，教弟子居仁由义，"有言""有为"，不能旷仁舍义，自暴自弃。

自暴自弃，是孟子原创的成语。孟子以行仁履义为主线阐发得十分经典，时至今日，还为人们耳熟能详。

11. 亲其亲　长其长　而天下平

【原文】孟子曰："道在迩而求诸远，事在易而求诸难。人人亲其亲，长其长，而天下平。"

【译文】孟子说："道就在身边，却到远处去找，事情本来容易，却想的复杂。如果人人都亲爱自己的父母，尊敬自己的长辈，天下就平安了。"

【解读】这句话读似浅显，却极深刻，点到了孔孟之道的核心——人伦。"仁者，人也，亲亲为大。""圣人，人伦之至也。"人伦之教，人伦之礼，人伦之序，人伦之爱，人伦之尊，人伦是孔孟儒家"修身齐家治国平天下"的伦理基础，也是家国同构的社会政治秩序的基础。

12. 至诚而不动者未之有也

【原文】孟子曰："居下位而不获于上，民不可得而治也。获于上有道，不信于友，弗获于上矣。信于友有道，事亲弗悦，弗信于友矣。悦亲有道反身不诚，不悦于亲矣。诚身有道，不明乎善，不诚其身矣。是故诚者，天之道也；思诚者，人之道也。至诚而不动者，未之有也；不诚，未有能动者也。"

【注释】居下位而不获于上，民不可得而治也：整个这段话基本上是子思《中庸》篇所言。郑玄、朱熹等认为"居下位"三字多余，应删掉。这句可注释为：不获得君上道德思想、政治方略的指引和英明领导，百姓就散乱不治。所以《尚书·洪范》有"皇极"之说，"皇建其有极"，"皇建其极"是治国安民的根本。

【译文】孟子说："百姓不能获得君上崇高的思想引领和英明领导，就会散乱不治。有了君上的思想引领和英明领导，就应忠信于友，不忠信于友，就没有遵循君上的引领。做到了忠信于友，就应该亲亲敬长，不亲亲敬长，亲长就不高兴，就没有做到忠信与友。做到了亲亲敬长，还要反躬自省，是不是真心诚意。如果不是真心诚意，这些都做不到了。要做到真心诚意，最重要的是明白天地道义和诚善的道德准则。诚，就是真诚实在，是天地万物的本质本原。做到真诚，是人应该具有的道德品格，应该遵守的道德准则。一个人能做到至诚，就能感化人，不真诚的人是不能感化别人的。"

【解读】本章紧接上章从人伦讲起，君臣、父子、朋友，仁、敬、孝、慈、信。"为人君止于仁，为人臣止于敬，为人子止于孝，为人父止于慈与国人交止于信。"这种止于至善的人伦关系和道德原则，最后落脚在一个"诚"字上。孟子提出："诚者，天之道；思诚者，人之道也。"真诚实在是物质世界的本质本原，"不诚无物"，"万物皆备于我，反身而诚"，这是人修养真诚拙实品格的哲学基础。努力修养真诚拙实的品格，恪守真诚的道德原则，是人之为人的正道。没有真诚，什么人伦道德，什么修身齐家治国平天下都只能是一句空话。诚为德之本，修身立其诚。"惟天下至诚为能化。"(《中庸·第二十三章》)

13. 西伯善养老者

【原文】孟子曰："伯夷辟纣，居北海之滨，闻文王作兴，曰：'盍归乎来！吾闻西伯善养老者。'太公辟纣，居东海之滨，闻文王作兴，曰：'盍归乎来！吾闻西伯善养老者。'二老者，天下之大老也，而归之，是天下之父归之也。天下之父归之，其子焉往？诸侯有行文王之政者，七年之内，必为政于天下矣。"

【注释】伯夷、姜尚（姜太公），闻西伯（文王姬昌）作兴善养老，归文王。分别见《史记·周本纪》、《史记·齐太公世家》。

【译文】孟子说："伯夷远离商纣王，居于北海之滨，听说周文王行仁政王天下，说：'何不到西伯那里去呀！我听说西伯笃仁敬老、礼下贤士。'姜太公远离商纣，居于东海之滨，听说周文王行仁政王天下，说：'何不到西伯那里去呀！西伯贤又善待老人。'伯夷、太公两位老人，是天下最有声望的老人，都归附文王，这就如同天下的父亲都归附文王了。天下的父亲都来了，他们的儿子往哪里去呀，自然也跟着父亲归附文王了。如果诸侯当中有学文王行仁政的，七年之内，也一定会为政天下了。"

【解读】《论语》中有记：叶公问政，子曰："近者悦，远者来。"孟子讲的这段话，是对孔子之言最生动的诠释，为政以仁，天下归心。

14. 君不行仁政而富之　皆弃于孔子者也

【原文】孟子曰："求也为季氏宰，无能改于其德，而赋粟倍他日。孔子曰：'求，非我徒也，小子鸣鼓而攻之可也！'由此观之，君不行仁政而富之，皆弃于孔子者也，况于为之强战？争地以战，杀人盈野；争城以战，杀人盈城；此所谓率土地而食人肉，罪不容于死。故善战者服上刑，连诸侯者次之，辟草莱，任土地者次之。"

【注释】求：孔子弟子冉求，字子有，曾作鲁国权臣季孙氏的家宰，擅长管理财政。七十二贤孔门八哲之一。连诸侯者：指战国时合纵连横联络诸侯挑起战争的那些人，如苏秦、张仪之流。

【译文】孟子说："冉求做季康子家的总管，没有能听从孔子的意见劝说季康子减赋薄敛，田赋反而比以前增加了一倍。孔子很生气，说：'冉求不是我的学生，弟子们，你们可以大张旗鼓地批判他！'可见，君主巨室为富不仁，有人还帮助君主巨室大肆聚敛财富，都为孔子所唾弃，何况那些为暴虐君王争城掠地到处打仗杀戮无辜的呢？为争夺土地而战，杀人遍野，为争占城池而战，杀人盈城，这是霸占土地吃人肉啊，他们的罪过处以死刑还不足以平民愤。所以，好战的人要处以极刑，合纵连横挑起战争的人也罪不可赦，要处以重刑，那些为了增加田赋强迫百姓开垦土地破坏草场的也要处罚。"

【解读】孔子主张"民为邦本""时使薄敛""养民以惠"，反对和唾弃不行仁政、暴敛为富的君主和官吏，对其爱徒冉求倍增田赋，为季康子聚财十分反感。

孟子进而想到诸侯们合纵连横以攻伐为事，争城掠地，戮杀无辜，残害百姓，更深恶痛绝，提出对这些人处以重刑极刑，杀之犹有余辜。千古圣人的爱民之心、仁政之思，可昭日月。

15. 观其眸子　人焉廋哉

【原文】孟子曰："存乎人者，莫良于眸子。眸子不能掩其恶。胸中正，则眸子瞭焉；胸中不正，则眸子眊焉。听其言也，观其眸子，人焉廋哉？"

【注释】眊（mào）：眼睛不明亮、失神，躲躲闪闪，不敢和人正视。廋（sōu）：隐匿、藏匿。

【译文】孟子说："观察一个人，没有比观察他的眼睛更好的了。眼睛不能掩盖一个人内心的隐曲和丑恶。内心坦坦荡荡光明正大，眼睛就明亮有神；内心不坦荡，有隐曲邪念，眼睛就躲躲闪闪，失神无光。听一个人说话，注意观察他的眼睛，他内心的隐曲邪念能藏匿到哪里去呢？"

【解读】眼睛是心灵的窗口，所谓"目为神侯，善恶不隐，知人之道"，孟子从心理学的角度观察人的常识，但也不一定。更不要太敏感。看人不要太"入木三分"，更不能窥其隐私妄加臆测。"至察无徒"啊，"恕"才是仁善之常。

16. 恭人不侮人　俭者不夺人

【原文】孟子曰："恭人不侮人，俭者不夺人。侮夺人之君，惟恐不顺焉，恶得为恭俭？恭俭岂可以声音笑貌为哉？"

【注释】恭人：指恭敬有礼的人。俭者不夺人：俭，廉洁俭朴。廉洁俭朴的不会争夺、夺占别人的利益。

【译文】孟子说："恭敬有礼的人不会轻慢别人，廉洁俭朴的人不会夺占别人的利益。那些辱慢，夺占别人（百姓）的君主惟恐别人不顺从自己，这怎么能做到恭俭呢？恭俭的美德难道是以说话好听、笑貌可掬装得出来的吗？"

【解读】孟子专章讲恭俭之德，孔子很崇尚恭俭并且身体力行，把自我修养做到了极致，还说过为政行仁必须把谦恭礼敬、清正廉洁放到首位。孟子深谙先师真传：恭以敬人，俭以养德，克己守正，天下归仁。

17. 天下溺　援之以道

【原文】淳于髡曰："男女授受不亲，礼与？"

孟子曰："礼也。"

曰："嫂溺则援之以手乎？"

曰："嫂溺不援，是豺狼也。男女授受不亲，礼也；嫂溺，援之以手者，权也。"

曰："今天下溺矣，夫子之不援，何也？"

曰："天下溺，援之以道，嫂溺，援之以手，子欲手援天下乎？"

【注释】淳于髡：战国时齐国人，著名辩士。

【译文】淳于髡问："男女之间不能互相手拉手，这是礼的规定吗？"

孟子回答："是礼制规定。"

淳于髡说："那么如你的嫂嫂掉到水里，用手去拉她吗？"

孟子说："嫂嫂掉到水里，还不用手去拉她简直是豺狼呀。男女不互相亲手援受，是礼制，但是嫂嫂掉到水里，用手去拉她，那是权变呀（礼之用权为贵，具体情况具体分析）。"

淳于髡说："如今天下的人都掉到水里去了（天下之人陷溺于无道，礼崩乐坏，世风日下，民生多艰），先生您不去援救，这是为什么呢？"

孟子说："天下之人如今已陷溺于无道，要用道去援救，嫂嫂掉到水里用手去援救，你难道要我用手去援救天下之人吗？"

【解读】辩士遇着辩士，偷换概念是巧辩、诡辩的技巧。嫂嫂溺水施以援手，这是天理人情，天下之溺必援之以道。到底还是孟子雄辩。"天下溺，援之以道。"这是本章的本意章旨，也是孟子心里的天下担当所在：道济天下之溺，拯救世道人心。

18. 君子之不教子　何也

【原文】公孙丑曰："君子之不教子，何也？"

孟子曰："势不行也。教者必以正；以正不行，继之以怒。继之以怒，则反夷矣。'夫子教我以正，夫子未出于正也。'则是父子相夷也。父子相夷，则恶矣。古者易子而教之，父子之间不责善。责善则离，离则不祥莫大焉。"

【注释】夷：伤害。责善：用很高的理想化的标准求全责备。

【译文】公孙丑问："君子不亲自教导自己的孩子，这是什么道理呢？"

孟子说："有时情势行不通。教的人一定要用正道正理很严肃地教。作为父亲用正道正理一本正经地教孩子，有时孩子不听，就发怒，一发怒（就打骂）就伤害了孩子，也伤害了父子之间的感情。孩子就说：'您教我那些正道正理一本正经，您自己也没有做到呀！'这样父子互相伤害了。父子互相伤害了，就不好了。有时候把孩子交换一下送给别人教育，父亲与孩子互相之间就没有因为求至善而求全责备了。太理想化的求全责备就离心不和，离心不和对一个家庭来说是很不好的。"

【解读】"养不教，父之过，教不严，师之惰。"父教以正，师教以严，互相配合，立德树人。

19. 事亲为大　守身为大

【原文】孟子曰："事，孰为大？事亲为大。守，孰为大？守身为大。不失其身而能事其亲者，吾闻之矣；失其身而能事其亲者，吾未之闻也。孰不为事？事亲，事之本也。孰不为守？守身，守之本也。

"曾子养曾晳，必有酒肉；将彻，必请所与；问有余，必曰有。曾晳死，曾元养曾子，必有酒肉；将彻，不请所与；问有余，曰亡矣，将以复进也。此所谓养口体者也。若曾子，则可谓养志也。事亲若曾子者，可也。"

【注释】彻：通撤。

【译文】孟子说："侍奉谁最重要呢？侍奉父母最重要。守持什么最重要呢？守持自己的品节最重要。不失自己的品德节操又能侍奉好父母的人，我听说过；品节不守而能侍奉好父母的人，我没有听说过。（老者、长者、君上）谁能不侍奉呢？但是侍奉好父母是最根本的；（公道、正义、职守）哪一样不守持呢？但是守持好自己的品格节操是最根本的。

"曾子（曾参）奉养自己的父亲曾晳，每餐必有酒肉，吃完饭将撤席还一定要问父亲，剩下的酒肉给谁吃，父亲问还有不有剩余，一定要回答，还有。（让父亲满意。）父亲过世后，轮到曾子的儿子曾元奉养曾子，也餐餐有酒肉，但是曾元在撤席时不问曾子剩下的酒肉给谁，曾子问，有不有余，曾元只答没有了，为的是将剩余的酒菜再送给父亲吃。曾元这样做，就是养父亲的口腹而已。像曾子奉养父亲不仅让父亲吃好，更让他心理满意舒服。奉养父母能像曾子那样，就可以了。"

【解读】本章讲事亲和守身。

"仁者，人也，亲亲为大。""事亲，事之本也"，侍奉好父母双亲是最根本的，人伦道德之义。曾子奉养父亲堪称楷模，不只是养口腹，更重要是诚敬尽心，让老人家心里满意舒服。

守身，"守身如玉，持中守正"，重在守持自己的品格节操，这是最根本的。"守身，守之本也。"

20. 一正君而国定矣

【原文】孟子曰："人不足以适也，政不足间也。惟大人为能格君心之非。君仁，莫不仁；君义，莫不义；君正，莫不正。一正君而国定矣。"

【注释】适：同谪（zhé），贬责，责备。间：非议干预。格：规正，匡正，格正。

【译文】孟子说："一般的人当政用不着去贬责，他们的为政也不值得去非议干预，只有那些品德高尚、才能杰出的贤臣能格正君王不正确的思想和行为。君王仁，就没有人不仁；君王讲道义，就没有人不讲道义；君王正，就没有人不正。一旦君王思想行为端正，国家就国泰民安了。"

【解读】《论语·颜渊》记载：季康子问政与孔子，孔子对曰："政者，正也。子帅以正，孰敢不正？"这是孔子言政的经典名句。本章孟子这段话对孔子名句作了很生动的诠释，"君仁，莫不仁；君义，莫不义；君正，莫不正。一正君而国定矣。"这是言政的又一经典。

21. 有不虞之誉　有求全之毁

【原文】孟子曰："有不虞之誉，有求全之毁。"

【译文】孟子说："有预料之外的赞誉，也有求全苛责的诋毁。"

【解读】这是孟子教导弟子如何对待毁誉，特别是如何对待"不虞之誉，求全之毁"，要有自我修养的功夫，要有人格心理定力。"是非审之于己，毁誉听之于人，得失安之于数"，胸心宽，眼光远，格局大。

22. 人之易其言也

【原文】孟子曰："人之易其言也，无责尔矣。"

【译文】孟子说："人们之所以轻率地乱发议论，不过是因为他对其言论不负责任。"

【解读】说话要负责任，言语要谨慎，"是非是说出来的""祸从口出"，咸常百姓都知道这是为人的基本德性。"道听途说，德之弃也。"

不负责任的乱说，小则损人害己，大则乱政误国。所以孔圣人对言语谨慎多有告诫："君子欲讷于言，敏于行。""言思忠"，"一言可以兴邦"，"一言可以丧邦"。

23. 人之患 在好为人师

【原文】孟子曰："人之患，在好为人师。"

【译文】孟子说："人的毛病，就在好为人师。"

【解读】"好为人师"已是经典成语，不用诠释，只须心领。好为人师，于己自以为是，难再进取；对人颐指气使，盛气凌人，难为人接受。还是要学孔子的伟大谦虚，万世师表。"三人行，必有我师焉。""若圣与仁，则吾岂敢！抑为之不厌，诲人不倦。"

24. 乐正子见孟子

【原文】乐正子从于子敖之齐。

乐正子见孟子。孟子曰："子亦来见我乎?"

曰："先生何为出此言也?"

曰："子来几日矣?"

曰："昔者。"

曰："昔者，则我出此言也，不亦宜乎?"

曰："舍馆未定。"

曰："子闻之也，舍馆定，然后求见长者乎?"

曰："克有罪。"

【注释】乐正子：名克，鲁国人，孟子学生，"其为人也好善"，是老实人。子傲：即王驩，齐宣王宠臣。

【译文】乐正子跟随王驩（子敖）到了齐国。

乐正子来拜见孟子。孟子说："你还来看我呀?"

乐正子说："先生您怎么这样说呢?"

孟子说："你到齐国几天了?"

乐正子回答说："前天来的。"

孟子说："你前天来的（今天才来看我），所以我才说'你还来看我呀'，不是很合适吗?"

乐正子解释："当时，住的旅馆还没定。"

孟子说："你听说过，只有旅馆定好了，然后才能看望长辈吗?"

乐正子深表歉意说："我有错。"

【解读】本章是一则小故事。再现孟子诚直坦荡的个性，很有为人师、为君师的派头。乐正子"其为人也好善"是老实人、好学生，尊师重道，谦卑敬人，值得学习。

25. 孟子谓乐正子

【原文】孟子谓乐正子曰："子之从于子敖来，徒餔啜也。我不意子学古之道而以餔啜也。"

【译文】孟子对乐正子说："你跟随王子敖来，只是为着吃喝吧，我没有想到你学习古人之道却竟是为着吃喝啊！"

【解读】这应该是孟子和乐正子私下里半开玩笑半当真说的一句话，言语中涵容着谆谆告诫，因为孟子很喜欢乐正子。孟子听说鲁国将任命乐正子为政，"喜而不寐"说："其为人也好善。"（见《孟子·告子下》）

26. 不孝有三　无后为大

【原文】孟子曰："不孝有三，无后为大。舜不告而娶，为无后也。君子以为犹告也。"

【注释】不孝有三，无后为大：根据东汉赵岐注释：按照礼的规定，不孝主要是三个方面：一是对父母亲只讨好屈从，使他们陷入不义；二是家里贫穷，父母年迈，还不为仕禄；三是应该结婚了还不结婚迎娶，以致没有后代。三个方面最重要的是无后代，绝先祖祀。

【译文】孟子说："不孝有三个方面，以没有子孙后嗣为最大的不孝。舜不先禀告父母就娶妻，为的是怕自己无子孙后嗣。因此君子认为他虽然没有禀告父母，也如同禀告了一样。"

【解读】孟子言孝。孝为人伦之本，"舜其大孝也与"！孝又以"无后为大"，以此推演，舜娶娥皇女英为妻，虽未先禀父母，事出有因，还是大孝。"尧舜之道孝弟而已矣。"

27. 仁之实　事亲是也

【原文】孟子曰："仁之实，事亲是也；义之实，从兄是也；智之是，知斯二者，弗去是也；礼之实，节文斯二者是也；乐之实，乐斯二者，乐则生矣；生则恶可已也；恶可已，则不知足之蹈之手之舞之。"

【译文】孟子说："仁，基本的是侍奉双亲；义，基本的是尊顺兄长；智，就是明白仁义之道并且固守不弃，须臾不离；礼，就是把仁义之道立为礼法规矩上升为人伦义理；乐，就是对仁义之道心里喜欢乐于其行，自觉自愿，发于内心，这样，不仁不义的邪恶现象就没有了，没有了那些邪念恶行，就'好之乐之'手舞足蹈了。"

【解读】本章是孟子对仁义之道知行合一的生动表述：行仁义，本于孝悌，明道笃行，立于礼，成于乐，孝悌是基础，行仁义从亲亲尊长开始。成于乐，乐是行仁义的最高境界，从心里喜欢崇信仁义，自觉自愿，乐于其行，和顺从容。正如孔子所说："知之者不如好之者，好之者不如乐之者。"

28. 不得乎亲　不可以为人

【原文】孟子曰："天下大悦而将归己；视天下悦而归己，犹草芥也，惟舜为然。不得乎亲，不可以为人；不顺乎亲，不可以为子；舜尽事亲之道而瞽瞍厎豫，瞽瞍厎豫而天下化，瞽瞍厎豫而天下之为父子者定，此之为大孝。"

【**注释**】瞽瞍：舜的父亲，盲人。底：通厎（zhǐ），致。豫：愉快、高兴。

【**译文**】孟子说："天下的人都以得到天下富贵为快乐，只有舜把天下富贵视之为草芥。不能让父母欢心，不可以做人，不能顺从父母，不能为人子。舜尽心竭力侍奉父母，让他的父亲瞽瞍高兴，瞽瞍高兴了天下的人都受到了教化（舜的孝感动了天下），瞽瞍高兴了，天下父子伦常由此建树了典范，这就是所讲的大孝。"

【**解读**】孟子接续上章专门强调"孝"，孝为仁之本，孝为人伦之大。"舜其大孝也与！"树立舜以孝治天下的典范。"尧舜之道孝悌而已矣！"

离娄（下）

　　《离娄》下篇共三十三章。孟子言必称尧舜，"先圣后圣其揆一也"，从尧、舜、禹、汤、文、武、周公、孔子儒家思想垂统揆一。主题是仁义，理解仁义、修持仁义、行仁义于天下。

1. 先圣后圣其揆一也

　　【原文】孟子曰："舜生于诸冯，迁于负夏，卒于鸣条，东夷之人也。文王生于岐周，卒于毕郢，西夷之人也。地之相去也，千有余里；世之相后也，千有余岁。得志行乎中国，若合符节，先圣后圣，其揆一也。"

　　【注释】诸冯：地名，相传在今山东菏泽以南。负夏：地名，大约在今山东滋阳以西。鸣条：地名，在今山西运城安邑镇。岐周：今陕西岐山县东北。毕郢：在陕西咸阳县东二十一里的地方。

　　【译文】孟子说："舜出生在诸冯，迁居到负夏，死在鸣条，是东部人。文王出生于岐周，死于毕郢，西部人。两地相距一千多里，年代也相隔一千多年。他们得志行政于中原地区，所作所为几乎一模一样，他们的思想原则也是完全一致的。"

　　【解读】此开篇第一章，讲舜和文王"得志行乎中国，若合符节，先圣后圣，其揆一也"。孟子的本意是要说：舜与文王的王道仁政一脉相承，思想原则高度一致，虽路隔千里，时过千年，天不变，道亦不变。旨在为尧、舜、禹、汤、文、武、周公、孔子垂统一道立言。

2. 子产听郑国之政

【原文】子产听郑国之政，以其乘舆济人于溱洧。孟子曰："惠而不知为政。岁十一月，徒杠成；十二月，舆梁成，民未病涉也。君子平其政，行辟人可也，焉得人人而济之。故为政者，每人而悦之，日亦不足矣。"

【注释】子产：郑国人，著名的政治家，在郑国相简公、定公、献公、声公，为政三十余年，政声好，与孔子交好，为孔子赞"有君子之道四焉"。溱、洧：郑国境内的小河。徒杠：简易独木便桥。舆梁：可通过车马的大桥。行辟人：出行清道，行人回避。

【译文】子产为政郑国的时候，用自己乘坐的车帮助百姓渡过溱河、洧河。孟子评论说："这是施小恩小惠，不懂为政。如果他十一月修一座走人的桥，十二月修一座可以走车马的桥，老百姓就不会担心渡河过水了。当政的人只要把政事治理好了，就是出行鸣锣清道都可以，何必用自己的车帮助百姓一个一个的渡河呢？当政的人这样让每个人都高兴，那时间也不够用呀。"

【解读】孔子曰："子产有君子之道四：其行己也恭，其事上也敬，其养民也惠，其使民以义。"子产是当时最优秀的当政者，为政以德、亲民爱民，为民排忧解难，不疏巨细，所以才有以其乘舆济人渡水。孟子在评论中建议修桥是对的，但批评子产行小惠、笼络人心不对，子产不是这样的人。

3. 孟子告齐宣王

【原文】孟子告齐宣王曰："君之视臣如手足，则臣视君如腹心；君之视臣如犬马，则臣视君如国人；君之视臣如土芥，则臣视君如寇仇。"

王曰："礼，为旧君有服，何如斯可为服矣？"

曰："谏行言听，膏泽下于民；有故而去，则君使人导之出疆，又先于其所往；去三年不反，然后收其田里。此之谓三有礼焉。如此，则为之服矣。今也为臣，谏则不行，言则不听，膏泽不下于民；有故而去，则君搏执之，又极之于其所往；去之日，遂收其田里。此之谓寇仇，寇仇何服之有？"

【注释】礼，为旧君有服：《礼仪》规定，离职的臣下，过去侍奉过的君王死了，还应该为其服丧三月。田里：在职的臣子的禄田和住宅。

【译文】孟子告诉齐宣王："君王视臣下如手足，那么臣下就会把君王视为自己的腹心；君王视臣下如犬马，那么臣下就会把君王视为陌生人；君王视臣下如泥土和草芥，那么臣下就会把君王视为仇敌。"

齐宣王说："礼制规定，已经离职的臣下对昔日的君王（在君王死后）还应该服丧守孝，君王应该怎样对待臣下，臣下才会为他服丧守孝呢？"

孟子回答："臣子给君王进言提批评建议，君王听得进、参照办，能够让百姓享受到恩泽和实惠；臣子有什么特殊原因要离职而去，君王一定派人送他出国境，并且派的人先到他去的地方安排好，去三年了不回来，才收回他的俸禄、圭田和房宅，这就叫"三有礼"（仁至礼尽）。这样做了，到时候臣下自然带着感情来为君王服丧守孝。而现在臣下给君王进言，提批评建议，君王根本不接受，不听从，百姓也得不到恩泽实惠，有特殊原因要离职而去，还捆绑搜身，他去到哪里，君王还派人去那里极尽为难之事，他离职那一天立即就收回他的俸禄、圭田和房宅，这就是当仇敌，既是仇敌，还会服丧守孝吗?"

【解读】这是孟子给齐宣王告诫君臣之道，讲得比较尖锐刺激，可能是针对齐宣王的。鲁定公曾问过孔子："君使臣，臣事君，如之何?"孔子回答："君使臣以礼，臣事君以忠。"曾子著《大学》说过："为人君止于仁，为人臣止于敬。"这都是对君臣之道的经典表述。实际上还有更重要的根本的一条，君臣必须有一个共同的目标，行仁政、惠百姓、王天下。志同道合，有仁有义，有礼有敬，有仁爱，有忠诚，只有这样才会君臣一体，如同手足。

4. 无罪而杀士

【原文】孟子曰："无罪而杀士，则大夫可以去；无罪而戮民，则士可以徙。"

【译文】孟子说："君王杀害无辜的士人，做大夫可以离开这个国家；君王杀害无辜的百姓，士人可以迁徙出走。

【解读】君王无端杀害无辜、违逆人心，士人大夫以出走表示抗议。正义总是属于大多数。君王视臣民如土芥，臣民必视君王为寇仇。

5. 君仁莫不仁

【原文】孟子曰："君仁，莫不仁；君义，莫不义。"

【译文】孟子说："君王存心仁爱，臣民没有不仁爱的；君王行事以义，臣民没有不行事以义的。"

【解读】君主行仁义，臣民都会行仁义。"子帅以正，孰敢不正。""我欲仁、斯仁至也。"行仁义于天下，关键在君王。

6. 非礼之礼　非义之义　大人弗为

【原文】孟子曰："非礼之礼，非义之义，大人弗为。"

【译文】孟子说："似是而非的礼、似是而非的义，大德之人是不为的。"

【解读】这句话很简单，听似简单，但很深刻，须认真领会。仁为礼之本，礼之用和为贵，义是宜，中正为准则。以仁为本，中正礼义才是礼义，否则即是非礼、非义。用礼惟和，履义惟正。

7. 中也养不中

【原文】孟子曰："中也养不中，才也养不才，故人乐有贤父兄也。如中也弃不中，才也弃不才；则贤不肖之相去，其间不能以寸。"

【译文】孟子说："道德品质很好的人来教育熏陶那些道德品质不好的人，有才能的人来教育熏陶那些没有才能的人，所以每个人都喜欢有个好父亲和兄长。如果道德品质很好的人，不去教育熏陶那些道德品质不好的人，有才能的人，不去教育熏陶那些没有才能的人，那么，所谓贤德贤能与无德无能，也就没什么区别了。"

【解读】孟子很重视社会文化建设。以德为国，教育为本，庠序人伦之教是基础，还要进行全社会的全民教育，特别强调社会贤能之士要以责任和义务"举善而教不能"教育影响大家，以此推动社会文明进步，否则贤能之士不算贤能。两千多年前的孟子有这样的思想，十分难能可贵。

8. 人有不为也　而后可以有为

【原文】孟子曰："人有不为也，而后可以有为。"

【译文】孟子说："人有所不为，而后才能有所为。"

【解读】这是孟子对老子"无为"思想观点的一种操作性的阐发。孔子也说过，但孔子侧重于以德而为，孟子的阐发，既有老子的观点又有孔子的思想，"不为"与"为"要有选择，要守正权变，"义之与比"。孟子侧重的是"义"，依道义、行仁义，审时度势，有所不为，才能大有所为。

9. 言人之不善　当如后患何

【原文】孟子曰："言人之不善，当如后患何？"

【译文】孟子说："说别人的不好，后面惹出麻烦该如何办呢？"

【解读】这是孟子告诫弟子们的一句话：要与人为善，不言人之恶。孔子给弟子们也说过多次"攻其恶，无攻人之恶"，还当面批评过子贡"方人"。"不蔽人之善，不言人之恶。"这是为人的基本道德修养。

10. 仲尼不为己甚者

【原文】孟子曰："仲尼不为己甚者。"

【译文】孟子说："孔夫子说话做事从来不过头。"

【解读】温良恭俭让，准确地表现了孔夫子说话做事、待人接物的风格，一部《论语》尽显圣人风范。

11. 惟义所在

【原文】孟子曰："大人者，言不必信，行不必果，惟义所在。"

【译文】孟子说："有良好德行的人，说话不一定的句句守信，行事不一定件件兑现，依义而行，惟义所在。"

【解读】孟子"惟义所在"一句千钧。义是"天理、礼法、人情"宜也不宜的依归。孔子在《论语》中多有论述："君子之于天下也，无适也，无莫也，义之与比""君子贞而不谅"。拘泥于"言必信，行必果"只是匹夫小人守小节，"信而不学，其蔽也贼"。惟义所在，信果在其中，只看重信果，未必符合道义，往往守小节而失大义。

12. 不失赤子之心

【原文】孟子曰："大人者，不失其赤子之心者也。"

【译文】孟子说："有仁德的君主，就是永葆纯正仁善之初心的大人。"

【解读】"不失赤子之心"是指没有失掉纯真本然的赤诚仁爱之心，是仁之端的初心，是仁爱本心的"明德"，不为私欲所蔽，不被世俗所染。从《大学》到《孟子》直到朱熹、王阳明都持这一观点。

13. 惟送死可以当大事

【原文】孟子曰："养生者不足以当大事，惟送死可以当大事。"

【译文】孟子说："赡养父母不算什么大事情，只有给他们送终归葬才算是大事情。"

【解读】孔孟传统儒家的思想，国之大事："民、食、丧、祭"。孝敬父母，"生，事之以礼，死，葬之以礼、祭之以礼"（见《论语·尧曰》《论语·为政》）。惟礼为大，丧葬祭祀为重。

14. 君子欲其自得之也

【原文】孟子曰："君子深造之以道，欲其自得之也。自得之，则居之安；居之安，则资之深；资之深，则取之左右逢其源。故君子欲其自得之也。"

【译文】孟子说："君子以道深研学问，造诣高深，就是要下学上达、默然心通，心有所得。心有所得则能自觉地坚定地居仁由义；能自觉地坚定地居仁由义，则道德学养就根底深厚；道德学养根底深厚，则立世处事就能左右逢源得心应手。所以君子以道深造，就是要下学上达，默然心通，心有自得。"

【解读】孟子这段话是教弟子深研学问的，核心是讲做学问要"自得之"。什么是"自得之"？孟子讲的较深奥晦涩，孔子讲得很清楚。所谓自得之，就是"下学上达"，知天命，明人伦，居仁由义，知行合一，得心应手。孔子自述"吾十有五而志于学"的心路历程，很生动经典地表述了"学而自得之"真谛。"七十而从心所欲，不逾矩"，达到道德学问修养自觉、自由、自得的最高境界。礼在心中，仁在心中，天理在心中，道义在心中，苍生在心中。居仁由义，知行合一，得心应手。"君子无入而不自得。"

15. 博学而详说之

【原文】孟子曰："博学而详说之，将以反说约也。"

【译文】孟子说："广博地学习，详细的解说，等到融会贯通就回到简约了。"

【解读】这是孟子给弟子们讲博学，孔子讲述很多。博学于文，详说其理，融会贯通，乃得其要，要领于心，简约近道。简约近道是一种很高的学习境界。

16. 以善养人　然后能服天下

【原文】孟子曰："以善服人者，未有能服人者也。以善养人，然后能服天下。天下不心服而王者，未之有也。"

【译文】孟子说："以自己胜于别人的长处优势让人服输，让人折服，没有人能心服。以自己的善良仁厚来对待别人，善与人同、与人为善，别人就会心服。天下不归心诚服而要统一天下，是不会有的事。"

【解读】读这一章可参读《公孙丑（上）》第八章。"大舜大焉，善与人同"，"君子莫大乎与人为善"。善于人同，与人为善，不可以善胜人，以善折损人。

17. 言无实不祥

【原文】孟子曰："言无实不祥。不祥之实，蔽贤者当之。"

【译文】孟子说:"说话不实事求是是不仁义的（不善良的）。不善良不仁义的话,只有那些诬蔽贤良之士的人为之。"

【解读】不祥,作不善解,不善,就是不善良不仁义。言无实,即所言不符合事实,很可能是诬陷之言。这句话应该是孟子告诫弟子的,是针对蔽贤者说的,孟子有切身体会。《梁惠王（下）》第十六章记嬖人臧仓以无实之言诬陷孟子,使鲁平公不见孟子,是典型的以不祥之实诬蔽孟子。

18. 声闻过情　君子耻之

【原文】徐子曰:"仲尼亟称于水曰:'水哉水哉!何取于水也?"

孟子曰:"源泉混混,不舍昼夜,盈科而后进,放乎四海。有本者如是,是之取尔。苟为无本,七八月之间雨集,沟浍皆盈;其涸也,可立而待也。故声闻过情,君子耻之。"

【注释】亟:屡次,常。源泉混混:源泉滚滚不竭。盈科:指水灌满坑洼的沟窦。声闻过情:名不符实、浪得虚名。

【译文】孟子的学生徐辟问孟子说:"孔夫子屡次见水必观,多次感叹:'水啊,水啊!'夫子为什么见水而兴发感叹呢?"

孟子说:"水的源泉滚滚、日夜不息。流满了沿途的坑坑洼洼,还继续向前奔流,直到流入大海。水有源泉,不尽不息的本源,这就是孔夫子见水赞叹的原因。假若没有本源,比如,七八月间下雨积水,也灌满水沟,但等不了多久,它就干涸了。所以一时浪得虚名，名不符实，君子是以此为耻的。"

【解读】孔子见水必观，赞赏水有本源，源泉滚滚，日夜不息，无穷无尽。孔子说："以其不息者，似乎道之流转而不尽矣。"（见《孔子圣迹图》）本章孟子以孔子赞水入题，告诫徐辟"有本者如是，是之取尔"，正如孔子告诫学生子张一样（见《论语·颜渊》），道德学问靠实实在在的修持积累，从做人的根本上做起，求"达"而不求"闻"。达者务本，闻者虚浪，浪得虚名，名不符实，不能长久，君子应以为耻。据说，学生徐辟有这个毛病。

19. 舜明于庶物　察于人伦

【原文】孟子曰："人之所以异于禽兽者几希，庶民去之，君子存之。舜明于庶物，察于人伦，由仁义行，非行仁义也。"

【译文】孟子说："人和禽兽不同的地方几乎没有多少。（主要是仁与义）而庶民却把这一点点都丢掉了，有道德的君子还保存下来了。舜通晓天地万物之理、体察人伦道德之序，出于内心，自觉地居仁由义，而不是形式上的行仁义（假仁假义）。

【解读】本章主要讲"仁义"本于天性，是人与禽兽的不同之点，舜明万物，察人伦，由仁义行。为行仁义找到了依据、树立了典范。

"庶民去之，君子存之。"这句不完全对。我认为，实际上中国优秀传统文化关于五伦（君臣、父子、兄弟、夫妇、朋友），五常（仁、义、礼、智、信），四维（礼、义、廉、耻），八德（孝、悌、忠、信、礼、义、廉、耻），这些原生态的人伦道德的传承，主要是老百姓身口相传、世代不辍而成为民族优秀文化基因的。传承优秀传统文化的主体是人民，而不是所谓精英君子！

20. 周公思兼三王以施四事

【原文】孟子曰："禹恶旨酒而好善言。汤执中，立贤无方。文王视民如伤，望道而未之见。武王不泄迩，不忘远。周公思兼三王以施四事；其有不合者，仰而思之，夜以继日；幸而得之，坐以待旦。"

【译文】孟子说："禹厌恶美酒却爱听善言，成汤守持中正之道、举贤任能，不拘一格。周文王仁爱百姓，为政生怕伤扰了百姓，求道心切，一心追求先王仁义之道的完美，生怕不见道。周武王谦恭敬贤，不轻慢近贤，不遗忘远仁。周公旦思慕禹、汤、周文周武三王，认真学习实施上述三王所做的四件事，自己哪里做得不好，与三王所做不符合，就仰天反思，日以继夜，有幸心有所得，想明白了，便坐起来待等天明，马上去改过补救。"

【解读】这是孟子盛赞周公姬旦，周公思兼三王、以施四事、夙夜在公，继承尧、舜、禹、汤、文王、武王的思想道德和勋业，兼圣王和贤臣德才于一身，堪称千古第一人。孔子尊崇备至，一生追梦周公。孟子首称周公为"古圣人"。

21. 其义则丘窃取之矣

【原文】孟子曰："王者之迹熄，而《诗》亡；《诗》亡，然后《春秋》作。晋之《乘》，楚之《梼杌》，鲁之《春秋》，一也。其事，则齐桓、晋文；其文则史。孔子曰：'其义，则丘窃取之矣'。"

【注释】《诗》：《诗经》，孔子曰："《诗》三百，一言以蔽之，曰：'思无邪。'"意思是《诗》最大的特点是圣王采风于民间，写的是真景物、真性情，至真至诚、至性至情，没有伪托虚徐，大义所在，可以正人，可以事父事君，可以委政。

【译文】孟子说："前世的圣王们深入民间采风诗歌的好作法没有了，至真至情的《诗》集也就没有了，没有了《诗》的真实记载，然后作《春秋》。晋国的史书《乘》，楚国的史书《梼杌》，鲁国的史书《春秋》，都是一样的史书。其记事，就是齐桓公、晋文公这些君王的事，其文，就是一般史书的笔法。孔子说：'我作《春秋》，其义是借鉴了《诗经》的。'"

【解读】这是我第一次看到孟子把《诗》与孔子作《春秋》一起讲，主要讲其微言大义。

"《诗》三百，一言以蔽之，曰：'思无邪。'"是说《诗》主要由民间采集，字字句句体现"真诚"二字，至真至诚，至性至情，没有丝毫的伪托虚徐，其大义是真诚所在，可以正人，近可事父，远可事君，诚意正心，可以委政。孔子作《春秋》，所用秉笔直书的《春秋》笔法，所托微言大义，正取于《诗》的义理和至真至诚的精神。所以孔子曰："其义，则丘窃取之矣。"

孟子对孔子的崇拜源于对孔子的透彻理解，如果孔子有知，也会感叹：知我者，其惟《春秋》，知我者，还有孟轲。

22. 君子之泽五世而斩

【原文】孟子曰："君子之泽，五世而斩，小人之泽，五世而斩。予未得为孔子徒也，予私淑诸人也。"

【译文】孟子说："圣贤的恩泽和思想影响过了五代就衰退了，

普通人的恩泽和影响对他家族来说也不过五代。我晚孔子一百多年，无缘做圣人门徒亲受其教诲，我是仰慕孔子之道，自己努力受教于子思之徒的。"

【解读】上章孟子言孔子作《春秋》微言大义得《诗经》至真至诚，至性至情的真谛。这一章感叹"君子之泽五世而斩，自己未能成圣人之徒"，表达自己对孔子的无限仰慕和对学习传承孔子之道的责任与担当。

23. 可以取　可以无取　取伤廉

【原文】孟子曰："可以取，可以无取，取伤廉；可以与，可以无与，与伤惠；可以死，可以无死，死伤勇。"

【译文】孟子说："可以收，可以不收，收了有损廉洁；可以给，可以不给，给了有损恩惠；可以死，可以不死，无谓的死不是真正的勇。"

【解读】孟子得孔子真传，讲守正持中，凡事要把握一个度，无过亦无不及。孟子讲了三种过之有损伤的情况，都是孔子讲过的，他的弟子公西华、冉有、子路的事：公西华出使齐国，冉有给西华母亲粟，公西华比较富有，收了伤廉；冉有与之过多，伤惠；子路在卫国内乱时作无谓牺牲，伤勇，死得无辜。

24. 逢蒙学射于羿

【原文】逢蒙学射于羿，尽羿之道。思天下惟羿为愈己，于是杀羿。孟子曰："是亦羿有罪焉。"

公明仪曰："宜若无罪焉。"

曰："薄乎云尔，恶得无罪？郑人使子濯孺子侵卫，卫使庾公之斯追之。子濯孺子曰：'今日我疾作，不可以执弓，吾死矣夫！'问其仆曰：'追我者谁也？'其仆曰：'庾公之斯也。'曰：'吾生矣！'其仆曰：'庾公之斯，卫之善射者也。夫子曰吾生，何谓也？'曰：'庾公之斯学射于尹公之他，端人也，其取友必端矣。'庾公之斯至，曰：'夫子何为不执弓？'曰：'今日我疾作，不可以执弓。'曰：'小人学射于尹公之他，尹公之他学射于夫子。我不忍以夫子之道反害夫子。虽然今日之事，君事也，我不敢废。'抽矢扣轮，去其金，发乘矢而后反。"

【译文】逢蒙跟羿学射箭，把羿的全部本领学到尽致了，思想起来，天下只有羿还比自己强，于是逢蒙把羿杀了。孟子说："这也有羿的过错。"

公明仪说："好像羿没什么过错吧。"

孟子说："过错不大罢了，怎么能说没什么过错呢？以前郑国派子濯孺子侵犯卫国，卫国派庾公之斯去追击子濯。子濯孺子说：'今天我发病了，拿不了弓了，我死定了。'便问驾车的仆从：'今天来追击我的是谁？'他的仆从说：'庾公之斯。'子濯孺子说：'我死不了啦。'他的仆从说：'庾公之斯是卫国射箭的高手，您还说今天死不了，怎么说？'子濯说：'庾公之斯跟尹公之他学的射箭，而尹公之他是跟我学的。尹公之他是个品性端正的人，他所选择的朋友、学生品性必定也是端正的。'庾公之斯追上来了，便问子濯，'先生您为什么还不张弓呢？'子濯孺子回答说：'今天我发病了，张不了弓。'庾公之斯便说：'我是跟尹公之他学的射箭，尹公之他又是跟您学的。我不忍心以您所教反过来伤害您。但是，今天我追击您是君王所差，我又不敢不为。'于是庾公之斯拔出箭，在车轮上敲掉金属的箭头，张弓射了四箭，然后回去了。"

【解读】这是一则耐人寻味的故事。逢蒙无义而杀恩师；庾公之斯战场之上还认祖师"不忍以夫子之道反害夫子"，以师恩为重，却伤公义。天理、王法、人情，"义之与比"。文中还有一句"取友必端"，值得鉴照。

25. 西子蒙不洁

【原文】孟子曰："西子蒙不洁，则人皆掩鼻而过之。虽有恶人，齐戒沐浴，则可以祀上帝。"

【译文】孟子说："美女西施如果蒙上污秽不洁，别人从她身边走过，必会捂着鼻子。虽是个丑陋污秽的人，但斋戒沐浴之后，也可以祭祀神灵。"

【解读】孟子此言的本意可能是：不让美善蒙秽，要求勉力惟新。成汤洗澡的盘子上有铭文："苟日新，日日新，又日新。"或许为孟子神会。

26. 天下之言性也　则故而已矣

【原文】孟子曰："天下之言性也，则故而已矣，故者以利为本。所恶于智者，为其凿也。如智者若禹之行水也，则无恶于智矣，禹之行水也，行其所无事也。如智者亦行其所无事，则智亦大矣。天之高也，星辰之远也，苟求其故，千岁之日至，可坐而致也。"

【译文】孟子说："天下所言人性，就是与生俱来、本始自然之性，谈人性就是要以尊顺自然之性为本。非常讨厌的是一些所谓智者，冥思苦想穿凿附会，曲解人性的本然。如果智者们像大禹治水顺山水自然之势而治水一样，智者们也就不会让人讨厌了。大禹治水因势利导，顺其自然，使水不泛滥成灾，如果智者谈人性也尊顺人性的自然本性，不扰乱本性人心，生非惹事，那么智者也算伟大了。天很高、星辰也很远，如果懂得了日月星辰运行的自然规律，即使时过千年，年年的冬至之日坐在家里也可以推算出来。"

【解读】孟子为天下讨论人性定了基调，"天下之言性也，则故而已矣"。从人固有的本始质朴的自然之性出发，尊顺自然，言人性，"道性善"。孟子还从大禹尊顺自然而治水，从日月星辰运行规律得到深刻的启发。孟子的这一发现和论断应该是对人类社会最大的贡献，为讨论人性划定了坐标准则。

27. 孟子不与右师言

【原文】公行子有子之丧，右师往吊。入门，有进而与右师言者，有就右师之位而与右师言者。孟子不与右师言。右师不悦，曰："诸君子皆与驩言，孟子独不与驩言，是简驩也。"

孟子闻之，曰："礼，朝廷不历位而相与言，不逾阶而相揖也。我欲行礼，子敖以我为简，不亦异乎！"

【译文】齐国的大夫公行子为儿子办丧事，齐国的执政官王驩（佞臣）前去吊唁。进门以后，有上前和王驩交谈的，有靠近其座位和王驩交谈的。孟子不和他交谈，王驩很不高兴，说："各位君子都和我王驩交谈，唯独孟子不和我说话，这是简慢我啊！"

孟子听到这个话以后，说："礼制有规定，在朝廷上不越过座位与人交谈，也不逾越班阶与人作揖，我要遵守礼制，王驩却认为我简慢了他，这不是很奇怪吗？"

【解读】小事一桩，也显孟子个性。王驩，王子敖，齐国佞臣，炙手可热的执政官，在别人家致吊，还有那么多人争相与其交谈，孟子不屑。孟子与他曾受齐王之使一起吊于滕，几天也不曾交言。王驩与乐正子一起出差，孟子因此连爱徒乐正子都有点烦。

28. 君子有终身之忧　无一朝之患

【原文】孟子曰："君子所以异于人者，以其存心也。君子以仁存心，以礼存心。仁者爱人，有礼者敬人。爱人者，人恒爱之；敬人者，人恒敬之。有人于此，其待我以横逆，则君子必自反也：我必不仁也，必无礼也，此物奚宜至哉？其自反而仁矣，自反而有礼矣，其横逆由是也，君子必自反也：我必不忠。自反而忠矣，其横逆由是也，君子曰：'此亦妄人也已矣。如此则与禽兽奚择哉？于禽兽又何难焉？'是故，君子有终身之忧，无一朝之患也。乃若所忧，则有之。舜，人也，我亦人也。舜为法于天下，可传于后世，我由未免为乡人也，是则可忧也。忧之如何？如舜而已矣！若夫君子所患则亡矣。非仁无为也，非礼无行也。如有一朝之患。则君子不患矣。"

【译文】孟子说："君子和一般人不同的地方，是其居心。君子心存仁爱，心存礼义。有仁爱之心的人爱人，有礼义之心的人尊敬人。能爱别人的人，也会得到别人恒久的爱，能尊敬别人的人，也会得到别人恒久地尊敬。如果有一个人对我横蛮无理，我作为君子，就必须反躬自问：我一定是不仁，一定是无礼，不然这个人怎么这样横逆于我呢？经过反省，自己的确做到仁爱有礼了，而那个人还是蛮横无理，君子还要再反省，行仁守礼是不是做到真心诚意，检讨反省之后，行仁守礼，的确是真心诚意，然而那个人还是那样，君子会说：'这个人恐怕是有狂妄的毛病，和这样的人又何必计较呢？'因此，君子要经常地忧虑自己反省自己，这样才会避免一时的祸殃。像这样的忧虑是有的：舜是人，我也是人。舜为仁为礼是天下的典范，并且一直传于后世，而我呢，还只是一个乡下普通的人，这是值得我忧虑的呀！忧虑该怎么办呢？只有努力向舜学习。这样君子所担忧的祸殃就没有了。不符合仁的事不做，不符合礼的事不做。即使一时遭遇祸患，君子也不必担心了。"

【解读】这一章中心意思是讲以仁存心，以礼存心，并且经常反躬自问，是不是真心诚意做到了行仁守礼，爱人敬人，如此，为人为政才无忧无患。

"君子有终身之忧，无一朝之患。"孟子这句话堪称千古名言，其义已超越本文的"终身小心谨慎、经常反省自己，行仁守礼，才可避免一时的祸殃"的意思，已引申扩展为：有忧无患。要有忧患意识、底线思维，才可以避免突发灾祸，永远立于不败之地。

29. 禹稷当平世三过其门而不入

【原文】禹、稷当平世，三过其门而不入，孔子贤之。颜子当乱世，居于陋巷，一箪食，一瓢饮，人不堪其忧，颜子不改其乐，孔子贤之。

孟子曰："禹、稷、颜回同道。禹思天下有溺者，由己溺之也；稷思天下有饥者，由己饥之也；是以如是其急也。禹、稷、颜子，易地则皆然。今有同室之人斗者，救之，虽被发缨冠而救之，可也。乡邻有斗者，被发缨冠而往救之，则惑也，虽闭户可也。"

【译文】大禹和后稷生活在太平年代，（一个为了治水，一个为了种庄稼）三过家门而无暇回家，孔子赞扬他们的贤德。颜回生活在动乱的年代，居陋巷，一箪食一瓢饮，生活贫苦，别人不堪其忧，而颜回却不改其乐，孔子赞扬他的贤德。（贤哉，回也）

孟子说："大禹、后稷、颜回有一样的崇高思想精神，（三人同道：用现代语言叫'三观相同'）大禹心里想的是天下受水淹的百姓，深深地自责，好像百姓的受溺之苦，是自己造成的。后稷心里想的是天下受饥饿的百姓，深深自责，好像百姓挨饿是自己造成的，这样他们急迫地去解救百姓疾苦，三过家门也无暇回家。大禹、后稷、颜回他们三个人如果交换一下地位处境，他的表现也会一样优秀。现在如果同室有人斗殴，你去救，即使披头散发，系了一下帽带子就去救，也是可以的。但如果是乡邻有斗殴的，要不要披头散发只系一下帽带子马上去救，我还有疑惑，关门不管也是可以的。"

【解读】孔子曾盛赞大禹、后稷和颜回的贤德。禹治洪水、稷务稼穑，夙夜为民，三过家门而不入，颜回清贫自守，不改其乐。

孟子总结三位贤人同圣人之道，禹、稷思民之疾苦，犹己加之，担责之心感人，颜回虽不曾历禹稷之事，但以其同圣贤之道，必定行圣贤之事。

文章结尾讲"室斗""乡邻斗"，见"室斗"急救之可也，"乡邻斗""惑也，虽闭户可也"，似乎和本文脱节跑题。我以为是孟子讲圣贤之士惟义所在，不失行止。

30. 世俗所谓不孝者五

【原文】公都子曰："匡章，通国皆称不孝焉。夫子与之游，又从而礼貌之，敢问何也？"

孟子曰："世俗所谓不孝者五：惰其四肢，不顾父母之养，一不孝也；博弈好饮酒，不顾父母之养，二不孝也；好货财，私妻子，不顾父母之养，三不孝也；从耳目之欲，以为父母戮，四不孝也；好勇斗狠，以危父母，五不孝也。章子有一于是乎？夫章子，子父责善而不相遇也。责善，朋友之道也；父子责善，贼恩之大者。夫章子，岂不欲有夫妻子母之属哉！为得罪于父，不得近。出妻屏子，终身不养焉。其设心以为不若是，是则罪之大者。是则章子而已矣！"

【注释】惰其四支：支即肢。懒惰，四体不勤。从耳目之欲：从即纵。声色之欲。以为父母戮：行为恶劣，给父母带来羞辱，父母遭人戳脊梁骨，指背谴责辱骂。

【译文】公都子对孟子说："匡章，全国的人部说他是个不孝之子。您老夫子却和他交往，而且还相当敬重他，请问这是为什么呢？"

孟子说："一般人所说的不孝有五种情况：懒惰，四体不勤，不赡养照顾父母，这是一不孝；好赌贪酒，不照顾父母，这是二不孝；贪好财物，偏爱妻儿，不赡养照顾父母，这是三不孝；纵声色之欲，品行不端，给父母带来羞辱，遭人戳脊梁骨指责，这是四不孝；好勇斗狠，到处惹祸，危及父母不安，这是五不孝。但匡章于上述五种情况有一种吗？匡章主要是批评指责父亲的过错，父子关系搞背了。互相批评监督，与人同善，这是朋友之间的相处之道。父子之间不能这样做，这样做会严重的伤害父子感情。匡章难道不想父母妻儿亲亲热热团团圆圆吗，只是因为得罪了父亲，不能与父亲近，只好把妻子儿子都住到外边去，终身不俸养了。自己心里想，不这样做更会得罪父亲，自己的罪过就更大了。匡章就是这样啦！"

【解读】这是一则故事，讲匡章之孝，匡章无"五不孝"中任何一条，应算孝子。据《战国策·齐策》记载，其父确实不善，主要问题是父亲。章子有点迂而愚孝，处理不当，一家痛苦"父子责善，贼恩之大者"。孔子有言："事父母几谏，见志不从，又敬而不违，劳而不怨。"敬之以礼，顺之以义，谏而不责，敬而不违。

31. 曾子子思同道

【原文】曾子居武城，有越寇。或曰："寇至，盍去诸?"

曰:"无寓人于我室,毁伤其薪木。"

寇退,则曰:"修我墙屋,我将反。"

寇退,曾子反。左右曰:"待先生如此其忠且敬也。寇至则先去以为民望,寇退则反,殆于不可!"

沈犹行曰:"是非汝所知也。昔沈犹有负刍之祸,从先生者七十人,未有与焉。"

子思居于卫,有齐寇。或曰:"寇至,盍去诸?"子思曰:"如伋去,君谁与守。"

孟子曰:"曾子、子思同道。曾子,师也,父兄也;子思,臣也,微也。曾子、子思,易地则皆然。"

【译文】曾子居住在武城,越国军队侵犯,有人说:"越国军队来侵犯了如何不逃离呢?"

曾子说:"好吧。但是我的房子不要让别人借住,不要毁伤那些树木。"

敌军走了,曾子说:"把我的墙壁修理一下,我就回来了。"敌军退走后,曾子回来了。左右的人就说:"武城的人对先生您一向忠诚恭敬,敌军来了,您却早早地逃离,有失民望,敌军一退,您马上回来,恐怕不好。"

曾子的学生沈犹(行)说:"先生的情况你们不知道。从前先生住我这里,负刍作乱,跟随先生的七十个人早早地逃离了。没有人留下来陪先生呀。"

子思居住在卫国,齐国军队来侵犯。有人对子思说:"敌军来了，您何不逃离呢？"子思回答："我孔伋走了，谁陪君王一起守城呢？"

孟子说："曾子和子思同尊孔子之道。曾子是老师，如同父兄；子思，当时是卫国的臣子，地位还比较低微。曾子和子思如果对换一下地位和情势，他们的行为表现也会是这样。"

【解读】曾子、子思道同而行为表现不同。对曾子在武城遇敌"去"，人有异议；对子思，敌人来犯"不去"还说"如伋去，君谁与守"，很英勇正义。孟子评论为：道同而情势不同，曾子、子思如对换一下地位和情势，会有一样的行为表现。

孟子的评论是以义立论。"义者，人之路也。""行而宜之谓之义。""去"还是"守"这应以义为权，行而宜之，"惟义所在"。道是思想原则，道不变，义为权。

32. 尧舜与人同耳

【原文】储子曰："王使人瞷夫子，果有以异于人乎？

孟子曰："何以异于人哉？尧舜与人同耳。"

【译文】齐国人储子问孟子："齐王派人窥探您，您真有与常人不同的地方吗？

孟子说："有什么与常人不同的地方呢，尧舜与常人也一样呀。"

【解读】"人皆可以为尧舜。""君子所以异于人者，以其存心也。"

这是孟子说过的话，也正是本章要表达的意思，"尧舜与人同耳。"

33. 齐人有一妻一妾而处室者

【原文】齐人有一妻一妾而处室者。其良人出，则必餍酒肉而后反。其妻问所与饮食者，则富贵也。其妻告其妾曰："良人出，则必餍酒肉而后反，问其与饮食者，尽富贵也，而未尝有显者来，吾将瞯良人之所之也。"

蚤起，施从良人之所之，遍国中无与立谈者。卒之东郭墦间之祭者，乞其馀，不足，又顾而之他，此其为餍足之道也。

其妻归，告其妾曰："良人者，所仰望而终身也。今若此！"与其妾讪其良人，而相泣于中庭。而良人未之知也，施施从外来，骄其妻妾。由君子观之，则人之所以求富贵利达者，其妻妾不羞也，而不相泣者，几希矣！

【注释】良人：古成妇女对丈夫的称呼。餍：饱。瞯：窥视，偷偷地看。蚤：早。施（yì）：斜后跟随。国中：城中。墦间：坟场的坟墓之间。施施（shì）：洋洋得意的样子。

【译文】齐国有个人，家里有一妻一妾，她们的丈夫每次外出，都酒醺饭饱才回家。妻子问他一起吃喝的是些什么人，总说都是富贵之人。他妻子就告诉他的妾："我们丈夫外出，每次却喝醉吃饱才回来，问他与些什么人吃喝，他总说都是富贵之人，但又没看到显贵的人来过我的家里，我想偷偷跟着他看看他究竟到什么地方去了。"

一大清早，她就起床，尾随丈夫，在城里没有发现一个人和丈夫打招呼交谈的。最终一直走到东郊山上的墓地，见他走近祭扫坟墓的人那里，乞讨残菜剩饭，不够，又走向其他的扫墓祭祀的人那边，原来这就是他吃饱喝醉的办法。

他妻子回到家里，便把亲眼所见告诉他的妾，说："丈夫，是我们仰慕和终身依靠的人，想不到他竟是这样!"妻妾在家里又羞辱又悲愤，一起漫骂、一起哭泣。而她们的丈夫还不知道，他吃饱喝足得意洋洋地从外面进门，还在妻妾面前显摆。

【解读】悲哉，齐人！为求富贵虚荣竟如此下作。东汉赵岐解读孟子这一寓言说："言令之求富贵者，皆以枉曲之道，昏夜乞哀以求之，而以骄于白日，与欺人何异哉?"

"素富贵，行乎富贵，素贫贱，行乎贫贱。"人要活得本色。贫贱不能移，三军可夺帅，匹夫不可夺志！

第五篇　万章（上）

　　《万章》上篇共九章，是孟子与学生万章的对话。前四章主要讲舜以孝睦亲、以孝平天下。第五章、第六章讲古代帝王天子传承继位的程序，特别提出了"天命时势"、民心至上的原则和"天视自我民视，天听自我民听"的名言。孔孟一脉相承的天命观不是"君权神授"，而是"天命、民心、时势、天人合一、民意至上"。后三章是孟子为三位圣贤证清白，赞崇高。

1. 大孝终身慕父母

　　【原文】万章问曰："舜往于田，号泣于旻天，何为其号泣也？"

　　孟子曰："怨慕也"。

　　万章曰："'父母爱之，喜而不忘；父母恶之，劳而不怨。'然则舜怨乎？"

　　曰："长息问于公明高曰：'舜往于田，则吾既得闻命矣；号泣于旻天，于父母，则吾不知也。'公明高曰：'是非尔所知也'。夫公明高以孝子之心，为不若是恝；我竭力耕田，共为子职而已矣，父母之不我爱，于我何哉？

　　帝使其子九男二女，百官牛羊仓廪备，以事舜于畎亩之中，天下之士多就之者，帝将胥天下而迁之焉。为不顺于父母，如穷人无所归。天下之士悦之，人之所欲也，而不足以解忧；好色，人之所欲，妻帝之二女，而不足以解

止于至善

我读《大学》《孟子》

忧；富，人之所欲，富有天下，而不足以解忧；贵，人之所欲，贵为天子，而不足以解忧。人悦之、好色、富贵，无足以解忧者，惟顺于父母可以解忧。人少，则慕父母；知好色，则慕少艾；有妻子，则慕妻子；仕则慕君，不得于君则热中。大孝终身慕父母。五十而慕者，孝大舜见之矣。"

【注释】旻天：秋天。泛指天空。《尔雅·释天》云：春为苍天，夏为昊天，秋为旻天，冬为上天。愍（jiā）：无动于衷、漠不关心。少艾：美好。热中：心中烦躁。怨慕：怨是怨自己不得亲其父母，慕是思念父母。

【译文】学生万章问孟子："舜到田地去耕种，仰望秋高清朗的天空呼天悲泣，他为什么呼天悲泣呢？"

孟子回答："他是怨恨自己，思念父母啊。"

万章说："从前曾子说过：'父母慈爱我，我心里高兴不忘慈恩；父母对我不满，我尽心尽力敬养父母，不生怨尤。'舜这样是不是抱怨父母呢？"

孟子说："长息曾问过公明高：'舜去田地里耕种，我听说过，但舜那样呼旻天哭父母是为什么，我也不明白。'公明高说：'这个不是你能明白的。'在公明高看来，父母对自己的恩爱，作为孝子不会不动情；我努力耕种田地吧，尽我人子之职敬养父母，至于父母对我不满，于我有什么关系呢，我绝不埋怨。

"尧帝打发他的九个儿子二个女儿还有百官带着牛羊粮食仓廪到舜的田地里为舜服务，天下的很多士人也到舜那里去，尧还把整个天下也禅让给了舜。但舜因为父母对自己不满，心念忧忧，感到自己还是像无家可归一样。天下之士爱戴，是人人都想的，舜却感到这不足以消除自己的忧愁；美貌的女子，是人人喜爱的，尧把两个美丽的女儿嫁给舜，舜还不足以消除自己的忧愁；富，是人人都想得到的，而舜富有天下，也还是不足以消除自己的忧愁；尊贵，是人人都想得到的，舜已贵为天子，也还是不能消除自己的忧愁。人人爱戴、美色、富贵这一些都不能消除他心中的忧愁，只有得到父母的欢心才能消除忧愁。人在幼小的时候，依恋父母；稍长知道喜欢美色了，就思慕美貌的女子；有了爱妻，就爱慕自己的妻子；做了官，就仰慕君王，得不得君王器重心里就不安。只有最孝顺的人终身怀恋自己的父母，到子五十岁了还思慕怀恋自己父母的，我在大孝的舜身上看到了。"

【解读】孟子不厌其言赘，用了很多的笔墨写舜的大孝。舜终身思慕父母，终身怨恨自己。美色、富贵、天下都不足以解忧，"惟顺于父母可以解忧"。

"舜其大孝也与！"舜以孝为范天下。

孝为仁之本，孝是人的最基本的道德准则。

2. 舜不告而娶何也

【原文】万章问曰："《诗》云：'娶妻如之何？必告父母。'信斯言也，宜莫如舜，舜不告而娶，何也？"

孟子曰："告则不得娶，男女居室，人之大伦也。如告，则废人之大伦，以怼父母，是以不告也。"

万章曰："舜之不告而娶，则吾既得闻命矣；帝之妻舜而不告，何也？"

曰：“帝亦知告焉则不得妻也”。

万章曰：“父母使舜完廪，捐阶，瞽瞍焚廪。使浚井，出，从而揜之。象曰：'谟盖都君咸我绩，牛羊父母，仓廪父母，干戈朕，琴朕，弤朕，二嫂使治朕栖。'象往入舜宫，舜在床琴。象曰：'郁陶思君尔。'忸怩。舜曰：'惟兹臣庶，汝其于予治！'不识舜不知象之将杀己与？”

曰：“奚而不知也？象忧亦忧，象喜亦喜。”

曰：“然则舜伪喜者与？”

曰：“否。昔者有馈生鱼于郑子产，子产使校人畜之池。校人烹之，反命曰：'始舍之，圉圉焉；少者洋洋焉，悠然而逝。'子产曰：'得其所哉？得其所哉！'校人出，曰：'孰谓子产智？予既烹而食之，曰，得其所哉，得其所哉。'故君子可欺以其方。难罔以非其道。彼以爱兄之道来，故诚信而喜之，奚伪焉？”

【译文】万章问孟子：“《诗经》上说：'娶妻如之何？必告父母。'相信这句话的，应该没有人能超过舜，但舜娶妻为什么不禀告父母呢？”

孟子回答：“如果事先禀告了，那就娶不成了。男女结婚成家，这是人伦之理，如果舜事先禀告父母，舜的这一人伦的大事就废了，也会怨对父母，所以就不禀告了。”

万章说：“舜不告父母而娶妻，我听您讲清楚了。但尧把两个女儿嫁给舜也不向他的父母告知一声，那是为什么呢？”

孟子说：“尧也知道舜的父母情况，如果事先告知这一嫁娶之事就嫁不成了。"

万章说"舜的父母叫舜去修理粮仓，舜爬上粮仓修仓的时候，他父母把梯子撤了，其父瞽瞍还放火把粮仓也烧了。他们叫舜去挖水井，他们往井里填埋泥土，幸而舜从旁边出去了。舜的弟弟象还说：'填土掩埋哥哥的，都是我谋划的，我的功劳。牛羊归父母，仓库归父母，干戈归我，琴归我，雕弓归我，叫两位嫂嫂天天帮我整理床铺，我好睡。'象住进舜的房间里，舜在床上弹琴，象说：'刚才高兴的时候，还想着你呢。'显得很尴尬。舜说：'我想念群臣和百姓，你帮助我管理一下吧。'难道舜还不知道象将要杀害自己吗？"

孟子说："怎么能不知道呢？舜就是这样，象忧愁，他也忧愁，象高兴，他也高兴。"

万章说："那么，舜是假装高兴的吗？"

孟子说："不是的。从前有一个人送一条活鱼给郑国的子产，子产叫管池塘的人放生池塘养起来。那个管池塘的人把鱼烹吃了，还回复子产说：'那条鱼刚放到池塘里时蔫蔫的，过一会儿就活跃了，悠悠然游走了。'子产高兴地说：'鱼放对了地方啊，放对了地方啊！'管池塘的人一出来，就说：'哪个说子产聪明啦，我把那条鱼烹吃了，他还说放对了地方'，所以君子也可以用合情理的话欺骗，只是不能用违背情理之道欺负他。象用爱兄长的样子对待舜，所以舜真正相信象，并且高兴起来，哪里是伪装的高兴呢？"

【解读】本章还讲舜的大孝大仁大义。舜在"父顽、母嚚、象傲"的恶劣的家庭环境里，以仁以义，努力行孝，使家庭和谐，使他的父母弟弟渐进于善，不干太出格的奸恶之事。以孝齐家，以孝治天下，很感人。《尚书·尧典》记载：尧派四岳考察舜是否能作为自己的继承人，四岳考察后一致评价，舜"瞽子，父顽，母嚚，象傲，克谐。以孝烝烝，乂不格奸"。

3. 仁人固如是乎

【原文】万章问曰："象日以杀舜为事，立为天子则放之，何也？

孟子曰："封之也，或曰，放焉。"

万章曰："舜流共工于幽州，放驩兜于崇山，杀三苗于三危，殛鲧于羽山，四罪而天下咸服，诛不仁也。象至不仁，封之有庳。有庳之人奚罪焉？仁人固如是乎：在他人则诛之，在弟则封之？"。

曰："仁人之于弟也，不藏怒焉，不宿怨焉，亲爱之而已矣。亲之，欲其贵也，爱之欲其富也。封之有庳，富贵之也。身为天子，弟为匹夫，可谓亲爱之乎？"

"敢问或曰放者，何谓也？"

曰："象不得有为于其国，天子使吏治其国而纳其贡税焉，故谓之放。岂得暴彼民哉？虽然欲常常而见之，故源源而来，'不及贡，以政接于有庳。'此之谓也。"

【注释】共工：尧时水官名，是古代水神。驩兜：传说是尧的儿子丹朱。崇山：南方的边远之地，张家界市郊有崇山的传说，还传有驩兜墓。放：流放、放逐。杀三苗于三危：《尚书·尧典》原文是"窜三苗于三危"，不是杀，是放逐。殛鲧于羽山：殛也是流放，舜处理"四罪"都是流放。

【译文】万章问孟子："象天天以谋害舜为事。舜成了天子后，只把象流放，这是为什么呢？"

孟子说："是给象封了一个地方吧，有人说是流放。"

万章说："舜曾把共工流放到幽州，把驩兜流放到崇山，把三苗放逐到三危，把鲧放逐到羽山，处理了这四大罪人，天下人都归服了，这是惩罚不仁的人。象是最不仁的，却把他封到了有庳之地。有庳这个地方的百姓为何遭罪呢？有仁爱的人难道能这样做吗？别人有罪就严惩，对自己最不仁的弟弟却加封？"

孟子说："一个仁爱的人对自己的弟弟，不把愤怒藏在胸中、不把怨恨埋在心里，只知亲爱。亲他爱他，想让他富贵。把他封到有庳国，正是为了让他富贵。一个人自己做了天子，弟弟还是平民，这能说是亲爱弟弟吗？"

万章又问："请问有人说舜是放逐象，而不是封王。这是怎么说的呢？"

孟子说："象在有庳不得执掌国政，舜另派官吏治理收税，并从税收中开支供养象，所以有人说象是被放逐。这样，象哪能暴虐百姓呢？虽然这样，舜还是想常常见到象，所以象也可以经常去见舜。《尚书》上说：'不及贡，以政接于有庳。'（不到进贡述职的时候却借征询意见的机会接见象）就是说的这个。"

【解读】舜的同父异母的弟弟象是个相当恶劣的人，甚至可以说是无恶不作，本章和上章有详细的披露："谟盖都君咸我绩""二嫂使治朕栖""日以杀舜为事"，而舜以仁为本，不怒不怨，"亲爱之而已矣"，为其弟富贵用心良苦，封其有庳，是封又不是封，是放逐又不是放逐，实际上违反原则的安置。"道德仁义，非礼不成。"违礼不能归仁，但孟子似乎很赞扬舜的做法，朱熹也说："舜之于象，仁之至，义之尽也。"我持否定。特别是孟子说："身为天子，弟为匹夫，可谓亲爱之乎？"一人得道，鸡犬升天，天理民心不容！万章当时就比较正派清醒，曾严辞发问："仁人固如是乎？"

4. 咸丘蒙问

【原文】咸丘蒙问曰："语云：'盛德之士，君不得而臣，父不得而子。'舜南面而立，尧帅诸侯北面而朝之，瞽瞍亦北面而朝之。舜见瞽瞍，其容有蹙。孔子曰：'于斯时也，天下殆哉，岌岌乎！'不识此语诚然乎哉？"

孟子曰："否，此非君子之言，齐东野人之语也。尧老而舜摄也。《尧典》曰：'二十有八载，放勋乃徂落，百姓如丧考妣，三年，四海遏密八音。'孔子曰：'天无二日，民无二王。'舜既为天子矣，又帅天下诸侯以为尧三年丧，是二天子矣。"

咸丘蒙曰："舜之不臣尧，则吾既得闻命矣。《诗》云：'普天之下，莫非王土，率土之滨，莫非王臣。'而舜既为天子矣，敢问瞽瞍之非臣，如何？"

曰："是诗也，非是之谓也。劳于王事而不得养父母也。曰：'此莫非王事，我独贤劳也。'故说诗者，不以文害辞，不以辞害志。以意逆志，是为得之。如以辞而已矣，《云汉》之诗曰：'周余黎民，靡有孑遗。'信斯言也，是周无遗民也。

"孝子之至，莫大乎尊亲，尊亲之至，莫大乎以天下养。为天子父，尊之至也。以天下养，养之至也。《诗》曰：'永言孝思，孝思维则。'此之谓也。《书》曰：'祗载见瞽瞍，夔夔斋栗，瞽瞍亦允若。'是为父不得而子也？"

【注释】咸丘蒙：孟子学生。遏密八音：禁止放音乐。《诗》云句：引自《诗经·小雅·北山》"普天之下，莫非王土，率土之滨，莫非王臣，大夫不均，我从事独贤。"是诗人埋怨王事太多、自己太忙太劳累。《书》曰："祗载见瞽瞍，夔夔斋栗，瞽瞍亦允若。"引自《尚书·大禹谟》，讲舜恭恭敬敬地拜见父亲，诚惶诚恐。瞽瞍也被感化良顺有信了。

【译文】咸丘蒙问孟子说："俗话说，'德行极高的人，君王不能把他当臣子看待，父亲不能把他当儿子看待。'舜面南而坐，尧便率领诸侯向北面朝拜，他的父亲瞽瞍也向北面拜他。舜看到父亲，很不好意思。孔子说：'这个时候这种情况，天下危险得很呀！'不知道孔子的话是真的吗？"

孟子说："不，不是真的，这个话不是君子之言，是齐国东野的人说的。尧年纪大了（已在位七十年）叫舜摄政。《尧典》上说过，'二十八年后，尧死了群臣如丧考妣，服丧三年，全国百姓也停止了一切娱乐。'孔子说：'天无二日，民无二王。'如果在尧死亡前舜就做了天子，舜又率诸侯为尧服丧三年，这便是国家有两个天子了。"（实际上尧死之前，舜只是代为摄政，还不是天子。尧考察舜二十八年，尧死后，舜守丧三年后才践天子之位。）"

咸丘蒙说："舜没有让尧称臣，我已经听先生讲明白了。《诗经·小雅·北山》说'普天之下，莫非王土，率土之滨，莫非王臣。'舜既做了天子，瞽瞍还不称臣，是怎么回事呢？"

孟子说："这首诗不是讲这个事的。是说天下的事都是国家君王的事，我操劳于君王的事，没有能够奉养父母。《诗》还有一句：'这没有不是国家君王的事，我独自操劳啊。'所以解读诗，不能够拘泥于文字而妨害对词句的理解，更不能拘泥于一词一句，而妨害对作品思想内容义理的完整理解。读诗应该领会作者的意思，吃透作者的原意，理解他的思想，这样才能有准确完整的心得。如果仅仅拘泥于词句，比如，我们读《诗经·云汉》：'周余黎民，靡有孑遗。'就以为是：周朝没能留下一个人。（实际上是讲周宣王忧旱灾伤民、祈天求雨救民。）舜作为孝子最极致的孝就是尊敬奉养父母，尊敬奉养父母最极致的是以奉养天下之诚来敬养父母，作舜的父母是天子之父母，是最尊贵的，以天子奉养天下之诚来敬养父母，也是最极至的敬养了。《诗经》上说：'永远遵循孝道，孝是天下的道德准则。'说的就是这个意思。《尚书》上说：'舜十分恭敬地拜见，父亲（瞽瞍），瞽瞍也很恭谨，瞽瞍也因此良顺有信了。'这难道不是父亲瞽瞍把舜当自己儿子来对待了吗？"

【解读】本章的中心思想还是讲孝，盛赞舜以孝睦亲"永言思孝，孝思维则。"着重澄清了一个问题：'舜不臣尧，瞽瞍不得而子。'重申了伦理至大，君臣、父子伦理至重。君君，臣臣，父父，子子，人伦有五，惟此为大，家庭、社会、政治伦理，由此正名。

孟子还提出了读诗解文的千古名言、万代指南："不以文害辞，不以辞害志，以意逆志，是为得之。"读往圣经典原著尤其需要"以意逆志，是为得之"。

5. 天视自我民视　天听自我民听

【原文】万章曰："尧以天下与舜，有诸？"

孟子曰："否。天子不能以天下与人。"

"然则舜有天下也，孰与之？"

曰："天与之。"

"天与之者，谆谆然命之乎？"

曰："否，天不言，以行与事示之而已矣"。

曰："以行与事示之者，如之何？"

曰："天子能荐人于天，不能使天与之天下；诸侯能荐人于天子，不能使天子与之诸侯；大夫能荐人于诸侯，不能使诸侯与之大夫。昔者，尧荐舜于天，而天受之；暴之于民，而民受之；故曰，天不言，以行与事示之而已矣。"

曰："敢问荐之于天，而天受之；暴之于民，而民受之，如何？"

曰："使之主祭，而百神享之，是天受之；使之主事，而事治，百姓安之，是民受之也。天与之，人与之。故曰：天子不能以天下与人。舜相尧二十有八载，非人之所能为也，天也。尧崩，三年之丧毕，舜避尧之子于南河之南，天子诸侯朝觐者，不之尧之子而之舜；讼狱者，不之尧之子而之舜；讴歌者，不讴歌尧之子而讴歌舜。故曰，天也。夫然后之中国践天子位焉。而居尧之宫，逼尧之子，是篡也，非天与也。《太誓》曰：'天视自我民视，天听自我民听。'此之谓也。"

【译文】万章问孟子："尧把天下给予了舜，有这回事吗？"

孟子回答："没有，天子唐尧不能把天下给予别人。"

万章又问："那么舜得到了天下，是谁给的呢？"

孟子说："天授予的。"

万章又问："天授予他天下，反复叮咛告诫了他吗？"

孟子说："没有，天不说话。天只是用行动和事实来表示（天意）。

万章问："天是怎么样以行动和事实来表达的呢？"

孟子说："天子能向上天推荐人，但不能要求上天把天下给予谁；就像诸侯可以向天子推荐诸侯，但不能要求天子让谁当诸侯；大夫可以向诸侯推荐大夫，但不能要求诸侯让谁当大夫。以前，尧把舜推荐给了天，上天接受了推荐，又把舜介绍公示给天下百姓，百姓也接受了。所以说：上天不说话，以行动和事实向天下来昭示。"

万章问："请问，说唐尧把舜推荐给天，天接受了，昭示给人民，人民接受了，如何证明？"

孟子回答："尧派舜去主持祭祀，诸方众神都来享用，这是天接受了他；派舜主持政事，事情办得井井有条，百姓安居乐业，这是人民接受了他，是天给予他天下，是人民给予他天下。所以说，天子不能以天下给予人。舜辅佐尧二十八年，业绩突出，这不是人所能办得到的，这是天意。尧逝世后，舜为尧守孝三年，舜有意避于黄河之南，想让尧的儿子丹朱接承天子之位。但天下的诸侯朝见天子的都不去丹朱那里而去舜那里，打官司诉讼的人不去丹朱那里而都去舜那里，讴歌的人不去歌颂丹朱，而都去歌颂舜。所以说，这是天意。这样，众望所归，舜才回到国都承继天子之位。如果舜不是这样，而是住尧帝之宫，强迫丹朱让位，那简直就是篡夺天下，不是天授予的。《尚书·泰誓》说：'天看到的来自百姓看到的，天听到的来自百姓听到的'，就是说的这个意思。"

【解读】本章孟子依据《尚书·尧典》讲舜承继唐尧天子之位的故事，古往今来诸多学者据此认为是"君权神授""天命天子"。我以为并不全然，细读《尚书·尧典》，认真"以意逆志"理解孟子这一章就能有新的心得体会。

上古唐尧时代帝位继承有比较完整的程序，不决定于天、不决定于帝而决定于民，很有民主意识，程序的民主色彩也很鲜明。举荐提名（天子荐举，舜是四岳推荐提名的），实际考察德才能绩（天有所享、民有所得），天意昭示（有点神秘），百姓广泛认可。重点是比较长时间的行与事的考察和百姓的广泛认可拥戴，所谓"天意"是以民心为依归，"天受之"缘于"民受之"，孟子的这一观点非常明确。本章结尾，孟子说："《太誓》曰：'天视自我民视，天听自我民听。'此之谓也。"这是孟子的结论。

"天视自我民视，天听自我民听"。一句十分古老的话，穿越两千多年的历史时空仍然熠熠生辉鉴照今天。以人民为中心，有领导、有组织、有程序的民主才是真正的人民民主。

6. 天与贤　则与贤　天与子　则与子

【原文】万章问曰："人有言，'至于禹而德衰，不传于贤，而传于子'。有诸？"

孟子曰："否，不然也。天与贤，则与贤；天与子，则与子。昔者，舜荐禹于天，十有七年，舜崩，三年之丧毕，禹避舜之子于阳城，天下之民从之，若尧崩之后不从尧之子而从舜也。禹荐益于天，七年，禹崩，三年之丧毕，益避禹之子于箕山之阴，朝觐诉讼者不之益而之启，曰：'吾君之子也。'讴歌者不讴歌益而讴歌启，曰：'吾君之子也。'丹朱之不肖，舜之子亦不肖。舜之相尧，禹之相舜也，历年多，施泽于民久，启贤，能敬承继禹之道。益之相禹也，历年少，施泽于民未久。舜、禹、益相去久远，其子之贤不肖，皆天也，非人之所能为也。莫之为而为者，天也；莫之致而至者，命也。

"匹夫而有天下者，德必若舜禹，而又有天子荐之者，故仲尼不有天下。继世以有天下，天之所废，必若桀纣者也，故益、伊尹、周公不有天下。伊尹相汤以王于天下，汤崩，太丁未立，外丙二年，仲壬四年，太甲颠覆汤之典刑，伊尹放之于桐，三年，太甲悔过，自怨自艾，于桐处仁迁义。三年，以听伊尹之训己也，复归于亳。周公之不有天下，犹益之于夏，伊尹之于殷也。孔子曰：唐虞禅，夏后殷周继，其义一也。"

【译文】万章问孟子："有人说：'到禹的时候，天下为公的道德衰微了，天下不传给贤德之人，却传给自己的儿子。'有这样的事吗？"

孟子说："不，不是这样的。天下该授予贤德的人，还是授予贤德的人，天下该授予自己的儿子，便授予自己的儿子。从前，舜把禹推荐给天，十七年之后，舜死了，三年之丧完毕，禹为了要把舜的天子位让给舜的儿子，自己躲避到阳城去了。可是天下的百姓还是跟随禹，正如尧死后百姓不跟随尧的儿子却要跟随舜一样。禹的时候，禹把益推荐给了天，七年之后，禹死了，三年之丧完毕，益也一样，为着让禹的儿子启承继禹的天子之位，自己逃到箕山之北去了。当时朝见天子的人，诉讼打官司的人都不去益那里，而去启那里，还说：'他是我们君王禹的儿子呀！'讴歌的人也不歌颂益，而歌颂启，说：'他是我们君王禹的儿子呀！'尧的儿子丹朱不贤，舜的儿子也不贤。舜辅佐尧，禹辅佐舜，历经的年数多，给百姓施仁德做好事的时间长，大禹的儿子启有贤德，能继承大禹为民办事的好作风，很敬业。而益辅佐禹的时间不长，施恩泽于民的时间也短。舜、禹与益他们在辅佐天子、施泽于民的时间上差距大，尧、舜之子不贤，而禹之子启有贤德，这都是天意，不是人为的。没想做却做成了，便是天意，没想实现的目标却达到了，便是命运。

"一介平民却得了天下，贤德必如舜禹，而且又有天子举荐。所以孔子没有能得到天下。继承父祖之传而得天下的人，却遭天意废弃，一定是像桀纣那样暴虐无德的人。益、伊尹、周公没有得天下原因也是多方面的（天命时势）。伊尹辅佐成汤统一了天下，成汤去世后，太子太丁死得早没做成天子，外丙坐位二年，仲任四年。太丁的儿子太甲继位后倒行逆施，推翻成汤的法典刑律，伊尹把他放逐到桐地，三年后，太甲悔过自新，痛改前非，在桐地力行仁义，三年当中他虚心听取伊尹的教诲，伊尹把他请回亳复天子之位。周公没有得天下，原因有点像益在夏、伊尹在商代一样。孔子说：'唐尧虞舜是以禅让承继天子之位的，夏以后商周都是父子相承的，这道理是一样的。'"

【解读】孟子和万章讨论天子之位承继的问题，是荐贤禅让，还是世袭传承。万章认为，禹传启是一家之私，有违天下为公之德。孟子认为"天与贤，则与贤，天与子，则与子"。孟子还引孔子之言作为讨论的结论："唐虞禅，夏后、殷、周继，其义一也。"或禅或继都是天命。

我认为孟子的观点和孔子的结论是对的。或禅或继都是社会历史发展规律决定的，受当时社会政治、经济、文化发展态势的影响，这就是"天命时势"，可以叫"天命时势决定论"。一个人有不有天下，个人贤德很重要，天命时势更重要。禹传启，有民心基础，但实际上主要的决定因素是夏的朝代，已是奴隶制阶级社会了，和尧舜时代原始部落社会的时势完全不同了。

第五章、第六章比较集中地讲帝王（天子）传承继位的问题。认真读原文会发现孔孟的一个重要思想，天子继位或选贤禅让，或世袭家传、道义如一，"天与之"，"民与之"，"天也"，"命也"。基础是个人德才，德才能配位，关键是民意拥戴，民心就是天意，决定于天命时势。所谓天命时势，是指社会历史发展的客观规律，是当时的社会政治、经济、文化发展的态势，是内外环境、天下大势，不是"君权神授""天命天子"。这才是孔孟在君权承继上一脉相承的天命观；天意、民心、时势，"其义一也"。

7. 吾闻伊尹以尧舜之道要汤

【原文】万章问曰："人有言'伊尹以割烹要汤'，有诸？"

孟子曰："否，不然。伊尹耕于有莘之野，而乐尧舜之道焉。非其义也，非其道也，禄之以天下，弗顾也；系马千驷，弗视也。非其义也，非其道也，一介不以与人，一介不以取诸人。汤使人以币聘之，嚣嚣然曰：'我何以汤之聘币为哉？我岂若处畎亩之中，由是以乐尧舜之道哉？'"

"汤三使往聘之，既而幡然改曰：'与我处畎亩之中，由是以乐尧舜之道，吾岂若使是君为尧舜之君哉？吾岂若使是民为尧舜之民哉？吾岂若于吾身亲见之哉？天之生此民也，使先知觉后知，使先觉觉后觉也。予、天民之先觉者也，予将以斯道觉斯民也。非予觉之而谁也？'思天下之民匹夫匹妇有不被尧舜之泽者，若己推而内之沟中。"

"其自任以天下之重如此，故就汤而说之以伐夏救民。吾未闻枉己而正人者也，况辱己以正天下者乎？圣人之行不同也，或远，或近，或去，或不去，归洁其身而已矣。吾闻其以尧舜之道要汤，未闻以割烹也。《伊训》曰：'天诛造攻自牧宫，朕载自亳。'"

【译文】万章问孟子："有人说，伊尹是靠割肉烹调讨好成汤，才得到相位的，有这样的事吗？"

孟子说："不是，不是这样的。伊尹当时在莘地的田野里耕种，喜好崇尚尧舜之道。不符合尧舜之道的大义，不符合尧舜之道的思想原则，就是把天下的禄位给他，他连看都不看；牵了四千匹马，给他他也不看。如果不符合尧舜之道的大义，不符合尧舜之道的思想原则，便一颗草芥也不给别人，一棵草芥也不拿别人的。成汤曾经派人送钱礼聘任他，他很傲气地说：'我要成汤的聘金干什么？这哪里比得上我在田野耕种以尧舜之道为最大的快乐？'汤三次派人去聘请他，伊尹这才幡然有悟，改变了想法，说：'我与其一个人在田野中耕种崇尚尧舜之道，何不使君王成为尧舜之君呢？何不使这些百姓成为喜好崇尚尧舜之道的百姓呢？何不使自己亲眼看到尧舜之道畅行天下呢？上天生育了这些百姓，就是要让先知觉后知，先觉觉后觉啊。我，是天之生民中先知先觉的人，我要用尧舜之道教育启发这些生民的觉悟，我不去教育启发他们，又有谁呢？

我想，天下的百姓没有受到尧舜之道泽惠的人，就像是我把他们推进水沟里。'"

"伊尹就是这样，把行尧舜之道的天下重任担当起来，所以他进言成汤，讨伐夏桀拯救百姓。我没有听说过委屈自己却能匡正别人的，更何言屈辱自己而能匡正天下？圣人的行事风格各不相同，有的远离君王，有的接近君王，有的离开朝廷，有的留仕朝廷，基本的是求自身高洁。我只听说伊尹是为行尧舜之道而见用于汤王的，没有听说过伊尹是以割烹之技来巴结汤王。《尚书·伊训》说："天诛夏桀，造攻自鸣条，我和汤王谋伐夏桀，始于亳都。'"

【解读】孟子为伊尹正名辩护。有人说，伊尹是以割烹厨艺而巴结汤王的，孟子给予了有理有据的辩驳。伊尹耕于有莘之野，乐于尧舜之道，人品高洁，汤王曾礼聘伊尹，伊尹拒绝。后来伊尹意识到：我与其一个人处畎亩之中，乐尧舜之道，不如出来成就一位尧舜之君，不如教育影响天下百姓成为尧舜之民，不如能亲眼看到尧舜之道畅行天下。他还认识到，这是自己的责任。"非予觉之而谁也？""自任以天下之重。"担当起行尧舜之道，救天下之民的伟大使命。所以孟子结论："吾闻其以尧舜之道要汤，未闻以割烹也。"

伊尹成就了成汤，伊尹成就了殷商，伊尹也成就了自己，堪称千古第一圣相。

8. 若孔子主痈疽与侍人瘠环　何以为孔子

【原文】万章问曰："或谓孔子于卫主痈疽，于齐主侍人瘠环，有诸乎？"

孟子曰："否，不然也。好事者为之也。于卫主颜雠由。弥子之妻与子路之妻，兄弟也。弥子谓子路曰：'孔子主我，卫卿可得也。'子路以告。孔子曰：'有命。'孔子进以礼，退以义，得之不得曰'有命'。而主痈疽与侍人瘠环是无义无命也。孔子不悦于鲁卫，遭宋桓司马，将要而杀之，微服而过宋。是时孔子当厄，主司城贞子，为陈侯周臣。吾闻观近臣，以其所为主；观远臣，以其所主。若孔子主痈疽与侍人瘠环，何以为孔子？"

【注释】主：此文中的主是讲寄居，寄居某某人家里。痈疽：又名雍渠，卫灵公的太监。颜雠由：卫国贤大夫。弥子：卫灵公的宠臣弥子瑕。司城贞子：陈国卿大夫。

【译文】万章问孟子："有人说，孔子在卫国寄居在痈疽家里，在齐国寄居在宦官瘠环家里，有这样的事吗？"

孟子说："没有，没有这回事。这是那些多事的人捏造出来的。孔子在卫国寄居在颜雠由家里。弥子瑕的妻子和子路的妻子是姐妹，弥子瑕对子路说：'孔子要是寄居在我家里，卫国卿相的位子可以得到。'子路将这话告诉孔子。孔子说：'凡事有命运。'孔子认为进退都应该符合道义，得不得官位由命。如果因为要得官位寄居到痈疽或瘠环家里，那是不顾道义也不尊命运。孔子在鲁国和卫国都不太受喜欢，在宋国又遭遇司马桓魋拦截，还要杀他。那个时候还是孔子受厄蒙难的时候，寄居在陈国国卿司城贞子家里，做陈国国君的臣子。我听说过，那个时候要观察朝中臣子的好坏就看他家里寄居的是一些什么样的客臣，观察外来客臣的好坏，就看他寄居在什么人的家里。要是孔子在卫国真寄居在卫灵公太监痈疽家里，在齐国寄居在太监瘠环家里，那还算什么孔子呢？"

【解读】孟子为先师孔子证清白，据实陈词、辨析清楚，很有说服力。但是孔子并不在乎别人的毁誉，他说过："人不知而不愠，不亦君子乎？""不怨天，不尤人，下学而上达，知我者，其天乎！"是非审之于己，毁誉听之于人。审己方能完美，厄运成就伟大！圣人的学生子贡针对有人诽谤孔子说："无以为也！仲尼不可毁也。他人之贤者，丘陵也，犹可逾也；仲尼，日月也，不得而逾焉。人虽欲自绝，其何伤于日月乎？多见其不自量也。"（见《论语·子张》）

9. 百里奚举于秦

【原文】万章问曰："或曰，'百里奚自鬻于秦养牲者，五羊之皮，食牛，以要秦穆公，'信乎？"

孟子曰："否，不然也，好事者为之也。百里奚，虞人也。晋人以垂棘之璧与屈产之乘，假道于虞以伐虢。宫之奇谏，百里奚不谏。知虞公之不可谏而去之秦，年已七十矣，曾不知以食牛于秦穆公之为污也，可谓智也？不可谏而不谏，可谓不智也。知虞公之将亡而先去之，不何谓不智也。时举于秦，知穆公之可与有行也，而相之，可谓不智乎？相秦而显其君于天下，可传于后世，不贤而能之乎？自鬻以成其君，乡党自好者不为，而谓贤者为之乎？"

【注释】百里奚：春秋时虞国人，原为虞国大夫，先后为晋楚俘虏，秦穆公听说他有贤才，用五张黑公羊皮赎买，任命为秦国大夫，所以传"百里奚，五羊皮"。"百里奚举于市"，又称"五羖（谷）大夫"。虞、虢：均是春秋时的小邦国，在今山西平陆县境。宫之奇：虞国臣子。

【译文】万章问孟子:"有人说,'百里奚把自己卖给秦国养牲口的人,得五张羊皮,替人家养牛,以此求秦穆公见用。'这种说法可信吗?"

孟子回答说:"不可信,不是这样的,这是那些好事的人随意捏造的。百里奚是虞国人。晋国人用垂棘的美玉和屈地的良马送虞国,想借道虞国去攻打虢国(实际是乘机占领虞国),虞国的臣子宫之奇劝谏虞王不要同意,百里奚觉得虞王不会听劝告,于是没有劝谏虞王,就离开虞国去了秦。这个时候的百里奚已经七十岁了,他未必不知道用饲养牛的办法求穆公见用是低贱行为吗,这样做怎么能叫明智呢?百里奚知道虞公不听劝谏必然亡国,自己就先一步离开虞国,不能说不明智。当他在秦国被举用的时候,他就知道秦穆公是一位有作为的君王,可以辅佐,能说他不明智吗?做了秦国的卿相辅佐秦穆公,使穆公成就功业,显赫于天下,留名于后世,如果百里奚不贤能有这样的作为吗?用五张羊皮卖掉自己而见用于君王成全君王,连乡下有点自爱自重的人也不会这么做,能说贤良之士百里奚会这么做吗?"

【解读】孟子一连三章先后为圣贤伊尹、孔子、百里奚辩诬,以史为证,据实而辩,一扫流言蜚语,使贤者益贤,圣者愈圣。

万章（下）

　　《万章》下篇共九章，主要是孟子与万章的对话，内容比较丰富，有尚贤交友，待人接物之道，有仕非为贫，而为行道的为官之旨，还有君臣之交，礼义为重的训诫。特别以开篇第一章突出盛赞圣之时者孔子，大中至正。

1. 孔子圣之时者

　　【原文】孟子曰："伯夷，目不视恶色，耳不听恶声。非其君，不事；非其民，不使。治则进，乱则退。横政之所出，横民之所止，不忍居也。思与乡人处，如以朝衣朝冠坐于涂炭也。当纣之时，居北海之滨，以待天下之清也。故闻伯夷之风者，顽夫廉，懦夫有立志。"

　　"伊尹曰：'何事非君？何使非民？'治亦进，乱亦进，曰：'天之生斯民也，使先知觉后知，使先觉觉后觉。予，天民之先觉者也。予将以此道觉此民也。'思天下之民匹夫匹妇有不与被尧舜之泽者，若己推而内之沟中，其自任以天下之重也。"

　　"柳下惠不羞污君，不辞小官。进不隐贤，必以其道。遗佚而不怨，厄穷而不悯。与乡人处，由由然不忍去也。'尔为尔，我为我，虽袒裼裸裎于我侧，尔焉能浼我哉？'故闻柳下惠之风者，鄙夫宽，薄夫敦。"

　　"孔子之去齐，接淅而行；去鲁，曰：'迟迟吾行也，去父母国之道也。'可以速而速，可以久而久，可以处而处，可以仕而仕，孔子也。"

孟子曰："伯夷，圣之清者也；伊尹，圣之任者也；柳下惠，圣之和者也；孔子，圣之时者也。孔子之谓集大成。集大成也者，金声而玉振之也。金声也者，始条理也；玉振之也者，终条理也。始条理者，智之事也；终条理者，圣之事也。智，譬则巧也；圣，譬则力也。由射于百步之外也，其至，尔力也；其中，非尔力也。"

【注释】横政、横民：横，即乱。即乱政、暴政，乱民、暴民。顽夫：顽作贪释。鄙：鄙陋，心胸狭隘。金声玉振：形容大型演奏时的奏乐，气势恢宏，韵律和谐。八音：金、石、丝、竹、匏、土、革、木，起于金声，昂扬震撼，以击玉石之磬收尾，余韵雄浑绵长，以此八音和谐集成，浑然一曲，尽美尽善，这就是集大成。以此喻孔子"仁义礼智信"道德文章，兼备诸圣，圣之至，德之至，智之至，大中至正，中和至善。

【译文】孟子说："伯夷，目不视丑恶之色，耳不闻丑恶之声。不是自己认可的君王不侍奉；不是自己合意的百姓不带领。天下太平自己参与，天下动乱自己隐退。在乱政暴政出现的地方，在乱民暴民聚集的地方，自己不在那里居住。认为和乡下人住在一起，就像穿着朝服戴朝冠坐在污泥堆里。商纣当政时，他避居北海之滨，等待着天下政治清明。所以听闻伯夷风格，贪婪的人会变得清廉，懦弱的人会变得意志坚强。"

"伊尹说：'哪个君王不可以侍奉呢？哪个百姓不可以带领呢？'天下平治伊尹勤奋工作，天下动乱也勤奋工作。并且说：'上天生育了这些百姓，就是要让先知觉后知，先觉觉后觉。我呢，就是天之生民中的先知先觉者，我要以尧舜之道来教育启发这些百姓的觉悟。'他认为：百姓当中有人不能受到尧舜之道泽惠，像是我自己把他们推到深沟里去了。就这样他以行尧舜之道，救天下百姓为己任。"

"柳下惠不以侍奉不好的君王为耻辱，也不因官职卑微而辞职。仕进，充分发挥自己的才能，严格按道义原则办事。自己不受重用被遗弃，不怨天尤人，自己穷困也不忧愁哀伤。和乡下百姓在一起，非常融洽快乐，不忍离开。他说：'你是你，我是我，即使有人赤身裸体在我旁边，又怎么能玷污我呢?'所以听闻了柳下惠的为人风格，心胸狭窄的人也会心胸宽广，心地刻薄的人也会良善敦厚。"

"孔子离开齐国，不等把米淘完漉干就走人。离开鲁国，却留连不舍，说：'慢慢走吧，这是离开我的父母之邦啊!'可以快就快，可以慢就慢，可以居就居，可以仕就仕，这就是孔子。"（无可无不可。)

孟子说："伯夷，圣之清者；伊尹，圣之任者；柳下惠，圣之和者；孔子，圣之时者。孔子，可以说是集大成者。集大成者，譬如气势恢宏的大型乐奏，金声玉振。起于钟钹，金声激扬，最后击响玉石之磬，雄浑震荡，八音和谐，条清缕晰，浑然天成，尽美尽善。金声激扬，是开始，玉磬震荡，是结尾。有条有理的开始，是智者，有条有理的结束，是圣者。智好比是技巧，圣好比是神力。犹如射百步以外的箭靶，射到，是你的力量；中的，就不仅是力量了。"

【解读】孟子专章评价伯夷、伊尹、柳下惠、孔子四位圣者，圣之清者，圣之任者，圣之和者，圣之时者，经典。

伯夷，商纣时孤竹国君之长子，让国，避纣，不食周粟，最后和其弟叔齐，饿死在首阳山中。孔子言其"不降其志，不辱其身"，孟子称其为"圣之清者"，但孟子也说："伯夷隘，柳下惠不恭，君子不由也。"

柳下惠，鲁国贤大夫，姓展，名获，又名禽。直道而事人，三黜而不离，品德高尚，"坐怀而不乱"，"与乡人处，由由然不忍去"。孔子称赞，孟子评价为"圣之和者"，但也说："柳下惠不恭。"太随便了一点，君子不可向他学习。

最值得称道的是伊尹，事君尽忠，使民惟爱，"自任以天下重"行尧舜之道，觉民救民，他的家国情怀，天下担当，令人十分敬佩，堪称千古第一圣相。孟子称其为"圣之任者"，最有天下担当，百姓情怀的圣者。一个"任"字十分精当！

孟子称孔子为"圣之时者"，集大成者。集大成者，好理解，孟子以"金声玉振"为喻，孔子是孔子之前有史以来直到孔子时代（春秋）几千年中华古代文明思想文化的集大成者，大成至圣。时者，是睿哲之圣，圣之至。孔子为《易》作传，第一次提出"时中"的概念，言"时"三十多处，言"中"七十多处。"时"是时间、时序、时事、时机，"中"是正，是中正、中道、中庸、中和。"时中"是《易》的精髓，也是孔子哲学思想的精髓，是孔子圣哲的思想方法和智慧。孔子说："中庸之为德也，其至矣乎！""君子而时中。""时中"是孔子思想道德、智慧的最高境界。所以圣之时者，是德之至者，智之至者，圣之至者，是洞察天命时势，审时度势，允执厥中，大中至正的圣者。这就是孔子，圣之时者的真正含义。

2. 周室班爵禄如之何

【原文】北宫锜问曰："周室班爵禄也，如之何？"

孟子曰："其详不可得闻也。诸侯恶其害己也，而皆去其籍。然而轲也，尝闻其略也。天子一位，公一位，侯一位，伯一位，子、男同一位，凡五等也。君一位，卿一位，大夫一位，上士一位，中士一位，下士一位，凡六等。天子之制，地方千里，公侯皆方百里，伯七十里，子、男五十里，凡四等。不能五十里，不达于天子，附于诸侯，曰附庸。天子之卿受地视侯，大夫受地视伯，元士受地视子、男。大国地方百里，君十卿禄，卿禄四大夫，大夫倍上士，上士倍中士，中士倍下士，下士与庶人在官者同禄，禄足以代其耕也。次国地方七十里，君十卿禄，卿禄三大夫，大夫倍上士，上士倍中士，中士倍下士，下士与庶人在官者同禄，禄足以代其耕也。小国地方五十里，君十卿禄，卿禄二大夫，大夫倍上士，上士倍中士，中士倍下士，下士与庶人在官者同禄，禄足以代其耕也。耕者之所获，一夫百亩。百亩之粪，上农夫食九人，上次食八人，中食七人，中次食六人，下食五人。庶人在官者，其禄以是为差。"

【注释】北宫锜：卫国人。不能五十里：是指土地不足五十里的小邦国。庶人在官者：百姓在官府供职当差的（如胥吏、勤杂、管理等服务性工作）。

【译文】北宫锜问："周王室规定的爵位、俸禄等级制度，是怎么样的？"

孟子说："它的详细情况已不能知道了。诸侯们因为讨厌那些爵禄制度限制和妨害了他们土地财富的占有和扩张，把有关的典籍文献全部销毁了，不过我孟轲还粗略地知道其大概。天子是一级，公是一级，侯是一级，伯是一级，子、男同是一级，一共是五个等级。（在诸侯国）诸侯王是一级，卿是一级，大夫是一级，上士是一级，中士是一级，下士是一级，一共是六个等级。（禄，以田计）天子之禄，田千里，公侯百里，伯七十里，子、男五十里，一共分四个等级。不足五十里的小邦国，不直接受天子管辖，附属诸侯代管，叫附庸。天子的卿的俸田比照侯，大夫比照伯，上士比照子、男。

"大国的土地纵横百里，国君的俸禄是卿的十倍，卿是大夫的四倍，大夫是上士的一倍，上士是中士的一倍，中士是下士的一倍，下士与百姓在官府担任胥吏差役的俸禄相同，足够代替他们耕田的所得。

"次一等的国家纵横七十里，国君的俸禄是卿的十倍，卿是大夫的三倍，大夫是上士的一倍，上士是中士的一倍，中士是下士的一倍，下士与百姓在官府担任胥吏差役的俸禄相同，足够代替他们耕田的所得。

"小的土地纵横五十里，国君的俸禄十倍于卿，卿二倍于大夫，大夫一倍于上士，上士一倍于中士，中士一倍于下士，下士与百姓在官府担任胥吏差役的俸禄相同，足够代替他的种田所得。

"种田的人，一个劳动力一百亩；水肥土种管得好，一人之耕，可以养活九人，次一点可以养活八人，差一点的可以养活七人，再差一点的可以养活六人，最差的只能养活五人。百姓在官府供职胥吏差役的，他们的俸禄也比照耕田的分五等。"

【解读】孟子虽说，对周代的爵禄制度知识"尝闻其略"但本章还是讲得比较详尽，读后有两点体会：一还是农耕社会，自天子、公侯以至于庶人在官者，其俸禄都以耕种收入为计算基准。二是爵禄等级已很森严，差别很大，阶级社会已露端倪。诸侯为自已的权势和利益销毁周室爵禄制的有关典籍，证明周室衰微礼崩乐坏已成定势。

3. 友也者　友其德也

【原文】万章问曰："敢问友。"

孟子曰："不挟长，不挟贵，不挟兄弟而友。友也者，友其德也，不可以有挟也。孟献子，百乘之家也，有友五人焉：乐正裘、牧仲，其三人，则予忘之矣。献子之与此五人者友也，无献子之家者也。此五人者，亦有献子之家，则不与之友矣。非惟百乘之家为然也。虽小国之君亦有之。费惠公曰：'吾于子思，则师之矣；吾于颜般，则友之矣；王顺、长息则事我者也。'非惟小国之君为然也，虽大国之君亦有之。晋平公之于亥唐也，入云则入，坐云则坐，食云则食。虽疏食菜羹，未尝不饱，盖不敢不饱也。然终于此而已矣。弗与共天位也，弗与治天职也，弗与食天禄也，士之尊贤者也，非王公之尊贤也。舜尚见帝，帝馆甥于贰室，亦飨舜，迭为宾主，是天子而友匹夫也。用下敬上，谓之贵贵；用上敬下，谓之尊贤。贵贵、尊贤，其义一也。"

【注释】挟：倚仗，自恃的意思。孟献子：鲁国贵卿，仲孙蔑。费

(bì)：春秋时小国，在今山东费县北。帝馆甥于贰室：帝是尧，甥，指尧的女婿舜，古时岳丈与女婿以舅甥称。贰室，另一处的住处。

【译文】万章问孟子道："请问先生交朋友之道。"

孟子说："不自恃年长，不自恃地位尊贵，不自恃自己兄弟人多势大而交朋友，交友主要看重朋友良好的品德，而不可自己倚仗什么。鲁国的孟献子是有百辆车马的大夫，他交好五个朋友，乐正裘、牧仲，另外还有三人，我忘了名字。孟献子与这五人交朋友，并没有自己是鲁国大夫而自恃的想法。这五位也没有孟献子是大夫的心理隔阂。如果有这种想法，他们就不能成为朋友了。不只是有百乘之家的大夫是这样，小国君王交友也有这样的情况。春秋时小国费的君王费惠公说：'我与子思，子思是我的老师；我与颜般，我把他当朋友；至于王顺和长息，则只是帮我做事服务的。'不仅小国之君是这样，大国之君也有这样的情况。晋平公和亥唐，亥唐叫他进屋就进屋，请他坐就坐，请他吃饭就吃饭，虽是蔬饭菜羹，也未曾不饱，因为不好意思不吃饱。但是只此为止（仅限于朋友之间的友情），晋平公不与亥唐同居王位，不与亥唐同理政事，不与亥唐同享俸禄。这是士与士之间朋友的相互尊重，而不是国君尊贤。舜拜见尧，尧以接待女婿的礼节安排舜住外馆，请舜吃饭，舜也请尧吃饭，互为宾主，这是天子与普通人交朋友的例子，以下敬上，叫尊重尊贵的人，以上敬下，叫尊重贤德的人，尊重尊贵的人，尊重贤德的人，道理原则是一样的。"

【解读】孟子给万章讲交友之道，举了四个例子，讲了四条原则。

四个例子：孟献子交友，不挟长，不挟贵，不挟兄弟而友，友其德。费惠公交友，是师、是友、是上下级，有所区分，比之以义。晋平公交友，生活上打成一片，政事不得干预，很有原则。尧舜交友，尊贵爱贤，亦亲亦友，不屈位，不僭礼，有礼有义。

四条原则：一、交友以德，孔子有言"益者三友"。二、互相尊重，平等相待。三、私不伤谊，友不干政。四、尊贵爱贤，有礼有义。

4. 敢问交际何心

【原文】万章问曰："敢问交际何心也?"

孟子曰："恭也。"

曰："却之却之为不恭，何哉?"曰："尊者赐之，曰'其所取之者，义乎，不义乎'，而后受之，以是为不恭，故弗却也。"

曰："请无以辞却之，以心却之，曰'其取诸民之不义也'，而以他辞无受，不可乎?"

曰："其交也以道，其接也以礼，斯孔子受之矣。"

万章曰："今有御人于国门之外者，其交也以道，其馈也以礼，斯可受御与?"

曰："不可。《康诰》曰：'杀越人于货，闵不畏死，凡民罔不譈。'是不待教而诛者也。殷受夏，周受殷，所不辞也。于今为烈，如之何其受之?"

曰："今之诸侯取之于民也，犹御也。苟善其礼际矣，斯君子受之，敢问何说也?"

曰："子以为有王者作，将比今之诸侯而诛之乎? 其教之不改而后诛之乎? 夫谓非其有而取之者盗也，充类至义之尽也。孔子之仕于鲁也，鲁人猎较，孔子亦猎较。猎较犹可，而况受其赐乎？"

日："然则孔子之仕也，非事道与？"曰："事道也。"

"事道奚猎较也？"

日："孔子先簿正祭器，不以四方之食供簿正。"

日："奚不去也？"

日："为之兆也。兆足以行矣，而不行，而后去，是以未尝有所终三年淹也。孔子有见行可之仕，有际可之仕，有公养之仕。于季桓子，见行可之仕也；于卫灵公，际可之仕也；于卫孝公，公养之仕也。"

【注释】 御人于国门之外者：御，本是驾车、统御、防御、抗衡的意思，此句"御"是抢劫的意思；国门之外，是城外荒野之地。整句的意思是城外荒野之地抢劫杀人的人（强盗、土匪）。

《康诰》曰："杀越人于货，闵不畏死，凡民罔不譈。"引自《尚书·康诰》意思是：抢劫作乱，杀人越货，强横不怕死，对这样的人没有不怨恨的。

簿正祭器：簿是文书，用文书规定祭器，祭祀用什么样的祭器，用多少祭器，祭器里装什么祭品。

兆：预兆，预先试，有不有预想结果。

【译文】 万章请教孟子："请问先生，待人接物应秉承什么样的心？"

孟子说："应该秉持恭敬之心，尊重人。"

万章说："俗话说'却之，却之不恭'这句话怎么理解？"

孟子说："尊者长者给你礼物，你首先就想：'他送我这些礼物，是不是不义之财？'搞清楚了再接受，这就是不恭敬。因此就不应该这么想，不应该拒绝。"

万章又说："我拒绝他的礼物，心里认为他的礼物是取之于老百姓的不义之财，但口里不说或者找其他的谢绝之辞，不可以吗？"

孟子说："如果他行正道与你交往，按礼义与你接物，这样送礼物孔子也会接受的。"

万章说："如果在城外荒野抢劫杀人的强盗，他也以正道和你交往，按礼节给你送礼物，难道可以接受他抢劫的东西吗？"

孟子说："不可以。《尚书·康诰》上说：'杀害路人，抢劫货物，强横不怕死，百姓无不怨恨。'这种人是不待教即诛杀的人。是夏、商、周三代的不易之规，如今这种情况更严重了，怎么能接受这种馈赠呢？"

万章说："现在诸侯榨取百姓血汗，如同打劫。他们好好的以礼接待你，君子你就乐意接受他们的馈赠，这又作何解释？"

孟子说："你以为圣王兴起，就会把那些诸侯一律予以诛杀吗？或者先教育而后诛杀吗？所谓'非其有而取之者盗也'，只是以义至尽上纲上线那么说的。孔子在鲁国任职的时候，鲁国有打猎争抢猎物的比赛活动，孔子也参加，参加争抢猎物可以，何况接受诸侯的馈赠呢？"

万章说："那么孔子做官，不是为行圣贤之道吗？"

孟子说："是行圣贤之道。"

万章说："既然行圣贤之道，为什么还去争抢猎物呢？"

孟子说："孔子（为了祭祀）他用文件规范祭器，祭器的种类、数量，祭器装什么样的祭品。这样猎较之物就不作祭品了，争夺猎物的习俗也就逐步没有了。"

万章说："孔子为什么不辞官而去呢？"

孟子说："孔子做官，先得预试一下，预试还行，但君王不推行，他就辞官走人，所以孔子没有在一个诸侯国停留整三年的。孔子是因为可以行圣王之道而去做官的，有的是因为诸侯王礼遇不错，有的是诸侯王能养贤。比如鲁国季桓子，可以行圣贤之道，所以孔子曾在鲁国为官；卫国卫灵公礼遇孔子，卫孝公能养贤，所以孔子在卫国也曾为官。"

【解读】万章问："待人接物应秉持什么心？"孟子回答得简洁而肯定："恭也，秉持恭敬之心，尊重人。"这应该是本章的旨意。

但是万章借题发挥，问了很多，有点节外生枝，刁钻离题，有悖章旨。朱熹《孟子集注》说："此章文义多不可晓，不必强为之说。"我从朱子。

5. 仕非为贫也

【原文】孟子曰："仕非为贫也，而有时乎为贫；娶妻非为养也，而有时乎为养。为贫者，辞尊居卑，辞富居贫。辞尊居卑，辞富居贫，恶乎宜乎？抱关击柝。孔子尝为委吏矣，曰：'会计当而已矣。'尝为乘田矣，曰：'牛羊茁壮长而已矣。'位卑而言高，罪也；立乎人之本朝，而道不行，耻也。"

【注释】抱关击柝（tuò）：抱关，守门；击柝，敲梆打更。指守门打更的小吏。委吏：古代负责仓库保管和会计事务的小吏。乘田：春秋时鲁国管理牧场、饲养牛羊的小官吏。

【译文】孟子说："为官不是为了解决自家的贫困，但有时候也是因为家贫。娶妻不是为了做家务奉养父母，但有时候又是因为要做家务奉养父母。因为家贫做官的，要辞避高位，居于卑微；辞避厚禄，只受薄俸。避高位，择卑微，避厚禄，受薄俸，那么选择什么样的职位合适呐？抱关击柝（守门打更）。孔子也曾经做过管理仓库的小官，他说：'会计账目清楚呢。'还做过守牧场、养牛羊的小吏，他说：'牛羊养得肥壮呢。'处在卑微的职位，不能议论政事，是罪过；而官居高位，不行尧舜周公之道，更是耻辱。"

【解读】孟子讲了一个十分重要的话题"为什么当官，当官为什么？"。开头很平易，"仕不为贫，而有时乎为贫"。接着层层递进，为贫而仕，辞尊居卑，辞富居贫，抱关击柝。再说到孔圣人兢兢业业为小吏。最后结尾点题："位卑而言高，罪也；立乎人之本朝，而道不行，耻也。"位卑不能议政事，这是自己的罪过；居高立朝不能行大道，这更是自己的耻辱。在孟子看来，当官最高理想和目标是行尧舜周公之道治国平天下，要学圣之任者伊尹，觉天下之民，救天下之民，泽惠天下之民，"自任以天下之重"。这就是孔孟的为官思想，仕非为贫，而为行道。

时至今日，这个题目，这种思想仍然是为官者的圭臬。"不忘初心，牢记使命。""心中没有人民群众，就不配为共产党员。"我们共产党的干部还要天天扪心自问。

6. 士不可托诸侯

【原文】万章曰："士之不托诸侯，何也？"

孟子曰："不敢也。诸侯失国而后托于诸侯，礼也，士之托于诸侯，非礼也。"

万章曰："君馈之粟，则受之乎？"

曰："受之。"

"受之何义也？"

曰："君之于氓也，固周之。"

曰："周之则受，赐之则不受，何也？"

曰："不敢也。"

曰："敢问其不敢，何也？"

曰："抱关击柝者，皆有常职以食于上，无常职而赐于上者，以为不恭也。"曰："君馈之，则受之，不识可常继乎？"

曰："穆公之于子思也，亟问，亟馈鼎肉，子思不悦，于卒也，摽使者出诸大门之外，北面稽首再拜而不受。曰：'今而后知君之犬马畜伋。'盖自是台无馈也。悦贤不能举，又不能养也，可谓悦贤乎？"

曰："敢问国君欲养君子，如何斯可谓养矣？"

曰："以君命将之，再拜稽首而受。其后廪人继粟，庖人继肉，不以君命将之。子思以为鼎肉，使己仆仆尔亟拜也，非养君子之道也。尧之于舜也，使其子九男事之，二女女焉，百官牛羊仓廪备，以养舜于畎亩之中，后举而加诸上位。故曰：王公之尊贤者也。"

【译文】万章问孟子："士不能寄住在其他诸侯国家靠人家供养，为何？"

孟子说："士不能这样做。如果诸侯亡国了，寄居在其他诸侯国，这是于礼相符的；而士寄居其他诸侯国靠人家供养，是不符合礼的。"

万章问："国君如果送给他粮食，那接不接受呢？"

孟子说："接受。"

万章问："接受有什么理由呢？"

孟子说："国君对于流亡在他邦国的其他诸侯国的人，本有周济的义务。"

万章问："周济可以接受，赐予就不接受，这又是为什么呢？"

孟子说："不敢接受。"

万章又问："请问不敢又是为何？"

孟子说："看门和打更的小吏，都有固定的工作和供养，没有固定的工作职位，靠人赐予，别人看来有失尊严。"

万章说："国君赐予他就接受，不知道能不能常常有呢？"

孟子说："子思在鲁国，鲁缪公就经常去问候，经常去送熟肉。子思很不高兴。最后一次，子思挥手示意把送菜饭的人打发出了门，并且向北叩头作揖再三拜谢，不再接受馈赠了，说：'今天我才知道国君把我当犬马一样蓄养啊！'从此那个送菜饭的小官再也没有来送吃的了。如果国君喜欢贤士，却不举用他，又不恭敬他，不关心照顾好生活，这怎么能说是喜欢贤士呢？"

万章问："国君要关心照顾好贤士的生活，如何做才叫恭敬照顾呢？"

孟子说："（贤士来了）一开始就要转达君王的问候和欢迎，送了馈赠的礼物，客人（贤士）拜谢接受。然后，管仓库的人接着送粮食，管厨子接着送肉，不必再转达君王的问候。子思认为每送一次肉，自己就要亲自扣头作揖，不胜其烦，这不是恭敬奉养贤士的办法。尧对舜，尧派他九个儿子去为舜服务，要两个女儿嫁给舜，还派百官为舜准备牛羊、仓廪，为舜在田野耕种服务，后来推举舜接受天子之位。所以说：这就是王公的尊重贤士。"

【解读】本章孟子和万章讨论君王如何待士，有两个关键词"礼"和"尊严"，君王待士以礼，士很在乎尊严。礼的实质是敬，喜欢贤士，在于尊重，在于举用，不只是养。鲁缪公之于子思很典型。作为士，要有尊严，要有气节。"士可杀不可辱。""无常职而赐于上者，以为不恭也。"托于诸侯，"赐予"犹如嗟来之食，一点尊严也没有。所以孟子说："士之托于诸侯，非礼也。"

7. 敢问不见诸侯何义也

【原文】万章曰："敢问不见诸侯，何义也？"

孟子曰："在国曰市井之臣，在野曰草莽之臣，皆谓庶人。庶人不传质为臣，不敢见于诸侯，礼也。"

万章曰："庶人，召之役，则往役；君欲见之，召之，则不往见之，何也？"

曰："往役，义也；往见，不义也。且君之欲见之也，何为也哉？"

曰："为其多闻也，为其贤也。"

曰："为其多闻也，则天子不召师，而况诸侯乎？为其贤也，则吾未闻欲见贤而召之也。缪公亟见于子思，曰：'古千乘之国以友士，何如？'子思不悦，曰：'古之人有言：曰事之云乎，岂曰友之云乎？'子思之不悦也，岂不曰：'以位，则子，君也；我，臣也。何敢与君友也？以德，则子事我者也。奚可以与我友？'千乘之君求与之友，而不可得也，而况可召与？齐景公田，招虞人以旌，不至，将杀之。志士不忘在沟壑，勇士不忘丧其元。孔子奚取焉？取非其招不往也。"

曰："敢问招虞人何以？"

曰："以皮冠。庶人以旃，士以旂，大夫以旌。以大夫之招招虞人，虞人死不敢往。以士之招招庶人，庶人岂敢往哉。况乎以不贤人之招招贤人乎？欲见贤人而不以其道，犹欲其入而闭之门也。夫义，路也；礼，门也。惟君子能由是路，出入是门也。诗云：'周道如底，其直如矢；君子所履，小人所视。'"

万章曰："孔子，君命召，不俟驾而行。然则孔子非与？"

曰："孔子当仕有官职，而以其官召之也。"

【注释】庶人不传质为臣：按礼节习俗，没有官职的庶人（百姓）见君王不带（不执）见面礼也不通报。传质：不拿见面礼通报。皮冠：田猎时戴的皮帽子，国君田猎时召唤猎场管理员的信号用皮冠。旃、旌、旂：田猎时召唤不同人员的信号旗。《诗》云："周道如底，其直如矢，君子所履，小人所视。"引自《诗经·小雅·大东》，原诗是东方夷人描写和倾诉对西周征服者的不满，这里引用完全脱离了原意。底，即砥，宽平的砥石。

【译文】万章问孟子："请问臣民不去拜见诸侯王，是什么道理？"孟子回答说："市井的臣民叫市井之臣（市民），农村的臣民叫草莽之臣（农民），都称庶民。庶民不通报执礼称臣，不能拜见诸侯王，这是礼的规定。"

万章问："庶民，国君召他服役，就去服役；国君想见他们，召他们，他们却不去见，为什么呢？"

孟子回答："应召去服役，合礼义；去拜见君王，不合理义。况且君王要见他，是为什么呢？"

万章说："是因为他见多识广，是因为他有贤德。"

孟子说："因为他见多识广，那他是老师，天子也不能召唤老师，何况是诸侯王呢？因为他有贤德，我也没听说过君王要见有贤德的人而随便召唤的。鲁缪公屡屡去拜见子思，说：'古代千乘之国的君王与士交友，是怎样的呢？'子思不高兴，说：'古人的这句话，是讲国君以士人为师吧，岂是说，同士人交友呢。'子思不高兴实际是说：'论地位，你是君王；而我呢，是臣民，我哪里敢和你交朋友呢？论贤德，你应该拜我为师，怎么可以以我为朋友呢？'千乘之国的国君想与子思这样有贤德的士人交朋友都不可以，怎么能随便召唤呢？齐景公狩猎，用旌旗召唤猎场管理员，猎场管理员不应召，齐景公把管理员杀了。（有人称赞这位管理员）有志气，讲原则，不畏抛尸沟壑，有勇气，守礼义不畏砍头颅。孔子赞扬他，是取他哪一点呢，取其不应违礼之召而不往。"

万章又问："召唤猎场管理员按规定应该怎么召唤呢？"

孟子说："应该用皮冠召唤。按规定，在猎场上召唤庶人用旃（曲柄红旗），召士人用旂（竿头系铃的旗），大夫用旌（装饰有牛尾和彩色羽）。以召大夫的信号旗召唤猎场管理员，管理员宁死也不往，以召士人的旂去召唤庶人，庶人谁会敢往呢？何况国君用召不贤之人的礼节去召唤贤人呢？想见贤德之人，又不遵规矩礼节，犹如想请人进门又把门关闭一样。义，好比是大路；礼，好比是大门，只有君子循大路行走，由大门进出。《诗经》说：'大路如砥石宽平，如箭笔直，君子循大路走，小人跟着走。'"

万章反问："孔子听到国君召唤，不等车马驾好就走，那这样，是不是孔子错了？"

孟子说："那是因为孔子还任职朝廷，官职在身，国君是召唤臣子（臣子应该召之即到）。"

【解读】君臣之召，君臣之交，以礼义为纲。

庶人不见诸侯是礼，应君王之召服役是义；君王礼贤下士，以贤士为师，不能无礼而召，虞人宁死不应君王非礼之召……本章篇幅较长，感觉得到孟子之于君王"召"与"见"的纠结。

孟子的结论很经典："夫义，路也；礼，门也。惟君子能由是路，出入是门也。"孔子曾告诫弟子："谁能出不由户（门）？何莫由斯道也？"（《论语·雍也》）礼义之重，孔孟一脉相承，"礼门义路"金匾高悬圣人之堂，鉴照千古。

8. 是尚友也

【原文】孟子谓万章曰："一乡之善士，斯友一乡之善士；一国之善士，斯友一国之善士；天下之善士，斯友天下之善士。以友天下之善士为未足，又尚论古之人。颂其诗，读其书，不知其人，可乎？是以论其世也。是尚友也。"

【译文】孟子对万章说："一个乡村的优秀人士，会结交一个乡村的优秀人士；一个国家的优秀人士，会结交一个国家的优秀人士；天下的优秀人士会结交天下的优秀人士。（特别优秀的人）他结交了天下的优秀人士还不满足，又仰慕崇尚古代那些十分优秀杰出的古人。诵读他们的诗篇，学习他们的著作，还以为不够，还研究他们所处的历史时代、了解他们的为人和思想，这就是真正的与古代优秀杰出的人交友，仰慕他们，崇尚他们。"

【解读】孟子讲尚贤交友，境界高，格局大。从乡里到邦国，以至于天下，尚天下之贤，尽交天下之善士。犹为不足，纵观历史，"又尚论古之人"，仰慕古人先贤，"颂其诗、读其书、论其世、知其人"，"读破万卷神交古人"，尚圣贤之事，传圣贤之道。这就是高山仰止，尚贤交友。

9. 齐宣王问卿

【原文】齐宣王问卿。孟子曰："王何卿之问也？"

王曰："卿不同乎？"

曰："不同。有贵戚之卿，有异姓之卿。"

王曰："请问贵戚之卿。"

曰："君有大过则谏，反复之而不听，则易位。"

王勃然变乎色。

曰："王勿异也。王问臣，臣不敢不以正对。"

王色定，然后请问异姓之卿。

曰："君有过则谏，反复之而不听，则去。"

【译文】齐宣王问孟子有关卿相的问题。孟子说："您问的是哪种卿相呢？"

宣王说："卿相还有什么不同吗？"

孟子说："有不同。有出身贵族与王有亲戚关系的卿，还有和王没有亲戚关系异姓的卿。"

宣王说："请问出身于王的亲戚的卿相。"

孟子说："这种贵戚之卿在大王有大错的时候便会进谏，反复劝谏王不听从，他们会动议另立贤德的君王。"

宣王一听，脸上顿时现愠怒惊恐之色。

孟子立即说："大王不要惊异。大王刚才问我，我不得不如实直言。"

宣王镇定下来，然后问与王异姓的卿怎么样。

孟子说："您大王有错的时候，他们也会进谏，反复劝谏，您若不听从，他们会离开您自己走。"

【解读】孟子与齐宣王的这则对话，对齐宣王是诚直的警示，也是对其他君王任人唯亲而不以贤的警告。贵戚之卿，以亲而任，多为王族或裙带关系，少有忠贞益国者，多恃尊横强甚至擅权篡政；异姓之卿，以贤而任，多出身草莱寒门，多有忠良保国之士。选贤任能，不可不察。

闻谏从善，闻过则喜，也是君王应有的品格作风。

《告子》上篇共二十章，主要阐述性善论，很经典。"人无有不善。""乃若其情，则可以为善矣，乃所谓善也。"同时孟子更强调存心养性，不忘初心，不失本心。"学问之道无他，求放心而已矣。"

1. 告子曰　性　犹杞柳也

【原文】告子曰："性、犹杞柳也，义、犹桮棬也；以人性为仁义，犹以杞柳为桮棬。"

孟子曰："子能顺杞柳之性而以为桮棬乎？将戕贼杞柳而后以为桮棬也。如将戕贼杞柳而以为桮棬，则亦将戕贼人以为仁义与？率天下之人而祸仁义者，必子之言夫！"

【注释】告子：孟子的学生，为研究讨论人性和孟子对话辩论。杞柳：枝条柔韧的柳科植物。桮棬：用柳条编织的杯盘一类的器具。

【译文】告子说："人的本性，好比杞柳，仁义好比用杞柳矫揉编织的杯盘，使人的本性而为仁义就好比把杞柳矫揉为杯盘。"

孟子说："您是顺着杞柳的本性来矫揉编织杯盘的？还是损害杞柳的本性而后将它制作成杯盘的呢？如果是损害杞柳的本性将它制作成杯盘，那么也要损害人的本性才能成就人的仁义吗？看来，带着天下的人损害仁义的，一定是您的这种言论！"

【解读】告子从杞柳之性说起，杞柳柔韧，可矫揉制作桮棬，桮棬比如仁义。意思是说：性是本始自然的，仁义是顺其性而人为造就的。

孟子予以驳斥，核心是仁义就是人之本性，告子之喻是把人性损害了，再造就仁义。在孟子看来，是本末倒置，伤害根本，所以孟子说：告子的言论是率天下之人祸害仁义。

2. 性犹湍水也

【原文】告子曰：性犹湍水也，决诸东方则东流，决诸西方则西流。人性之无分于善不善也，犹水之无分于东西也。"

孟子曰："水信无分于东西，无分于上下乎？人性之善也，犹水之就下也。人无有不善，水无有不下。今夫水，搏而跃之，可使过颡；激而行之，可使在山。是岂水之性哉？其势则然也。人之可使为不善，其性亦犹是也。"

【译文】告子说："人性就像急流的水，东方决口它就向东流，西方决口它就向西流。人性无分于善与不善，就像水无所谓向东流向西流一样。"

孟子说："水的确无所谓向东流向西流，但无所谓向上流向下流吗？人性向善，就像水总往低处流一样，人性没有不善良的，水没有不向低处流的。当然，如果水被拍打，也会飞溅起来，高过额头，加压上提也可以流过山岗。这又岂是水的本性？外加势力迫使它这样的，人可以被迫使不善而作坏事，本性的改变也像这样。"

【解读】告子言"人性如湍水"，决向东向东，决向西向西，是说水流无东西，人性无善恶。孟子思辩敏锐，马上接过话头："水信无分于东西，无分于上下乎？"告子语塞。于是孟子理直气壮得出结论："人性之善也，犹水之就下也，人无有不善，水无有不下。"

孟子的结论是正确的，人性本善，人无有不善。这是对人性基本的定性和根本的尊重。可以说，这是我国传统文化以仁为核心的人文思想的根基，也应该是人类社会的治理、建设、发展和进步的根本的人性依据。

3. 生之谓性

【原文】告子曰："生之谓性。"

孟子曰："生之谓性也，犹白之谓白与？"

曰："然。"

"白羽之白也，犹白雪之白；白雪之白犹白玉之白与？"

曰："然。"

"然犬之性犹牛之性，牛之性犹人之性与？"

【译文】告子说："人与生俱来的自然之性就是人性。"

孟子说："生下来的自然之性就是性，那就是天生的白色就是白啰？"

告子答："是的。"

孟子反问："白羽毛的白，和白雪的白是一样的吗？白雪的白和白玉的白也是一样的吗？"

告子答："是的。"

孟子说："那么狗的本性如同牛的本性，牛的本性如同人的本性吗？"

【解读】告子说"生之谓性"，和子思《中庸》所言"天命之谓性"、荀子"生之所以然者谓之性"是一样的表述，这是对人性初始本然自然之性比较准确的表达。孔子一句"性相近"，虽然抽象但很经典。古之圣贤如此概定人性，都是为人后天的学养修炼以成就人性的真善美而立论，是圣人以性立教。

孟子在本章的辩说离题，思维不缜密，没有能辩证自己性善论的观点，相反陷入了空泛的诡辩。

4. 食色性也

【原文】告子曰："食，色，性也。仁，内也，非外也；义，外也，非内也。"

孟子曰："何以谓仁内义外也？"

曰："彼长而我长之，非有长于我也；犹彼白而我白之，从其白于外也，故谓之外也。"

曰："异于白马之白也，无以异于白人之白也；不识长马之长也，无以异于长人之长与？且谓长者义乎？长之者义乎？"

曰："吾弟则爱之，秦人之弟则不爱也，是以我为悦者也，故谓之内。长楚人之长，亦长吾之长，是以长为悦者也，故谓之外也。"

曰："耆（嗜）秦人之炙，无以异于耆（嗜）吾炙，夫物则亦有然者也，然则耆（嗜）炙亦有外与？"

【译文】告子说："饮食、男女，是人的本性。仁是内在的东西，不是外在的；义是外在的东西，不是内在的。"

孟子说："你怎么认为仁是内在的，义是外在的呢？"

告子回答："（比如）别人年纪比我大，我就恭敬他（很自然），并不是我有这份心；就像我看到白的东西我认识了白，认识白是缘乎外物的白，所以说是外在的东西。"

孟子说："白马的白，和白人的白，没有说明不同，难道你就认为怜悯关心老马与恭敬关心老人没什么不同吗？并且你还说年长之人我恭敬他，是由于他年长，是外在之义，而不认为这是自己的恭敬仁爱之心呢？"

告子回答："是我的亲弟弟就爱他，秦人的弟弟就不爱，是我内心的喜欢，所以说仁爱是内在的东西。恭敬楚人的长者，也恭敬我自己的长者，是因为都是长者，恭敬是外在的原因，所以说义是外在的。"

孟子说："喜欢吃秦人的烧肉，和喜欢吃自己的烧肉没什么不同，同种同类的事物也有这种情况，那么喜欢吃烧肉的心也是外在的吗？"

【解读】"食色性也。"人最基本的生理、心理需求和欲望，是自然人性的一部分，这一点古今中外都无争议。本章告子除此之外还提出了一个"仁，内也""义，外也"的说法，引起了孟子的批驳。告子在概念和思维上有点混乱，在孟子看来，"仁义"是人内在的品性，发于心，起于性，所以孟子在这点上给了告子明确的批评和点拨。

5. 何以谓义内也

【原文】孟季子问公都子曰："何以谓义内也？"

曰："行吾敬，故谓之内也。"

"乡人长于伯兄一岁，则谁敬？"

曰："敬兄。"

"酌则谁先?"

曰："先酌乡人。"

"所敬在此，所长在彼，果在外，非由也。"

公都子不能答，以告孟子。

孟子曰："敬叔父乎? 敬弟乎? 彼将曰敬叔父。曰，'弟为尸，则谁敬?'彼将曰敬弟。子曰，'恶在其敬叔父也?'彼将曰在位故也。子亦曰在位故也。庸敬在兄，斯须之敬在乡人。"

季子闻之，曰："敬叔父则敬，敬弟则敬，果在外，非由内也。"

公都子曰："冬日则饮汤，夏日则饮水，然则饮食亦在外也?"

【注释】孟季子：孟子的弟弟季任。尸：古时候代表死者接受祭祀的人称为尸。庸：平常。须：即须臾之间，一时。

【译文】孟子的弟弟季子问公都子："为什么说义在身内呢?"

公都子说："对人表达内心的崇敬，所以说义在身内?"

季子说："如果有个乡里人比你哥哥长一岁，那么你尊敬谁呢?"

公都子说："尊敬我哥。"

季子又问："要是同席饮酒，你是给谁斟酒呢?"

答："先给乡里人斟。"

季子说："那这样看来，你内心尊敬的是你哥哥，外面表示礼敬的是你同乡长者，那义在身外并不由内心呀。"

公都子被季子问住了，不能回答，于是告诉并请教孟子。

孟子说："你可以反问季子呀，是应该尊敬叔父呢，还是尊敬弟弟呢？他一定会说，尊敬叔父。你又可以追问他：'假如弟弟是祭祖先时的受祭代理人，那应尊敬谁？'他会回答：'尊敬弟弟。'你又反问他一句：'那你刚才怎么说尊敬叔父呢？'季子会说：'是他们所处的位置不同的缘故。'（敬叔父，因叔父长一辈；敬弟，是因弟当时处于受祭代理人之位。）这时候，你就可以说，敬乡人还是敬兄也是当时处的位置决定的。平常时候，要敬哥哥，有时候乡邻是客人，同席当然应敬乡邻。"

孟季子听了这席话说："应该敬叔父时候敬叔父，应该敬弟弟的时候敬弟弟，这都是在身外的表现，并非由内心。"

公都子听了又问："人们冬天要喝热茶，夏日要饮凉水，照你季子的说法，那饮食冷暖也不是人内在的需要，而是身外之境所定？"

【解读】本章是接着第四章说的，还是强调"仁""义"皆内也，非外也。

开章，由孟季子发问："何以谓义内也？"公都子和孟子先后解答。这应该说，不是问题。

"羞恶之心，义也。""仁，人心也；义，人路也。"仁和义是连在一起的，有什么样的心，才会走什么样的路，才会有什么样的行。"集义而生"发于仁心的道义，权于具体事物的处境时势，定于宜与不宜，这就是义，具体问题具体分析。守正持中，行而宜之，是"义"的活的灵魂。孔子和孟子都把"义"看得很重。孔子说："君子之于天下也，无适也，无莫也，义之与比。"《孟子》言义甚多，如"集义所生"谓养浩然之气，"惟义所在"谓行事原则。

甚至不厌其烦，用很多的小事例讨论"义"，强调"义"，如本章所谓敬兄长、敬乡人、敬叔父、敬弟弟，看似不该讨论的问题还如此佶屈聱牙，啰啰嗦嗦，我以为孟子的真正意图是要强调"义"是善心本性的重要组成部分，"是内也，非外也"。集义就是积善，扩充义之端就是推行仁善于天下，企事事皆合于义。

6. 乃若其情　则可以为善矣

【原文】公都子曰："告子曰：'性无善无不善也。'或曰：'性可以为善，可以为不善。是故文、武兴，则民好善；幽、厉兴，则民好暴。'或曰：'有性善，有性不善；是故以尧为君而有象；以瞽瞍为父而有舜；以纣为兄之子，且以为君，而有微子启、王子比干。'今曰性善，然则彼皆非与？"

孟子曰："乃若其情，则可以为善矣，乃所谓善也。若夫为不善，非才之罪也。恻隐之心，人皆有之；羞恶之心，人皆有之；恭敬之心，人皆有之；是非之心，人皆有之。恻隐之心，仁也；羞恶之心，义也；恭敬之心，礼也；是非之心，智也。仁义礼智，非由外铄我也，我固有之也，弗思耳矣。"

"故曰：'求则得之，舍则失之。'或相倍蓰而无算者，不能尽其才者也。《诗》曰：'天生烝民，有物有则。民之秉彝，好是懿德。'孔子曰：'为此诗者，其知道乎！故有物必有则；民之秉彝也，故好是懿德。'"

【注释】乃若其情，则可以为善矣，乃所谓善也：乃若，转折语气词，至于、若夫。至于从天生的性情来说，都可以为善，这就是我说的性善、人性本善的意思。相倍蓰而无算者：相差五倍、数倍到无数倍。《诗》曰："天生烝民，有物有则。民之秉彝，好是懿德。"引自《诗·大雅·烝民》。烝民，众多的百姓。秉彝，秉持有物有则的常理常规。好是懿德，都崇尚这种善良的美德。

【译文】公都子说："告子说：'人性无所谓善良不善良。'又有人说：'人性可以为善，可以为不善，所以周文王、周武王主政，天下百姓都好善；周幽王、周厉王在位，百姓就暴戾。'也有人说：'有的人本性善良，有的人本性不善良，所以有唐尧那样善良的国君，却有象那样的刁民，有瞽瞍那样蛮横的父亲，却有舜那样善良孝义的儿子；有暴君商纣那样的侄儿，却有微子、比干那样的善良的叔父和贤臣。'如今老师您说性善，那么告子那些人都说错了吗？"

孟子说："若夫从人天生的性情来说，人人都可以为善，这就是我说的性善、人性本善的意思。至于有些人不善良，不能归罪其天生的禀赋。恻隐之心，人皆有之；羞恶之心，人皆有之；恭敬之心，人皆有之；是非之心，人皆有之。恻隐之心是仁，羞恶之心是义，恭敬之心是礼，是非之心是智。仁义礼智这些善良之心性初端并非外在因素强加于我的，而是本性固有的，只是平常没有去想，只是出于自然而已。所以说：'不忘追求这些本性初心，就可以得到发挥，忘却抛弃这些本性初心，就会失去仁义礼智。'人与人之间道德品性修养相差数倍甚至无法比算，正是由于没有能牢记本性初心，充分发挥仁义礼智初心善端的缘故。《诗·大雅·烝民》说：'上天繁衍了众多的百姓，万事万物都有常理常规，百姓习惯于秉持常理常规，崇尚善良美好的道德品性。'孔子说过：'写这首诗的人真懂得道啊！人间万事万物必然有常理常规，百姓秉持这些常理常规，所以崇尚这些善良美好的道德品性。'"（人性本善、人心向善为善就是这个道理。）

【解读】这章是孟子性善论的经典之章。告子等人说："性无善无不善。""性可以为善，可以为不善。""有性善，有性不善。"孟子力排众议，精确立论。"乃若其情，则可以为善矣，乃所谓善也。"（若以人天生的性情来说，人人都可以为善，这就是我说的性善、人性本善的意思。）孟子说得很清楚、很贴切、很有分寸。天生之性，人人可以为善，天命所赋，人人有向善之初心，有为善之才质。为了论据充分，孟子接着讲了三层意思：其一，"若夫为不善，非才之罪也"（至于有些人不善良，不能归罪于天生的禀赋才质）其二，人皆有恻隐之心，羞恶之心，恭敬之心，是非之心的仁义礼智的本始初心，固有的心之四端。足以"扩而充之"而为德，"求则得之"而为善。如果"舍而失之"抛弃了善良的本始初心，"不能尽其才"，人与人为善与不为善就会相差倍蓰。其三，以《诗》为证，圣人点经。"天生烝民，有物有则。民之秉彝，好是懿德。"烝民秉彝，天下好善，这正是人心向善、人性本善的道理，是人性善最广大最深厚的民性民心基础和底气。所以圣人孔子说："为此诗者，其知道乎！故有物必有则，民之秉彝，故好是懿德。"圣哉，孔子！

孟子的性善论堪称经典，超越古今，足以正人心，息邪说，距诐行，平天下。北宋程子说："孟子有大功于世，以其言性善也。"

7. 理义之悦我心

【原文】孟子曰："富岁，子弟多赖；凶岁，子弟多暴，非天之降才尔殊也，其所以陷溺其心者然也。今夫麰麦，播种而耰之，其地同，树之时又同，浡然而生，至于日至之时，皆熟矣。虽有不同，则地有肥硗，雨露之养，人事之不齐也。故凡同类者，举相似也，何独至于人而疑之？圣人与我同类者。故龙子曰：'不知足而为屦，我知其不为蒉也。'屦之相似，天下之足同也。"

"口之于味，有同耆也。易牙先得我口之所耆者也。如使口之于味也，其性与人殊，若犬马之与我不同类也，则天下何耆皆从易牙之于味也？至于味，天下期于易牙，是天下之口相似也，惟耳亦然。至于声，天下期于师旷，是天下之耳相似也，惟目亦然。至于子都，天下莫不知其姣也。不知子都之姣者，无目者也。"

"故曰，口之于味也，有同耆焉；耳之于声也，有同听焉；目之于色也，有同美焉。至于心，独无所同然乎？心之所同然者何也？谓理也，义也。圣人先得我心之所同然耳。故理义之悦我心，犹刍豢之悦我口。"

【注释】赖：通懒。穊：覆土的农具，借用为覆土。日至：夏至。耆：通嗜。刍豢：家畜，刍，为食草家畜，如牛羊；豢，为食谷的家畜，如猪狗。易牙、子都：人名，易牙、擅长烹调，子都是美男子。

【译文】孟子说："丰年，子弟多半懒惰；灾荒之年，子弟多半暴戾。这并非他们天生的才质有不同，而是外部环境条件陷溺了他们善良的心造成的。（丰年衣食富足而生懒惰，灾年衣食不保而起盗心。）比如大麦，播下种子，把地覆平，土地一样，播种的时间也一样，麦苗一起蓬勃生长，到了夏至时节麦子都成熟了。即使有所不同也是因为土地有肥沃有贫瘠之差，雨露有多少和人力管理有差别。所以，凡是同类的事物，大体是相近的，为什么唯独对人类心性相近却要怀疑呢？圣人和我们也是一样的人。所以古代贤人龙子说：'不知道人的脚的大小形状去编草鞋，但我知道不会把草鞋编成筐。'草鞋式样相似，说明普天下人的脚形状相同。

人的口味嗜好相同，春秋齐国的易牙掌握了大家的口味嗜好，所以他烹调的菜肴为大家所喜好。假如有人生来与人口味不同，像犬马与我们不同一样，那么天下的人怎么都会喜好易牙烹调的口味呢？一讲口味，天下人都希望吃到易牙的口味菜，这说明天下人的口味嗜好是相近的。人的耳朵之于声音的感受也是一样，天下人都喜欢听乐师师旷的奏乐，这说明人们对音乐的喜爱之性也相近似。人的眼睛之于美色的感受也一样，美男子子都的美，大家都认可，不认可的，那是没有眼睛。所以说，人的口味有相同的嗜好，人的耳朵对于音乐也有相同的喜好，人的眼睛对于美色，有相同的欣赏。人的心，难道唯独没有相同的喜好？人心相同的喜好是什么呢？是理，是义。圣人不过是先知先觉到了人心相同的喜好。所以理义是人心所喜好的，就像猪肉、狗肉、牛肉、羊肉人人都喜欢一样。"

【解读】本章重点突出，还是讲性善论，善于人同。主要观点有三：一、解读孔子的"性相近""凡同类者，举相似""圣人与我同类"。口之于味，有同嗜；耳之于声，有同听；目之于色，有同美。孔子"性相近"很经典，无可争议。二、人心亦有同好，人性本善。孔子说："民之秉彝也，故好是懿德。"所以理义懿德同为人心所悦。朱熹读到"故理义之悦我心"说："此语亲切有味。"三、为不善者，"非天之降才尔殊也，其所以陷溺其心者然也"，与前一章"若夫为不善，非才之罪也"是同一个观点，为不善者不是先天的禀赋不同和缺陷，而是因后天原因丢失陷溺了本始善良的心性。这正是孔孟儒家以性立教、修身为本，修养心性、立德树人的人性论根据。

8．惟心之谓与

【原文】孟子曰："牛山之木尝美矣，以其郊于大国也，斧斤伐之，可以为美乎？是其日夜之所息，雨露之所润，非无萌蘖之生焉，牛羊又从而牧之，是以若彼濯濯也。人见其濯濯也，以为未尝有材焉，此岂山之性也哉？

"虽存乎人者，岂无仁义之心哉？其所以放其良心者，亦犹斧斤之于木也，旦旦而伐之，可以为美乎？其日夜之所息，平旦之气，其好恶与人相近也者几希，则其旦夕之所为，有梏亡之矣。梏之反复，则其夜气不足以存；夜气不足以存，则其违禽兽不远矣。人见其禽兽也，而以为未尝有才焉者，是岂人之情也哉？故苟得其养，无物不长；苟失其养，无物不消。孔子曰：'操则存，舍则亡；出入无时，莫知其乡。'惟心之谓与？"

【注释】有梏亡之矣：有即又。梏，即梏，桎梏，枷锁。引申为束缚、摧残，戕害，又摧残至亡。莫知其乡：乡，方向。不知去向。

【译文】孟子说："牛山的树木曾经是很茂盛的，由于它位于大城市之郊，常遭人们刀斧的砍伐，还能够保持林木茂盛吗？虽然山上的树木日夜都在生长，雨露也在滋润，并非没有新枝嫩芽长出来，但又有人来山上放牧牛羊，所以牛山就像现在这样光秃秃的了。人们看到牛山光秃秃的，还以为牛山从来没有生长茂盛林木，这岂是牛山的本来面貌（本性）？（既然是山，山上本来就有茂盛的林木。）既然是人，人身上本来就存在很多美好的东西，难道就没有仁义之心了吗？其所以人没有了仁义之心，也就像山上本有的林木被刀斧砍伐掉了一样，每天都遭砍伐，山上的美丽茂盛的林木能存在吗？虽然树木日夜生长，但到白天好恶之人又来砍伐，刚刚生长的树木又被摧残了，这样反复的砍伐摧残，晚上生长起来的新苗嫩芽就不可能生存了。人也和树木一样，夜间修养起来的善良仁义之气，一到白昼遇到世上各种恶劣污秽的人事和环境的戕害，往往善良之气难存，仁义之心陷溺，人与禽兽相差不远了。人们见这样的人沦为禽兽，便以为他不曾有善良的才质、仁义的心，这岂是他的本来面目（本性）啊！因此，如果得到好的培养，什么事物都可以生长和进步，失去好的培养，什么事物都会消亡和颓废。孔子说：'持守就存留，放弃就消亡；出入无定时，丢失还找不到去向。'这是说的人那颗善良仁义的心啊！"

【解读】本章的主题是讲存心养性，存养仁义善良的良心。孟子引孔子之语"操则存，舍则亡；出入无时，莫知其乡"，一语点题："惟心之谓与。""这就是讲存养人那颗善良仁爱的良心啊！"

结尾很精彩，也很经典，主旨是讲人性人心。但孟子言说举例总是取类比象，擅用形象思维。牛山林木之毁与仁义之心之失，不是一个概念，比附有点牵强，不是逻辑推理，但比喻形象生动，很有说服力。

9. 无或乎王之不智也

【原文】孟子曰："无或乎王之不智也，虽有天下易生之物也，一日暴之，十日寒之，未有能生者也。吾见亦罕矣，吾退而寒之者至矣，吾如有萌焉何哉？今夫弈之为数，小数也；不专心致志，则不得也。弈秋，通国之善弈者也。使弈秋诲二人弈，其一人专心致志，惟弈秋之为听。一人虽听之，一心以为有鸿鹄将至，思援弓缴而射之，虽与之俱学，弗若之矣。为是其智弗若与？曰：非然也。"

【注释】无或：或即惑，不怀疑。弈之为数：数即术，棋艺是技艺。

【译文】孟子说："齐王不明智，都不为疑惑。纵然有一种很容易生长的植物，假设把它暴晒一天又冷它十天，未必能生长。我和齐王相见的次数也很少，我退居在家把他冷淡到了极点，我知道他尚有善良之心的萌动，我有什么办法帮助他呢？譬如下棋，这是小技艺；不专心致志也学不精熟。弈秋，是全国公认的棋艺高手。假使让弈秋教两个人下棋，一个人专心致志，一心一意听弈秋的指导，而另一个人呢，虽然也在学，但心里却想到搭弓射雁。这个人同是学棋于弈秋，但棋艺肯定不如人家。是因为他聪明不如人家吗？自然不是的。"

【解读】这一章对上章存养心性作进一步阐述，"操则存，舍则亡"，必须专心致志，持之以恒，不可一暴十寒。

仔细阅读并考据典籍，孟子所言是指齐王。齐王不智，国人无惑，为什么？主要是齐王近嬖臣、远贤士，不涵养修持善良仁义之心，即使孟子客卿于齐，与齐王相见亦罕，热少寒多，甚至"寒之者至矣"。所以古人说："人君之心，惟在所养。君子养之以善则智。"

10. 舍生而取义者也

【原文】孟子曰："鱼，我所欲也，熊掌亦我所欲也；

二者不可得兼，舍鱼而取熊掌者也。生亦我所欲也，义亦我所欲也；二者不可得兼，舍生而取义者也。生亦我所欲，所欲有甚于生者，故不为苟得也；死亦我所恶，所恶有甚于死者，故患有所不辟也。如使人之所欲莫甚于生，则凡可以得生者，何不用也？使人之所恶莫甚于死者，则凡可以辟患者，何不为也？

“由是则生而有不用也，由是则可以辟患而有不为也。是故所欲有甚于生者，所恶有甚于死者，非独贤者有是心也，人皆有之，贤者能勿丧耳。一箪食，一豆羹，得之则生，弗得则死，呼尔而与之，行道之人弗受；蹴尔而与之，乞人不屑也。

“万钟则不辩礼义而受之。万钟于我何加焉？为宫室之美、妻妾之奉，所识穷乏者得我与？乡为身死而不受，今为妻妾之奉为之；乡为身死而不受，今为所识穷乏者得我而为之，是亦不可以已乎？此之谓失其本心。”

【译文】孟子说：“鱼，是我想吃的，熊掌也是我想吃的；二者不可同时得到，我会放弃鱼而取熊掌。生命，是我珍惜的，道义，也是我珍惜的，二者不可兼得，我放弃生命而取就道义。生命是我珍惜的，如果我珍惜的有比生命更重要的，我不会苟且求生；死亡是我惧怕的，如果我惧怕的患难比死亡更可惧怕，这种患难也没有必要逃避了。如果人们所希望的没有比生更重要，那么，凡是可以求得生存的方法为什么不用呢？人们所惧怕没有比死更可惧怕，那么，可以逃避这种患难的方法为什么不做呢？

"采取这种方法可以求生而不用，采取这种方法可以避患难而不做，是因为在人们的心里希望和珍惜的有比生命更重要，有比死亡更可怕的东西（正义、道义、初心、理想），不仅是贤德的人有这样的心，人人都有这样的心，只是贤德的人能持守不丧失罢了。一竹篮子饭，一瓢羹汤，得到可以生存，得不到就会饿死。但是，如果施舍者带着侮辱的口气呼喊着送给人，就是走在路上，饥饿的人也不会接受，如果施舍者把饭食踩一脚再送给人，就是乞丐也不屑看一眼。

"有一万钟的俸禄，不分辨合不合道义就接受，这对于我有什么意义呢？是为了得到宫室的华丽，妻妾的侍奉，还是为了资助旧时的穷朋友？以前宁死都不接受这种不义的俸禄，现在为了宫室的华丽就接受了；以前宁死都不接受，现在为了妻妾侍奉就接受了；以前宁死都不接受，现在为了旧时的穷朋友就接受了，（这是不可以的啊！）这样的所作所为难道就不能停止吗？这就叫作丧失了自己的本心。"

【解读】"生，亦我所欲也，义，亦我所欲也，二者不可得兼；舍生而取义者也。""舍生取义"千古名言，是中华人民世代英雄们的灵魂和气节。"读圣贤书，所为何事，孔曰成仁，孟曰取义。"文天祥用自己的鲜血和生命做了最经典的诠释。

本章的中心思想是讲"不失其心"。贫富事小，生死事小，失义事大，失节事大，失其本心甚于生死。在孟子看来"所欲有甚于生者，所恶有甚于死者"。在人们的心里，希望、追求、珍惜的有比生命更重要的东西，那就是正义、道义、初心和理想；有比死亡更可怕的东西，那就是丧失正义、道义、初心和理想。这样的心"非独贤者有是心也，人皆有之，贤者能勿丧耳"。

本章结尾，以受万钟不义之禄点题"此之谓失其本心"，呼应"贤者能勿丧耳"。

11. 学问之道无他　求其放心而已矣

【原文】孟子曰："仁，人心也；义，人路也。舍其路而弗由，放其心而不知求，哀哉！人有鸡犬放，则知求之；有放心而不知求。学问之道无他，求其放心而已矣。"

【译文】孟子说："仁是人的本心，义是人的大路。放弃大路不走，丢失了本心而不知寻求，是人的悲哀啊！人家里鸡犬丢失了都知道找回来，而自己仁义的本心丢失了却不知道去寻找。（实际上）求学问修养的路径没有别的，就是通过学习修养把丢失的仁义本心找回来"

【解读】本篇第八章提出："虽存乎人者，岂无仁义之心哉？其所以放其良心者亦犹斧斤之于木也……""操之则存，舍之则亡。"接下来一连四章从不同角度集中讲存心养性，不失其本心。到本章更明确地提出了："仁，人心也；义，人路也。"仁义是人的本心正道。放弃本心，不由正道，就是背弃仁义，丧失自我，必须把丢失的本心找回来。所以孟子说："学问之道无他，求其放心而已矣。"追求学问修养的路径没有别的，就是通过学习修养把丢失的仁义本心、良心找回来。

12. 心不若人　则不知恶

【原文】孟子曰："今有无名之指屈而不信，非疾痛害事也，如有能信之者，则不远秦楚之路，为指之不若人也。指不若人，则知恶之；心不若人，则不知恶。此之谓不知类也。"

【译文】孟子说:"现在有人,他的无名指能屈不能伸,虽然不疼也不妨害做事,如果有人能帮我伸直,即使到秦国、楚国去,也不嫌路程远,因为无名指不如别人。无名指不如别人的好,心里很厌恶很着急,自己的心不如别人的正,却不知道厌恶着急。这叫做不知类比、不知理义轻重。"

【解读】这是孟子编的一则寓言小故事。

有人无名指不如别人的伸得直,很厌恶很着急,欲不远千里求治;而自己的心不如别人正,不如别人好,却不知、不恶、不急,这叫做不知理义本末轻重,重小轻大,重末轻本,寓意深刻,讽刺尖锐。

正心为本,正心惟大,"求放心"为重,"求放心"为要。《大学》之道,在明明德,求"心正"。"学问之道无他,求其放心而已矣。"求放心得心正,才能修身齐家治国平天下,止于至善。其本惟心,正心是关键。

13. 至于身　而不知所以养之者

【原文】孟子曰:"拱把之桐梓,人苟欲生之,皆知所以养之者。至于身,而不知所以养之者,岂爱身不若桐梓哉?弗思甚也。"

【译文】一抱或一把粗细的桐树梓树,人都希望它生长,并且都知道如何去培养。而对于本人的身体,就不知道如何去保养修养,难道爱自己的身体还不如爱桐树梓树吗?真是太不可思议了。

【解读】从本章起,本篇以下诸章都是讲人如何养身修身。这章为启题:人知养桐树梓树却不知如何养己修身。以下各章予以分述,突出养身先养心,养心以仁义为本,以养人品为要,养己修身必以道德规矩。

14. 人之于身也 兼所爱

【原文】孟子曰："人之于身也，兼所爱。兼所爱，则兼所养也。无尺寸之肤不爱焉，则无尺寸之肤不养也。所以考其善不善者，岂有他哉？于己取之而已矣。体有贵贱，有小大。无以小害大，无以贱害贵。养其小者为小人，养其大者为大人。今有场师，舍其梧檟，养其樲棘，则为贱场师焉。养其一指，而失其肩背而不知也，则为狼疾人也。饮食之人，则人贱之矣，为其养小以失大也。饮食之人无有失也，则口腹岂适为尺寸之肤哉？"

【注释】场师：管理培育林木花草的技师。梧檟：梧桐山楸。樲棘：酸枣树。狼疾：昏聩，不明白。

【译文】孟子说："人对自己的身体，要全面地爱护。要全面地爱护，就要全面地保养。没有一尺一寸的肌肤不爱护，也就没有一尺一寸的肌肤不保养。要检查自己保养得好不好，有什么其它的办法吗？主要看自己的身体罢了。身体各部，有重要有不重要，有大有小。不要以小伤大，不要以不太重要的伤害重要的。只注意保养小的不重要的，不注意保养大的重要的，那是小人（养身不知道兼所爱、兼所养，没有全局整体观念的人）。知道看大体、注意重要部位的保养，那是大人（知道养身兼所爱、兼所养，有全局整体观念的人）。现在有一位管理树木花草的园艺师，舍梧桐、山楸等贵珍林木不培育，而在意酸枣、荆棘等低贱树木的栽培，这样的园艺师是比较低劣的。只保养自己的一个手指，而放弃自己肩背不养

我读《孟子》

护，这是昏聩不明白的人。只注重吃喝的人，人们是看不起的，因为这样的人只爱吃喝，养口腹而丢弃了养心志，这是以小失大啊。注意饮食但不丧失心志，那么注意饮食、保养口腹也就不仅仅是为养护一尺一寸的肌肤吧？"

【解读】孟子这段话的本意是讲养身贵养心，突出仁义之心的培养和修持。在孟子看来，人之于身，兼所爱，兼所养。但体有贵贱、大小，要整体兼顾，重养所"贵"所"大"，不要"养一指，而失其肩背"，不要重口腹之养，而失其养心志、养心性。

这些观点用于养身保健至今仍有可参鉴之处。但是以养身而喻人的心性品德修养，虽立意比较经典，而事理推演并不贴切，更不透辟。

15. 先立乎其大者

【原文】公都子问曰："钧是人也，或为大人，或为小人，何也？"

孟子曰："从其大体为大人，从其小体为小人。"

曰："钧是人也，或从其大体，或从其小体，何也？"

曰："耳目之官不思，而蔽于物，物交物，则引之而已矣。心之官则思，思则得之，不思则不得也。此天之所与我者。先立乎其大者，则其小者弗能夺也。此为大人而已矣。"

【注释】钧：通均，同。大体：指心，仁义本心。小体：指耳、目等器官。

【译文】公都子问孟子："同是一样的人，有的人成为大人君子，有的人成为卑微小人，这是为什么呢？”

孟子回答：“从其仁义善良之心（不逾矩）就是大人君子，从其耳目口腹之欲就会沦为卑贱小人。”

公都子又问：“同是一样的人，有的从其仁义善良之心，有的从其耳目口腹之欲，这是为什么呢？”

孟子解答：“耳目这些器官不会思考，因而容易被外物所诱惑蒙蔽，它们一旦和外物接触，就为外边的声色犬马所引诱。心之官有思维辨别功能，一思考就会启动仁义善良的本心，不思考就没有良心发现，这种仁义善良之心是上天赋予我们人的，你先要把仁义善良之心牢牢地立起来，那么耳目口腹之欲就不会受外界声色犬马所惑而迷乱你仁义善良的本心。这就是从其大体而为大人君子的道理吧。”

【解读】从其大者为大人，从其小者为小人，关键是先立乎大者。大者是什么，大者是仁义善良之本心，这是孟子的语境。用现在的话说就是树立正确的世界观、人生观、价值观，正确的三观树牢了，就能立场坚定，是非分明，经得起大风大浪，抵得住灯红酒绿。

16. 既得人爵　而弃其天爵　则惑之甚者也

【原文】孟子曰：“有天爵者，有人爵者。仁义忠信，乐善不倦，此天爵也；公卿大夫，此人爵也。古之人修其天爵，而人爵从之。今之人修其天爵，以要人爵；既得人爵，而弃其天爵，则惑之甚者也，终亦必亡而已矣。”

【译文】孟子说：“人有道德品位，有官职官位（这就是所谓天爵、人爵）。仁义忠信乐善不倦，这是优秀的道德品位；官居公卿大夫，这是高官尊位。古代的人注意修养自己优秀的道德人品，这样官位也随之来了（有德必有位）。现在的人修养自己的道德人品，动机不纯，是想求官位，一旦官位到手，就背义失德，这样的人真是太糊涂了，最终结果必然身败名裂什么都会丧失。"

【解读】重德，重道德品性修养、立德树人、学以成人，是孔孟为代表的儒家一以贯之的思想，也是中国优秀传统思想文化的精髓和显著特色，所以把立德树人定为中国当代教育的根本任务。

本章孟子言简意赅地讲道德品性修养的重要性，并且指出"今之人修其天爵，以要人爵；既得人爵，而弃其天爵，则惑之甚者也，终亦必亡而已矣"。这句话对现在的人仍有一针见血、振聋发聩的警示作用。

17. 人之所贵者　非良贵也

【原文】孟子曰："欲贵者，人之同心也。人人有贵于己者，弗思耳矣。人之所贵者，非良贵也。赵孟之所贵，赵孟能贱之。《诗》云：'既醉以酒，既饱以德。'言饱乎仁义也，所以不愿人之膏粱之味也；令闻广誉施于身，所以不愿人之文绣也。"

【注释】贵："欲贵者"的贵是指富贵、地位和财富。"有贵于己者"的贵是指珍贵、宝贵，"良贵"，仁义善良的本心和高贵的品德。赵孟：晋国的正卿位高权重。《诗》云："既醉以酒，既饱以德。"引自《诗·大雅·既醉》，是一首歌颂周王的诗。这里引用的意思是"既请我喝醉了酒，又用高尚的品德让我充实"。令闻：好名声。文绣：彩色花纹的丝绸衣服，紫蟒官服。

【译文】孟子说："想尊贵，这是人人都有的想法。但是实际上每个人身上都有尊贵的东西，（那就是仁义善良的本心和高贵的品德——良贵）只是自己没有想到而已。别人加给自己的尊贵的东西（如地位和财富）不是良贵，并不尊贵。晋国位高权重的正卿赵孟给人加官晋爵得到富贵，也能剥夺官爵使人卑贱。《诗·大雅·既醉》说：'既请我喝醉了酒。又用高尚的品德让我充实。'就是说高尚的仁义善良的品德润泽了我，充实了我。正因为这样，我就不再沉缅于膏粱厚味了；美好的名声加在我身上，我就再也不追慕锦绣官服了。"

【解读】孟子这章议论新颖，观点明确：仁义善良之心，高尚的道德人品，是人最高贵的精神财富，属于自己的良贵，无比珍贵；高官厚禄，锦衣玉食，乃身外之物，"人之所贵，非良贵也"。结论：守持良心，"饱乎仁义"，修养自己高尚的道德人品，永远是人精神的高贵。

18. 仁之胜不仁也　犹水胜火

【原文】孟子曰："仁之胜不仁也，犹水胜火。今之为仁者，犹以一杯水救一车薪之火也；不熄，则谓之水不胜火，此又与于不仁之甚者也。亦终必亡而已矣。"

【译文】孟子说："仁胜过不仁，就像水能扑灭火一样。如今行仁的人，好像想用一杯水来扑灭一车柴薪燃烧着的火，扑不熄，还说是水灭不了火，这如同行仁不力的人帮助很不仁的人。这样行仁不力，自怠于仁必然丢失仁德。"

【解读】孟子不愧为思想家，围绕一个"仁"字思考了很多很多。这章又想得别开新面，着重讲行仁必笃，全心全意，用心用力。"仁之胜不仁也，犹水胜火"，但杯水不救车薪之火，不是水不胜火，而是用水太少，如同仁不胜仁，是行仁不力，为仁不至。为仁不至应反求诸己，做到仁至义尽，止于至善，否则，行仁不力犹如助不仁，必然失去仁义的意义，甚至丢失仁德。

杯水车薪的成语典出于此。

19. 夫仁 亦在于熟之而已矣

【原文】孟子曰："五谷者，种之美者也；苟为不熟，不如荑稗。夫仁，亦在乎熟之而已矣。"

【译文】孟子说："五谷是粮食作物中最优良的，但是如果没有长成熟，那就还不如稊米稗籽。仁，也在于精熟。"

【解读】紧接上章讲"仁必熟"，熟就是精熟，就是仁之至，仁根于心、笃于行，所谓义精仁熟。如《大学》所言："君子无所不用其极。"仁至义尽，止于至善。

20. 大匠诲人 必以规矩

【原文】孟子曰："羿之教人射，必志于彀；学者亦必志于彀。大匠诲人，必以规矩；学者亦必以规矩。"

【译文】孟子说："羿教人射箭，一定要拉满弓，学习射箭的人也一定要学习把弓拉满。名匠大师教弟子，必定教规矩，弟子们学习也必定先学规矩。"

【解读】羿教射，志在规矩，名匠大师教人亦必以规矩。不依规矩无以教，不依规矩无以学，学习圣人仁义之道至义精仁熟，尤其如此。《孟子·离娄（上）》说："不依规矩，不能成方圆，尧舜之道，不以仁政，不能平治天下。"这是孟子这章的本意和章旨。

告子（下）

　　《告子》下篇共十六章，主要讲仁义品格的修养和践行。有两段名言很经典，一是"人皆可以为尧舜"，二是"天将降大任于是人也，必先苦其心志，劳其筋骨……"，讲士人学子如何历经艰难困苦、修养、历练、成长，学以成人，成就事业。"艰难困苦，玉汝于成""生于忧患，死于安乐"。

1. 任人有问屋庐子

　　【原文】 任人有问屋庐子曰："礼与食孰重？"

　　曰："礼重。""色与礼孰重？"

　　曰："礼重。"

　　曰："以礼食，则饥而死；不以礼食，则得食，必以礼乎？亲迎，则不得妻；不亲迎，则得妻，必亲迎乎？"

　　屋庐子不能对，明日之邹，以告孟子。

　　孟子曰："于答是也何有？不揣其本而齐其末，方寸之木可使高于岑楼。金重于羽者，岂谓一钩金与一舆羽之谓哉？取食之重者与礼之轻者而比之，奚翅食重？取色之重者与礼之轻者而比之，奚翅色重？往应之曰：'紾兄之臂而夺之食，则得食；不紾则不得食，则将紾之乎？逾东家墙而搂其处子，则得妻；不搂则不得妻，则将搂之乎？'"

　　【注释】 任人：任国人。翅：通假，只、止。紾（zhěn）：扭。

我读《孟子》

【译文】任国有人问孟子的学生屋庐子："礼节与饮食哪个重要？"

屋庐子回答："礼节重要。"

又问："美色和礼节哪个重要？"

又答："礼节重要。"

任人说："守礼而食，就会挨饿而死；不守礼而食，就可以得到食品，一定要守礼吗？亲自迎娶得不到妻子，不亲自迎娶，则可以得到妻子，也一定要亲自迎娶吗？"

屋庐子回答不上来了，第二天去邹邑请教孟子。

孟子说："回答这个问题有什么难呢？如果不从根本上来权衡考虑，而只是看细微末节，有时方寸之木也会高于尖顶的高楼。我们说金子比羽毛重，难不成是讲一钩金子比一车羽毛还重吗？以取食的重要与不太重要的礼节相比，何止是饮食重要呢？（当然是饮食重要。）拿结婚娶妻（美色重要）与迎亲的细微末节的礼仪相比，何止是美色重要呢？（当然是结婚娶妻重要。）你可以去回答他嘛。'你扭断你哥哥的手臂去夺取食物，可得食，否则就不得食，你去扭断吗？翻过东家的院墙去搂抢人家的女儿，就可以娶到妻子，不然就娶不到妻子，你能那样做吗？'"

【解读】以天理王法人情为权，具体问题，具体分析。不能用抽象的概念、呆板的教条，分析处理具体事宜。理义为先，"义之与比"。

守礼仪礼节而食，依礼俗礼节而迎亲，这只是礼的细微末节，礼之轻者。饮食关于生死，嫁娶人之大伦，实为重者，应是不言而喻。当然食色之重也绝不能违背天理王法人情，紾兄夺食，逾墙搂女，断不可为。

2. 人皆可以为尧舜

【原文】曹交问曰："人皆可以为尧舜，有诸？"

孟子曰："然。"

"交闻文王十尺，汤九尺，今交九尺四寸以长，食粟而已，如何则可？"

曰："奚有于是？亦为之而已矣。有人如此，力不能胜一匹雏，则为无力人矣；今曰举百钧，则为有力人矣。然则举乌获之任，是亦为乌获而已矣。夫人岂以不胜为患哉？弗为耳。徐行后长者谓之悌，疾行先长者谓之不悌。夫徐行者，岂人所不能哉？所不为也。尧舜之道，孝悌而已矣。子服尧之服，诵尧之言，行尧之行，是尧而已矣。子服桀之服，诵桀之言，行桀之行，是桀而已矣。"

曰："交得见于邹君，可以假馆，愿留而受业于门。"

曰："夫道若大路然，岂难知哉？人病不求耳。子归而求之，有余师！"

【译文】曹交问孟子："人皆可以为尧舜，有这样的话吗？"

孟子回答："是这样说的。"

曹交说："我听说文王身高一丈，成汤身高九尺，我曹交身高九尺四，只会吃饭而已，如何可为尧舜？"

孟子说："你如何有这样的想法呢？只要去做就行了。假如有这样的人，以为手无缚鸡之力，是没有力气的人；力举三千斤，为有力气的人。那么能胜任大力士乌获举的重量，那就是乌获了嘛。

人岂能以自己不胜任（某件事）而忧愁呢？这是不作为呀！走路慢一点，走到年长者的后面，这是尊长、是悌，快快的走，抢在年长者之前，这是不尊长，是不悌。走慢一点，不抢长者之先，难道做不到吗？是不做啊。尧舜之道，孝悌而已啊！你着尧的服装，说尧的话，学习尧的所作所为就是尧了。你穿桀的衣服，说桀的话，和桀一样胡作非为，你就是桀了。"

曹交说："我能见到您邹君孟老先生，要住在您这里，愿意留在您门下向您学习。"

孟子说："尧舜之道，就是摆在我们面前的一条大路，难道看不清吗？只怕是人自己不寻求吧，只要自己寻求，老师（引路人）多得很啊！"

【解读】曹交问孟子，孟子解答语言平和，道理深刻，一条道路，两句名言。一条道路就是尧舜仁义正道。两句名言，其一，"人皆可以为尧舜"；其二，"尧舜之道，孝悌而已矣"。

尧舜仁义正道，犹如大路，人人可行。"尧舜之道，孝悌而已矣。"行尧舜仁义正道，从尊人伦，行孝悌开始，不患不能，只患不为。如此，人皆可以为尧舜。

孟子之后两千多年，中华大地有一位伟人，以自己伟大的实践、光辉的现实，豪情万丈赋诗说："六亿神州尽舜尧！"这可以说是伟人，用其伟大的实践、光辉的业绩诠释了孟子的名言。

3. 舜其至孝矣　五十而慕

【原文】公孙丑问曰："高子曰：'《小弁》，小人之诗也。'"

孟子曰："何以言之？"

曰："怨。"

曰："固哉，高叟之为诗也！有人于此，越人关弓而射之，则己谈笑而道之，无他，疏之也。其兄关弓而射之，则己垂涕泣而道之，无他，戚之也。《小弁》之怨，亲亲也。亲亲仁也。固矣夫，高叟之为诗也。"

曰："《凯风》何以不怨？"

曰："《凯风》亲之过小者也；《小弁》亲之过大者也。亲之过大而不怨，是愈疏也；亲之过小而怨，是不可矶也。愈疏，不孝也；不可矶，亦不孝也。孔子曰：'舜其至孝矣，五十而慕。'"

【译文】公孙丑说："高子讲《小弁》是一首小人的诗。"

孟子发问："为什么这么讲？"

公孙丑说："这是一首哀怨的诗。"

孟子说："拘泥呆板啊，高子解释诗。譬如有个人在这里，越国人弯弓搭箭要射他，他还谈笑自如地劝说那个人不要射，没有别的原因，因为他们之间关系疏淡，所以他心里平淡。如果是他哥哥弯弓搭箭要射他，他会流着眼泪鼻涕哭着求哥哥别射他，没有别的原因，因为哥哥是自己的亲人，所以伤心啊。《小弁》这首诗是写幽王娶褒姒之后黜皇后废太子，是亲人相虐，哀怨很深呀。亲亲才是仁。高子解释《小弁》比较呆板拘泥，只知其表，不知其义。"

公孙丑又问："《凯风》篇为什么不哀怨呢？"

孟子说："《凯风》篇，亲人的过失很小（诗里没有披露，主要是写七子自责之心，以慰母亲辛劳）《小弁》篇幽王虐亲过错很大。亲有大过而不生哀怨，是由于关系疏远，亲人过小而生怨哀，是因为不应哀怨而哀怨。关系疏远是不孝，不该生怨而生怨，也是不孝。孔子曾称赞舜，'舜是最孝顺的，年过五十，还思慕父母。'"

【解读】这一章的中心思想是亲亲为仁，孝为仁之本。孟子和公孙丑从讨论《诗经》中《小弁》《凯风》说起，《小弁》不只是怨，更深层的意思是亲亲，亲之深，怨之切，亲之深，仁之至。《凯风》不怨只有亲亲感恩，母亲辛劳，子慰母心。最后以孔子名言"舜其至孝矣，五十而慕"而结尾，中心思想，十分明确。

孟子释《诗》很有见的，曾说："不以文害辞，不以辞害志。以意逆志，是为得之。"此章言《诗》，孟子又为释《诗》作了一次示范。

4. 宋牼将之楚

【原文】宋牼将之楚，孟子遇于石丘，曰："先生将何之？"

曰："吾闻秦楚构兵，我将见楚王，说而罢之。楚王不悦，我将见秦王，说而罢之。二王我将有所遇焉。"

曰："轲也，请无闻其详，愿闻其指。说之将何如？"

曰："我将言其不利也。"

曰："先生之志则大矣，先生之号则不可。先生以利说秦楚之王，秦楚之王悦于利，以罢三军之师，是三军之士乐罢而悦于利也。为人臣者怀利以事其君，为人子者怀利以事其父，为人弟者怀利以事其兄。是君臣、父子、兄弟终去仁义，怀利以相接，然而不亡者，未之有也。

"先生以仁义说秦楚之王，秦楚之王悦于仁义，而罢三军之师，是三军之士乐罢而悦于仁义也。为人臣者怀仁义以事其君，为人子者怀仁义而事其父，为人弟者怀仁义以事其兄，是君臣、父子、兄弟去利，怀仁义以相接也。然而不王者，未之有也。何必曰利？"

【译文】战国时代的名士宋国人宋牼将去楚国，孟子在石丘遇到了他，孟子问："先生您将去哪里？"

宋牼回答说："我听说秦国和楚国正在交战，我准备去见楚王，劝说他罢兵，楚王要是不高兴，我就打算去见秦王，劝说他罢兵，这两个人中间我总会遇到一个同意我意见的。"

孟子说："我不打算问详细情况，我只听听您与他们谈话的意向，您将如何劝说他们呢？"

宋牼回答："我准备讲讲交战的不利。"

孟子说："先生您的用心是很好的，但先生以利益为名号不对。先生以利益去劝说秦楚两国国君，秦楚两国国君为了得利而罢兵，秦楚三军将士高兴罢兵也是为了得利。做臣子的为了利益而侍奉君王，做儿子的为了利益而侍奉父亲，做弟弟的为了利益而侍奉兄长，这样，君臣、父子、兄弟都丢弃仁义，怀着得利益的思想相处，像这样重利而忘仁义，国家不灭亡，简直是没有的事啊。

"先生要是以仁义的道理去劝说秦楚两国的国君，秦楚两国的国君高兴地接受仁义的道理而罢兵休战，这样三军将士乐于罢兵喜欢仁义。做臣子的心怀仁义侍奉君王，做儿子的心怀仁义侍奉父亲，做弟弟的心怀仁义侍奉兄长，君臣、父子、兄弟抛弃重利的思想，以仁义之道，仁义之心相处相事。像这样还不能行王道，统一天下是没有的，何必以利说事呢？"

【解读】"王亦曰仁义而已矣，何必曰利？"这是《孟子》开篇第一句，是孟子一贯的思想。春秋无义战，开疆拓土，只为争利，孟子不同意宋牼"以利为号"而说秦楚君王，而应以"仁义为旗号"劝以仁义。人与人，国与国，以仁义为重，行仁义之道，"怀仁义以相接"势必天下平治而王，所以孟子说："何必曰利！"孟子真是千古第一理想主义者！

但是仅仅劝以仁义，要使国与国罢兵休战，一般是不可能的，不现实的。宋牼欲以"言其不利"讲清战与和的利害关系，以劝说秦楚，应该是比较实际的，也是有道理的。

5. 夫子之任见季子　之齐不见储子

【原文】孟子居邹，季任为任处守，以币交，受之而不报。处于平陆，储子为相，以币交，受之而不报。

他日，由邹之任，见季子；由平陆之齐，不见储子。屋庐子喜曰："连得间矣。"

问曰："夫子之任，见季子，之齐，不见储子，为其为相与？"

曰："非也。《书》曰：'享多仪，仪不及物曰不享，惟不役志于享。'为其不成享也。"

屋庐子悦。或问之。屋庐子曰："季子不得之邹，储子得之平陆。"

【注释】季任：任国国君的弟弟，曾代留守主政。储子：齐国国相。

《书》曰：享多仪，仪不及物，惟曰不享，惟不役志于享。"引自《尚书·洛诰》，是记周公要求成王谨守礼仪的，意思是礼仪不到位，等于受礼者没有享受礼物，行礼仪不用心（不役志）等于不享。

【译文】孟子住在邹国的时候，季任留守任国，代理国政，与孟子交友送礼，孟子接受了，但没有回报。孟子住平陆的时候，齐国的卿相储子，也与孟子交友送礼，孟子接受了，也没有回报。

过了几天，孟子从邹国来到任国，拜访了季任；从平陆到了齐国国都，没有去拜访储子。学生屋庐子以此笑着对孟子说："这下我找到先生的毛病了。"就问孟子："先生到任国，拜访了季任，您到齐国国都，不拜访储子，您是因为储子只是个卿国相吧！"

孟子回答说；"不是。《尚书·洛诰》上说：'享献之礼仪很多，如果礼仪礼节不到位，礼品再多，也等于没有享献礼物，如果礼仪礼节和献礼物不用心不虔诚，也等于没有享献。'因为还没有诚心诚意完成享献呀。"

屋庐子听了很高兴。有人问他，他就说："季任当时在任国留守，没有能够去邹国给孟子拜献礼品，储子在齐国可以去平陆给孟子拜献礼品，却没去，所以礼尚往来，孟子之任拜望季子，之齐不见储子。"

【解读】孟子重礼节，有个性，"出乎尔者，反乎尔者也"，还是应该"乃所愿，则学孔子也"，不必那么计较。

6. 先名实者为人也

【原文】淳于髡曰："先名实者，为人也；后名实者，自为也。夫子在三卿之中，名实未加于上下而去之，仁者固如此乎？"

孟子曰："居下位，不以贤事不肖者，伯夷也；五就汤，五就桀者，伊尹也；不恶污君，不辞小官者，柳下惠也。三子者不同道，其趋一也。一者何也？曰：仁也。君子亦仁而已矣，何必同？"

曰："鲁缪公之时，公仪子为政，子柳、子思为臣，鲁之削也滋甚；若是乎，贤者之无益于国也！"

曰："虞不用百里奚而亡，秦穆公用之而霸。不用贤则亡，削何可得与？"

曰："昔者王豹处于淇，而河西善讴；緜驹处于高唐，而齐右善歌；华周、杞梁之妻，善哭其夫，而变国俗。有诸内，必形诸外。为其事而无其功者，髡未尝睹之也。是故无贤者也，有则髡必识之。"

曰："孔子为鲁司寇，不用，从而祭，燔肉不至，不税冕而行。不知者以为为肉也，其知者以为为无礼也。乃孔子则欲以微罪行，不欲为苟去。君子之所为，众人固不识也。"

【译文】 淳于髡说："一个人建功立业扬名天下为先，是为家国天下救民济世；把功名放在后面那只为自己独善其身。先生您在齐国为三卿之一，上辅君王下济百姓的功名尚未建立，就走了，仁义之士原来是这样吗？"

孟子说："处在卑贱的地位上，不愿以自己贤德的身份去侍奉在上位的不肖之徒，伯夷就是这样；五次就职于汤，又五次供职于桀，伊尹就是这样；不讨厌污浊的君王，也不拒绝任职卑微，柳下惠就是这样。这三个人行事之道不同，但他们思想追求，价值取向是一样的，是什么呢，可以说，就是仁。君子追求的也就是一个仁啊。何必求行事之道一定相同呢？"

淳于髡说："鲁缪公的时候，公仪子为相主政，泄柳、子思等贤士名人为臣，但鲁国国力日益削弱，像这样，贤士名人也无益于国家呀！"

孟子说："虞国不任用百里奚，因而灭亡；秦穆公用了百里奚，因而称霸。国不用贤，必然灭亡，国力削弱了，还想复得，有可能吗？"

淳于髡说："从前王豹住在淇水边上，河西卫国的人都善唱歌；緜驹住在齐国的高唐，齐国西部的高唐人也都善唱歌；华周、杞梁战死，他们的妻子向城而哭，凄怆动人，而改变国家风俗。有内心的至诚至真的东西，一定在外面表现出来。认真做一件事，却见不到成绩，我不曾见过。我看现在是没有贤良之士，如果有贤良之士，我淳于髡一定能发现得了。"

孟子说："孔子做过鲁国的司寇，不被信任，跟随着去祭祀，祭肉也得不到，于是他不辞而离开。不知道内情的还以为是孔子没有分到祭肉，知道内情的人认为是鲁国对孔子失礼。孔子则是想背点小罪名而离开，而不想别人认为自己无故而走。君子的作为，一般人是难以认识和理解的。"

【解读】齐国的好辩之士淳于髡给孟子提出了一个很现实、很尖锐的问题："夫子在三卿之中，名实未加于上下而去之，仁者固如此乎？"孟子做了答辩，主要讲了两条：其一，讲伯夷、伊尹、柳下惠的"进与退""去与留"。行事风格迥然不同，但三子对仁的追求是一致的，仁贤之士，不在乎

"名"与"实","去"与"留"。其二,孔子圣贤屡遭季氏排挤,只好离鲁,还为很多人不理解。圣贤不遇,"去""留"常有,读史读经,可知圣贤。比如,孔子离鲁,真实过程和原因是"齐人归女乐,季恒子受之,三日不朝,孔子行。"《史记》《论语》都有记载,圣贤一生多少委屈心酸!"知我者,其唯《春秋》乎!"。

淳于髡的批评有欠客观公正。

当然,读书人不能太清高自傲,应以家国为重。民间有一句话"读书志在圣贤,为官心存家国",还是要为国为民建功立业,修齐治平立家国天下之志。

7. 五霸者三王之罪人也

【原文】"五霸者,三王之罪人也;今之诸侯,五霸之罪人也;今之大夫,今之诸侯之罪人也。天子适诸侯曰巡狩,诸侯朝于天子曰述职。春省耕而补不足,秋省敛而助不给。入其疆,土地辟,田野治,养老尊贤,俊杰在位,则有庆,庆有地。入其疆,土地荒芜,遗老失贤,掊克在位,则有让。一不朝,则贬其爵;再不朝,则削其地;三不朝,则六师移之。是故天子讨而不伐,诸侯伐而不讨。五霸者,搂诸侯以伐诸侯者也,故曰:五霸者,三王之罪人也。

"五霸,桓公为盛。葵丘之会,诸侯束牲载书而不歃血。初命曰:'诛不孝,无易树子,无以妾为妻。'再命曰:'尊贤育才,以彰有德。'三命曰:'敬老慈幼,无忘宾旅。'四命曰：'士无世官，官事无摄，取士必得，无专杀大夫。'五命曰：'无曲防，无遏籴，无有封而不告。'曰：'凡我同盟之人，既盟之后，言归于好。'今之诸侯，皆犯此五禁，故曰：今之诸侯，五霸之罪人也。

"长君之恶其罪小，逢君之恶其罪大。今之大夫，皆逢君之恶，故曰：今之大夫，今之诸侯之罪人也。"

【注释】则有庆：庆是奖赏。掊克在位：横征暴敛搜刮民财的人占居要位。让：惩罚。长君：长是助长，长君之恶，即助君为恶。逢君：逢是逢迎，逢君之恶，即逢迎君王为恶。

【译文】孟子曰："五霸，是三王的罪人；现在的诸侯，是五霸的罪人；现在的大夫，是诸侯的罪人。"

"天子到诸侯国巡视叫巡狩，诸侯朝见天子叫述职，春天巡察耕种情况，补助贫困户，秋天巡察秋收情况，赈济歉收农户。如果进入诸侯国，看到土地开辟了，农事治理井井有条，养老尊贤，贤能俊杰之士在位任职，就奖赏，赏给土地。如果进入其国土，看到土地一片荒芜，老人遗弃，贤士不用，而一些横征暴敛搜刮民财的人在位，就要惩罚。诸侯一次不朝见天子，就降爵位，二次不朝见，就削减封地，三次不朝见，就动用军队讨伐，另立诸侯王。天子对诸侯的讨伐，只声讨其罪恶，发布讨伐命令，命令诸侯王伐兵。而这些势力强大的五霸，就借天子之令强拉着另一些诸侯国去征伐（天子讨伐的）诸侯。（这就是所谓挟天子以令诸侯。）所以说，五霸是三王的罪人。

"五霸之中，齐桓公势力最雄厚。在宋国葵秋诸侯会盟的时候，各路诸侯捆绑了祭祀的牲口，把盟书摆在面前，不再用歃血的古礼。一起誓盟，有五条辞命：第一条说：'诛杀不孝之人，不准变更已经确立的储君（世子），不准用妾取代正妻。'第二条说：'尊敬贤人，培养人才。'第三条说：'恭敬老人，慈爱幼儿，不要忘了善待旅宾。'第四条说：'官不世袭，为官不兼职，取士凭德才，不能随意处死大夫。'第五条说：'不得找借口修筑堤防，不得封锁邻国，收购谷米，不得私自封赏而不报告天子。'

"誓盟之后，齐桓公说：'凡是今天参加会盟的人，既已誓盟，一定要友好相处。'现在的诸侯都违犯了这五条。所以说：现在这些诸侯都是五霸的违背者。（客观上）助长君王的恶行，其罪尚小，积极逢迎推动君王的恶行，其罪为大。现在的大夫都积极逢迎推动君王的恶行，所以说：现在的大夫们都是恶行昭著的诸侯一样的罪人。"

【解读】这一章，孟子回顾历史，针砭现实，讲春秋战国乱象的出现及其责任。

三王（夏禹、商汤、周文周武）行德政，开启了礼乐文明时代，建立了天子——诸侯的社会政治秩序"礼乐征伐自天子出。"但是五霸"搂诸侯以伐诸侯"拉邦结盟，"礼乐征伐自诸侯出"恃强凌弱，以至战乱频仍，严重的破坏了三王的礼乐文明秩序。所以孟子说："五霸者，三王之罪人也。"五霸是破坏三王礼乐文明秩序的罪魁祸首。

五霸造端，诸侯仿效，既犯天子，又违盟誓，合纵连横，竞相争雄称霸，战国无国不战，乱象纷纷。所以孟子说："今之诸侯，五霸之罪人也。"

至于诸侯国的大夫，多为佞人嬖臣，皆为君王马首是瞻，小则只是听命助长君王恶行，大则逢迎君王，出谋划策，推行君王恶行，祸国殃民，祸乱天下。所以孟子说："今之大夫，今之诸侯之罪人也。"

8. 鲁欲使慎子为将军

【原文】鲁欲使慎子为将军。孟子曰："不教民而用之，谓之殃民。殃民者，不容于尧舜之世。一战胜齐，遂有南阳，然且不可。"

慎子勃然不悦曰："此则滑厘所不识也。"

曰："吾明告子。天子之地方千里；不千里，不足以待诸侯。诸侯之地方百里；不百里，不足以守宗庙之典籍。周公之封于鲁，为方百里也；地非不足，而俭于百里。太公之封于齐也，亦为方百里也；地非不足也，而俭于百里。今鲁方百里者五，子以为有王者作，则鲁在所损乎？在所益乎？徒取诸彼以与此，然且仁者不为，况于杀人以求之乎？君子之事君也，务引其君以当道，志于仁而已。"

【译文】鲁国打算任命慎子滑厘为将军。孟子说："不先训练百姓，就要他们去打仗，这是祸害百姓。祸害百姓的人，在尧舜时代是不能被容忍的。即使一战就能打败齐国，占领南阳，就这样也是不可以的。"

听了孟子的话，慎子很生气，很不高兴地说："您这样说我滑厘不理解。"

孟子说："那我就明白地告诉你吧，天子的土地方一千里；不是一千里，不能管辖诸侯。诸侯的土地方百里；不是一百里，不能守住家园宗庙及地方的历史文化。周公旦封地在鲁国，土地方百里，虽略欺百里，土地还是够的。太公姜尚封地是齐国，也是方百里，虽略欺，土地也还是够的。现在鲁国的土地有五个一百里了，你认为如果圣明天子兴起，像鲁国这么多土地，是会重封减少呢？还是加封增加呢？凭白无辜地取别人的土地给另外的人，像这样的事仁义之士不会做，更何况通过战争杀人掠夺别人的土地呢？仁义之士（君子）为君王做事，应该努力劝谏和引导君王走正道，志在行仁义。"

【解读】孟子旗帜鲜明的反战，反对不教民而战，反对用战争开疆拓土，争雄争霸。

"不教民而用之，谓之殃民。""不教民战是谓弃之。"作为诸侯的大夫将相事君王，要爱民，劝谏王行仁政，不好战，"务引其君以当道，志于仁而已"。

9. 虽与之天下　不能一朝居也

【原文】孟子曰："今之事君者曰：'我能为君辟土地，充府库。'今之所谓良臣，古之所谓民贼也。君不乡道，不志于仁，而求富之，是富桀也。'我能为君约与国，战必克。'今之所谓良臣，古之所谓民贼也。君不乡道，不志于仁，而求为之强战，是辅桀也。由今之道，无变今之俗，虽与之天下，不能一朝居也。"

【译文】孟子说："现在那些侍奉君王的臣子常说：'我能够为君王开拓疆土，为国库充实财富。'现在把这些人称之为良臣，在古代这样的人被视为是残害百姓的民贼。君王不崇尚仁义之道，不存仁爱之心，作为臣子还为他争土地掠财富，这等于是助桀为富。那些所谓的良臣还说：'我能够为君王联合一些国家去征战，保证战必胜。'这样的良臣，在古代被视为残害百姓的民贼。君王不崇尚仁义之道，不存仁爱之心，作为臣子还为他用战争强占土地和财富，这等于是助桀为虐。假如国家君王还走现在这种道路，不改变这种恃强争利残害百姓的作法，即使全天下都给你，你也坐不稳一个早晨。"

【解读】孟子尊古薄今，言必称三王，很崇尚三王时代的仁政德治，社会和谐。所以在孟子看来，战国时代，君不行仁，臣助君为虐，征战掠夺，残害百姓，祸乱天下，所谓良臣实为民贼。

本章结尾，孟子大声疾呼：如此君臣，"由今之道，无变今之俗，虽与天下，不能一朝居也"。振聋发聩，应是对各诸侯国君臣的严重警告。

10. 孟子白圭论税

【原文】白圭曰："吾欲二十而取一，何如？"

孟子曰："子之道，貉道也。万室之国，一人陶，则可乎？"

曰："不可，器不够用也。"

曰："夫貉，五谷不生，惟黍生之；无城郭、宫室、宗庙、祭祀之礼。无诸侯币帛饔飧，无百官有司，故二十取一而足也。今居中国，去人伦，无君子，如之何其可也？陶以寡，且不可以为国，况无君子乎？欲轻之于尧舜之道者，大貉小貉也；欲重之于尧舜之道者，大桀小桀也。"

【注释】白圭：名丹字圭，魏惠王臣，善于修堤防水利工程。二十取一：讲税收制度，古制是十取一为彻，据说尧舜时就是这个制度。貉：北方少数民族部落。

【译文】白圭说："我想把税率改为二十取一，怎么样？"

孟子说："您的这个办法是貉人部落的办法。假如一万户的国家，只一个人制作陶器，那可以吗？"

白圭回答："不可以，那样陶器不够用。"

孟子说："貉人的部落，各种谷物都不生长，只生长黍子。又没有城墙、房屋、祖庙和祭祀的礼节，也没有诸侯国之间往来的礼物馈赠和宴请，也没有官府官吏，所以收二十抽一的税够用了。而中原之国，丢掉了社会人伦，没有了君臣官吏，那怎么能行呢？陶器少了尚且不能为国，何况无君臣官吏？想要比尧舜十抽一的税制还轻的那只有貉，想要比尧舜十抽一的税制还重的那只有桀。"

【解读】税收关乎国计民生，是国家繁荣富强，人民共同富裕，社会发展进步的重要的政治经济制度。

两千多年前的孔子就提出了薄赋税的主张，并认定"十抽一"税收"彻制"是适当的标准，一直沿用。孟子更具体地讲了税制。比如，为繁荣商旅，主张"关市不征"，为发展农业，稳定井田，主张"助而不税"。

本章孟子与白圭讨论税收，又十分明确地提出税收既要关注民生，减轻赋税，又要保证国家机器运转，国家繁荣富强，重申税制还要沿袭尧舜之道，行十抽一的税制。税收太轻，如白圭所要二十抽一，那社会会退步到原始落后状态，不可以为国。如果赋税太重，百姓负担太重，那就会像夏桀那样暴敛虐民。

11.　吾子过矣

【原文】白圭曰："丹之治水也，愈于禹。"

孟子曰："子过矣！禹之治水，水之道也。是故禹以四海为壑，今吾子以邻国为壑。水逆行，谓之洚水，洚水者，洪水也，仁人之所恶也。吾子过矣。"

【译文】白圭说："我治水比大禹强。"

孟子说："你错了。大禹治水，遵循水流的自然规律，所以大禹知道四海是最低洼处，疏通水流，让水流向大海。而你小子把邻近的国家看成低洼沟壑，筑堤防让水逆行流到邻国去，水逆行就是泛滥的洪水，洪水泛滥，百姓遭灾，有仁爱之心的人很厌恶。所以说你小子错了。"

【解读】白圭有点无知，竟敢说自己治水胜过大禹。孟子一针见血说："小子你错了。"错在哪里？一是不智，不懂山势水流的自然规律，以为自己会筑堤防，可以把水堵到邻国去。二是不仁，"以邻为壑"，让洪水去危害邻国的百姓，这种行为为"仁人之所恶"。所以孟子最后还加重语气说一句："吾子过矣。"

12.　君子不亮　恶乎执

【原文】孟子曰："君子不亮，恶乎执？"

【注释】亮：同谅，意为诚信，《伦语》中有"益者三友。友直，友谅，友多闻"。友谅，就是朋友讲诚信。执：多注释为操守，我以为其本意是"执掌、把握"，把握自己修养德操，成就事功。或者可会意为执掌天下，内

【译文】孟子说："君子没有诚信，怎么能把握自己修养德操，成就事功？"

【解读】一句话，简明经典。诚信是人最基本最珍贵的道德品性。"人而不信，不知其可也。"人无信不立，事无信不成，立诚守信是人修身立德，内圣外王之本，君子不亮，恶乎执？

13. 其为人也好善

【原文】鲁欲使乐正子为政。孟子曰："吾闻之，喜而不寐。"

公孙丑曰："乐正子强乎？"

曰："否。"

"有知虑乎？"

曰："否。"

"多闻识乎？"

曰："否。"

"然则奚为喜而不寐？"

曰："其为人也好善。"

"好善足乎？"

曰："好善优于天下，而况鲁国乎？夫苟好善，则四海之内，皆将轻千里而来告之以善。夫苟不好善，则人将曰：'訑訑，予既以知之矣。'訑訑之声音颜色，距人于千里之外。士止于千里之外，则谗谄面谀之人至矣。与谗谄面谀之人居，国欲治，可得乎？"

【译文】鲁国打算任用乐正子主持国政。孟子说："我听到这个消息，高兴得夜不能寐呀。"

公孙丑问："乐正子能力很强吗？"

孟子说："不是很强。"

公孙丑又问："有智慧，善于思考吗？"

孟子说："不。"

"博学多闻，见多识广吗？"

孟子说："也不。"

公孙丑说："那您为什么听到乐正子为政，就高兴得夜不成寐呢？"

孟子说："因为乐正子'为人好善'，喜欢听取众人有益的意见。"

公孙丑问："只要喜欢听取众人有益的意见就够了吗？"

孟子说："（为政）只要喜欢听取众人有益的意见，凭这一点治理天下就足足有余，更何况是治理一个鲁国呢？假如真的喜欢听取众人有益的意见，那四面八方的贤良之士都会不远千里而来进善言献良策。假如不喜欢听别人有益的意见，那些想进言献策的人就会传播他不喜欢听意见的口气和神态，'訑訑，我早就知道了！'这种神态和口气等于把进善言的人拒之于千里之外了。贤良之士被拒于千里之外，那些巧言令色、谗谄面谀之徒乘虚而至，为政者和这些人混在一起，想把国家治理好，哪能呢？"

【解读】这一章孟子讲了为政者一个十分重要的问题：广开言路，从善如流，与人为善。

孟子的学生乐正子并无多少长处，而闻之为政，孟子"喜而不寐"，孟子认为乐正子最大的长处，就是"其为人也好善"。乐正子喜欢听从众人的好意见。正因为这一点，孟子对乐正子为政十分高兴并充满信心。"好善优于天下"，"好善，则四海之内，皆轻千里而来告之以善"。言路一开，贤士云集，平治天下足足有余。

孟子在《公孙丑》上篇专章讲述："禹闻善言，则拜。""大舜有大焉，善与人同，舍己从人，乐取于人以为善。"往古圣贤之君治国平天下靠的就是"取诸人以为善""君子莫大乎与人为善"，听善言，从善行，善与人同，与人为善，这是往古圣贤之君的治国之道，乐正子有古圣贤遗风。

14. 古之君子　何如则仕

【原文】陈子曰："古之君子，何如则仕？"

孟子曰："所就三，所去三。迎之致敬以有礼，言，将行其言也，则就之；礼貌弗衰，言弗行也，则去之。其次，虽未行其言也，迎之致敬必有礼，则就之。礼貌衰，则去之。其下，朝不食，夕不食，饥饿不能出门户。君闻之曰：'吾大者不能行其道，又不能从其言也，使饥饿于我土地，吾耻之。'周之，亦可受也，免死而已矣。"

【译文】陈臻问孟子："古代的君子在什么情况下可以为仕任职？"

孟子说："有三种情况可以为仕任职，有三种情况不接受任职。第一，迎之以礼，欢迎进言，并且能采纳你的意见，付诸行动，就接受任职；礼遇不减，但冷漠进言，言而不行，那就不要为仕任职。第二，于其次，虽然不能听取你的进言，加以采纳，付诸行动，但恭敬有加，待遇不错，还可以接受任职；如果礼敬待遇都打折扣了，那就辞职走人。第三，为之下，早晨不得食，晚上不得食，饿得出不得门。君王听说了说：'从大的方面讲，我不能听他的意见，实行他的主张，但让他饿死在我这里，我也会感到不光彩。'国家救济一下。这种情况也还可以接受，勉强糊口度日，不饿死罢了。"

【解读】关于"仕"与"不仕"，孔子和孟子都有很多经典语言。孔子说："邦有道，谷，邦无道，谷，耻也。""用之则行，舍之则藏。"孟子也说过："仕非为贫也。""立乎人之本朝，而道不行，耻也。"

君子为仕不是只为了混个礼遇，更不是为混口饭吃，为的是"道"，"朝闻道，夕可死也"。为的是行大道，平天下、济苍生。

本章孟子回答学生"君子何如则仕"曰："所就三，所去三。"所言"其次""其下"似乎不是孟子本意，不像君子大丈夫气概。存疑。

15. 天将降大任于是人也

【原文】孟子曰："舜发于畎亩之中，傅说举于版筑之间，胶鬲举于鱼盐之中，管夷吾举于士，孙叔敖举于海，百里奚举于市。"

"故天将降大任于是人也，必先苦其心志，劳其筋骨，饿其体肤，空乏其身，行拂乱其所为，所以动心忍性，曾益其所不能。人恒过，然后能改；困于心，衡于虑，而后作；征于色，发于声，而后喻。入则无法家拂士，出则无敌国外患者，国恒亡。然后知生于忧患而死于安乐也。"

【注释】傅说：说（yuè），悦，又名傅岩，从事版筑的奴隶，商王武丁举用为大臣。胶鬲：曾是殷商的贤臣，纣王之乱而逃隐，从事鱼盐贩卖，周文王举用其为臣。管夷吾：即管仲，在齐国内乱中被囚，齐桓公不计前嫌举用为相国。孙叔敖：隐耕于海边，楚庄王举用为令尹。行拂（fú）乱其所为：拂，违背逆反、不顺利，行为受挫，办事不顺。入则无法家拂（bì）士：拂士即辅弼之臣。整句意思是：国内无司法的能人和辅弼贤臣。

【译文】孟子说："舜是从农村田野之中成长起来的，傅说是从筑墙工地举用上来的，胶鬲举用于鱼盐贩夫之中，管仲起用于被狱官羁押的囚犯之中，孙叔敖海边隐耕，被楚庄公发现举用为令尹，百里奚更传奇，虞国亡而逃秦，隐于市，历经艰辛和屈辱，为秦穆公举用为相。"

"所以说：上天要把重大的历史使命和责任赋予某个人，一定要首先让他经受艰苦的历练，苦其心志，劳其筋骨，忍受饥饿，困厄贫穷，行事不顺，历艰难曲折。这样磨炼他的意志、淬纯他的心性，增长他的识见和能力。一个人常常有点错误，然后才能吸取教训改正错误；一个人遇到一些事，困瘁于心，横虑于思，饱受困心横虑的折磨，然后就能发愤而有所作为；一个人悉心体察别人的态度、表情、言语，然后就能明人事知谨慎。一个国家，如果国内没有司法的能人，没有辅弼的贤臣，外部没有敌国的竞争挑战和祸患，往往要灭亡。知道这些，就懂得了'生于忧患，死于安乐'的道理。"

【解读】孟子这段话极其经典，影响深远。主要讲人的修养、历练和成长。一个人要担当大任成就事业，必历经艰难困苦的修养和历练，磨炼意志，砥砺心性（思想品格），提升能力。要在错误和挫折中吸取教训，完善自己，要在困心横虑的危厄中发愤作为，自强不息，要在接人待物的细节中学会明事理知人做人。这就是"艰难困苦，玉汝于成"。刘少奇写《论共产党员修养》引用了孟子这段话，影响深远。

人如此，国亦如此。民族要兴旺，国家要强盛，必须要有忧患意识，要有危机感。有对手，有敌国，有挑战，才有危机，才有压力，才有发愤图强。"敌存灭祸，敌去召过"，"生于忧患，死于安乐"。

16. 教亦多术矣

【原文】孟子曰："教亦多术矣。予不屑之教诲也者，是亦教诲之而已矣。"

【译文】孟子说："教育也有多种多样的方法，（表现出）我不屑教诲他，这对他来说也是一种教诲。"

【解读】这是孔子教育法之一。《论语·阳货》记载：学生孺悲求教于孔子，孔子称病推辞，但孺悲刚转身，孔子就"取瑟而歌"，有意让孺悲知道，是老师"不屑教""不愿教"，使孺悲反躬自省，激发其拜师的诚意和决心，即"瑟儆孺悲"。这也是教育。孟子学孔子于细微处学真谛。

第七篇　尽心（上）

　　《尽心》上篇共四十六章。主要讲"尽心、知性、知天""存心、养性、事天、立命"，是孟子修身养性思想的精华。

1. 尽其心者　知其性

　　【原文】孟子曰："尽其心者，知其性也。知其性，则知天矣。存其心，养其性，所以事天也。夭寿不贰，修身以俟之，所以立命也。"

　　【注释】尽心：尽，极尽，极致。《大学》言："君子无所不用其极"，"止于至善"。尽心，就是诚意正心，臻极至善，达到至诚至善至正的境界。

　　知性：懂得心有仁义礼智四端，人皆有之。懂得人人都有可以为善之性，为善应成为自觉，存心养性高度自觉。

　　知天、事天：天是指天地自然普遍的规律和天下道义的道德准则，"有物有则"是天理，天理为诚，天理为善，天理为正。"格物致知"本意在这里。事天：尊天理、好懿德、行仁义。

　　夭寿不贰，修身以俟之，所以立命也：存心养性，诚意正心，臻极至善，一生一世，不管是夭亡还是长寿，修身养性不改初心，以仁为己任担当家国天下，这就是立命。

　　立命：确立人生的理想、追求和使命，所谓"为天地立心，为生民立命"。

　　【译文】努力诚意正心，臻极至善，就会懂得人心有四端，人性可为善。懂得人性为善，就知道天理为常。持守善良初心，修养至善品性，就能循天理、好懿德、行仁义。一生一世，不管是短命还是长寿，都不改初心，以仁为己任，担当家国天下，这就是立命。

【解读】这一章是《尽心篇》的纲领。"尽心、知性、知天""存心、养性、事天、立命"，有其内在的逻辑性，很有哲理，是孟子对儒家修身为本、正心养性、立德树人思想的哲学思考和理论概括。是孟子修身养性思想的精华。

尽心：努力诚意正心，臻极至善。知性：知人皆有仁义礼智的本端初心，人皆有"可以为善"的先天本性；知天：知天地万物的客观规律，知天下道义的道德原则，"有物有则"天理至正，天理至诚，天理至善。这是人存心养性的认知基础，只有这样人才会有修身进德、居仁由义的高度自觉。也只有这样，才能做到以仁存心、以礼存心，不改初心，不丢良心，尽心养性，与天地合其德，天人合一，至诚至善，循天理，行仁义，为天地立心，为生民立命，担当家国天下。

2. 莫非命也　顺受其正

【原文】孟子曰："莫非命也，顺受其正。是故知命者不立乎岩墙之下。尽其道而死者，正命也；桎梏死者，非正命也。"

【译文】孟子说："吉凶祸福，逆顺遭逢无非是命运，顺应命运接受正常的命运。所以知道命运的不站立在危险的岩墙下面。尽心竭力履行道义而死，死得其所，这是正命；违法犯罪受刑而死，死于非命，这是非正命。"

【解读】万事万物总有一定的运行规律，这就是"莫非命也"。命有正命，非正命，在一定范围内是可以自己把握的，"顺受其正"叫做"命由己立""命由己造","存心、养性、事天，修身以俟之"，尽心竭力履行道义可得正命。相反违背自然规律和道义，或立危墙之下，或违法犯罪，就会遭非正命。知命、立命不可不察。这应是孟子本意，而不是消极的"宿命论"。

3. 求则得之　舍则失之

【原文】孟子曰："求则得之，舍则失之；是求有益于得也，求在我者也。求之有道，得之有命，是求无益于得也，求在外者也。"

【译文】孟子说："有的东西追求就可以得到，丢弃就会失去，这种追求有益于得到，追求决定于自己（如仁德品性）。有的东西追求要讲道义，得不得到还看运气，那种不义的追求无益于得到，因为追求的东西是身外之物（如富贵）。

【解读】仁爱之心，仁义之德，靠自己修持培养。"操则存，舍则亡。""求则得之，舍则失之。"孔孟谆谆教诲，修身进德，为仁由己。

财富地位，高官厚禄，是身外之物，不是自己能求的，要知命守道，不可强求，求也无益。

4. 万物皆备于我　反身而诚

【原文】孟子曰："万物皆备于我矣。反身而诚，乐莫大焉。强恕而行，求仁莫近焉。"

【解读】万物皆备于我矣，反身而诚，是本章核心。《中庸》说："诚者，物之终始，不诚无物。"诚是天地万物的本质本原，也是我们尽心养性，修身进德，成己成物的价值取向和鉴照。"诚者，天之道也；诚之者，人之道也。""君子诚之为贵。"所以我们尽心养性，修身进德必须以天地万物"诚"的本质本原为鉴照和依据，反躬自省，修身立诚，诚为立身之本、立德之本。

恕，己所不欲，勿施于人。孔子认为这是人终身行为的准则，是仁的基本要求。力行恕道，离完美仁德的要求就很近了。

孟子这段话的意思：天地万物客观实在的本质为我们提供了修身立诚的鉴照和依据，反躬自省，修身立诚，是莫大的快乐。推己及人，力行恕道，离修成完美的仁德很近了。

5. 行之而不著

【原文】孟子曰："行之而不著焉，习矣而不察焉，终身由之而不知其道者，众也。"

【解读】孟子这段话的意思是："人皆有仁义之心，也天天在做仁义之事，却不明白为什么这样做；亲亲仁人，习以为常，也不曾问其所以然；终身都自然而然的这样做，却不知这是行仁义之道。这是日用而不知，自然由之的寻常百姓。"

尽仁爱之心，行仁义之事，不仅仅是做，还要知，要从"道"的思想层面上提高认识，尽其心，知其性，明理崇德。立人之道仁与义，增强居仁由义的自觉性，厉行仁义，这才是君子。

6. 人不可以无耻

【原文】孟子曰："人不可以无耻；无耻之耻，无耻矣。"

【译文】孟子说："人不能不知羞耻，不知羞耻的羞耻，是最大的羞耻。"

7. 耻之于人大矣

【原文】孟子曰："耻之于人大矣；为机变之巧者，无所用耻焉。不耻不若人，何若人有？"

【译文】孟子说："羞耻对于人来说是个大事；但那些机巧诈骗搞阴谋诡计的人，不知有羞耻二字。一个人如果不以不如他人为耻，那他怎么能如他人（优秀）呢？"

【解读】一连两章讲"羞耻""无耻"，直指心性，是尽心知性的重要内容，是普适的荣辱观。

羞耻之心人皆有之，"知耻，近乎勇"。知羞耻是人明礼义廉耻的善良之心，是人走正道、行仁义、求上进、守尊严的进取心和正能量。很宝贵，"耻之于人大矣。"

不知羞耻，就是无耻。老百姓说："人无廉耻，百事可为。"不知羞耻的人什么见不得人的坏事都做得出来，机变之巧，搞阴谋诡计，小则害人害己，大则祸国殃民，无耻之尤。"人不可以无耻。"

8. 古之贤王好善而忘势

【原文】孟子曰："古之贤王好善而忘势；古之贤士何独不然？乐其道而忘人之势。故王公不致敬尽礼，则不得亟见之。见且由不得亟，而况得而臣之乎？"

【译文】孟子说："古代的贤明君王喜欢听取有益的意见，忘记自己的权势地位，礼贤下士；古代的贤能之士何独不是这样呢？他们乐于守正道行正道，不把别人的权势地位放在眼里。所以，即使是王公贵爵，如果不尊敬他们，也不可能多次见到他们。相见的次数尚且不可能多，更何况想得而为臣呢？"

【解读】古之贤王好听善言，不以自己的权势为尊，屈己下贤。古之贤士，乐道而行，也不以王公贵爵的权势为尊，不枉道求荣。孟子很向往推崇。

9. 穷不失义　达不离德

【原文】孟子谓宋勾践曰："子好游乎？吾语子游：人知之，亦嚣嚣；人不知，亦嚣嚣。"

曰："何如斯可以嚣嚣矣？"

曰："尊德乐义，则可以嚣嚣矣。故士穷不失义，达不离道。穷不失义，故士得己焉；达不离道，故民不失望焉。古之人，得志，泽加于民；不得志，修身见于世。穷则独善其身，达则兼善天下。"

【译文】孟子对宋勾践说："您很喜欢游说各国的君主吗？我告诉您游说诸侯的体会（要有个好的心态）：人家接受您的意见，理解您，您安然自得，人家不接受您的意见，不理解您，你也安然。"

宋勾践问："怎么样才能有这种安然自得的心态呢？"

孟子说："尊崇道德，乐守道义，就可以安然。所以贤良之士，贫穷时不失道义，谨守节操；显达时不背离仁义之道，亲亲仁民。贫穷时不失节义，就能守住自己的道德节操和尊严，显达时不背仁义，就能亲亲仁民，博济天下，深孚民望。古代的贤良之士，得志，恩惠施于百姓；不得志修身立德而显于世。穷则独善其身，达则兼善天下。"

【解读】孟子给宋勾践说的这段话，是孟子游说诸侯的心路历程和切身体会。思想境界很高，堪为千古经典。"穷不失义""达不离德""得志，泽加于民""不得志，修身见于世""穷则独善其身，达则兼善天下"，为后世万代贤良之士树立了思想人格典范。

10. 待文王而后兴

【原文】孟子曰："待文王而后兴者，凡民也。若夫豪杰之士，虽无文王犹兴。"

【译文】孟子说："只有等到周文王那样的圣贤之君君临天下，才能被感化而向善行仁的，是平常百姓。至于那些素有仁德的豪杰之士，即使没有周文王那样的圣贤君临，也能守仁行善。"

11. 如其自视欿然

【原文】孟子曰："附之以韩魏之家，如其自视欿然，则过人远矣。"

【译文】孟子说："有这样的人，如果除了自家的财富，还把晋国当年六卿当中财富最多的韩氏魏氏两家的财富都加给他，他还是视盈若虚（自视欿然），不当回事，那么这样的人其心性纯良、德行操守高洁远远超过了一般的人。"

【解读】第十章、第十一章两章意旨有相通之处，都是孟子盛赞品德高尚、居仁由义的贤良豪杰之士。一者，不待贤君教化驱使，自觉守仁行善；

一者，心性纯良、识见高远，以仁义为重，不以富贵为事。

12. 以佚道使民

【原文】孟子曰："以佚道使民，虽劳不怨。以生道杀民，虽死不怨杀者。"

【译文】孟子说："为百姓过上幸福安逸的生活，役使百姓生产劳动，百姓尽管劳累，也不会埋怨。为保护百姓生命财产安全而处死违法犯罪的人，也不会埋怨处死罪犯的人。"

【解读】这是孟子民本思想的具体落实，把百姓的生命安全、生活幸福放在心里，满足百姓对美好生活的向往。

13. 王者之民皞皞如也

【原文】孟子曰："霸者之民驩虞如也，王者之民皞皞如也。杀之而不怨，利之而不庸，民日迁善而不知为之者。夫君子所过者化，所存者神，上下与天地同流，岂曰小补之哉？"

【译文】孟子说："霸者施小恩，恤民救灾（谓之小补），百姓欢呼娱乐。王者，为政以德行仁义，百姓自由幸福，心情舒畅，犯罪处死也不怨恨，蒙受恩惠不用酬谢，百姓的生活一天天美好，还不知是谁的功业。圣贤之君（王者）所到之处，德泽四海，感化百姓，留下的思想道德影响，与天地同流（王者功业广大），这哪里是霸者小补能比的呢？"

【解读】孟子再次对比霸道王道，主要讲百姓的感受。霸者，应时而运，施小恩，弥缝补缺，恤民救灾，谓之小补，得民欢娱。王者，为政以德，居仁由义，博济天下，如春风化雨，润物无声。德泽所被，与天地同流"荡荡乎，民无能名焉"，百姓自由幸福心情舒畅。所以霸者小补，不能与德泽广大的王道相比。

14. 善政民畏之　善教民爱之

【原文】孟子曰："仁言不如仁声之入人深也，善政不如善教之得民也。善政，民畏之；善教，民爱之。善政，得民财，善教，得民心。"

【译文】孟子说："仁政的法度政令，不如仁政效果声誉深入人心；完善的法度政令，不如完善的思想道德教育得到民众。完善的法度政令，民众敬畏，不敢违上，完善的思想道德教育，民众明礼义，自觉行仁。完善的法度政令，可以集中民财，完善的思想道德教育，可以统一民心。

【解读】孟子这段话，其思想与孔子为政以德一脉相承："道之以政，齐之以刑，民免而无耻；道之以德，齐之以礼，有耻且格。"（《论语·为政》）

15. 其良能也　其良知也

【原文】孟子曰："人之所不学而能者，其良能也；所不虑而知者，其良知也。孩提之童，无不知爱其亲者，及其长也，无不知敬其兄也。亲亲，仁也；敬长，义也。无他，达之天下也。"

【译文】孟子说："人不经学习而能的，是良能，不经思虑而知道的，是良知。二三岁的幼儿，没有不知道亲爱他的父母的，稍微长大一点，没有不知道尊敬他的兄长的。亲爱父母，这是仁；尊敬兄长，这是义。这没什么（都是人的本心本性），重要的是把这种亲亲敬长的仁义本心推而广之，通达于天下。"

【解读】孟子这段话是其心之四端说的阐发，也是"尽心、知性"说的内容。第一次提出了"良知""良能"的概念，既有理论价值又有实践价值，良知、良能就是人的初心本性，推而广之可行仁义于天下。

王阳明结合其对《大学》的解读，更把良知，致良知理论化了，成了阳明思想学说的核心，"良知"就是"明德"，人的一体之仁的本心，"致良知"就是"明明德"行仁义，"亲民""止于至善"。

16. 舜居深山之中

【原文】孟子曰："舜之居深山之中，与木石居，与鹿豕游，其所以异于深山之野人者几希；及其闻一善言，见一善行，若决江河，沛然莫之能御也。"

【译文】孟子说："舜耕历山之时，跟岩石同居与树木为伴，和麋鹿野猪同游，他几乎和深山的野人一样；可是，当他闻一善言，见一善行，便勃然心动，从善如流，如江河决口，浩荡之势不可阻挡。"

【解读】孟子在《公孙丑》上篇中曾高度赞扬"大舜有大焉，善与人同，舍己从人，乐取于人以为善"。本章孟子讲述舜耕于历山的事迹，再一次赞扬和推崇舜"闻一善言，见一善行"，便取于人以为善，从善如流。

"大舜有大焉。""君子莫大乎与人为善。"

孟子倡善，为天地立善，取于人以为善，从善如流，力量无穷，"沛然莫之能御也"。

17. 无为其所不为

【原文】孟子曰："无为其所不为，无欲其所不欲，如此而已矣。"

【译文】孟子说："莫做不该做的，莫想不应想的，这样就行了。"

【解读】不做亏心之事，不存非分之想，这是做人的底线，羞恶之心人皆应有。

18. 人之有德慧术知者

【原文】孟子曰："人之有德慧术知者，恒存乎疢疾。独孤臣孽子，其操心也危，其虑患也深，故达。"

【译文】孟子说："人之所以能具备良好的德操，聪慧的头脑，处事的才智和方法，往往是常处于危难之中。唯独那些位卑势微的远臣庶子，心惧危殆，深虑祸患，所以有德慧术知，能事功通达。"

【解读】这是讲"存乎疢疾"的忧患意识。操心危殆，深虑祸患，修炼人的品格和才智。

忧患意识，是《周易》最伟大的智慧，有凶吉祸福的警示，"安而不忘危，存而不忘亡，治而不忘乱"，是人安身立命的依据。

孟子在《告子》下篇第十五章更精彩地讲了这个思想"艰难困苦，玉汝于成"，"生于忧患，死于安乐"。

19. 大人者　正己而物正也

【原文】孟子曰："有事君人者，事是君则为容悦者
也；有安社稷者，以安社稷为悦者也；有天民者，达可行
于天下而后行之者也。有大人者，正己而物正者也。"

【译文】孟子说："有一种人是侍奉君王的人，他们以巧言令
色取悦君王为事；有一种人是安邦定国之臣，他们以安社稷平天下
为乐；有一种人叫天民，他们先知先觉，知天理人道，行道济民于
天下；还有一种人叫大人，品德高尚以己之正而正天下。"

【解读】孟子讲了四种人，以人为镜可以明得失。一种人是佞人嬖臣，
以巧言令色取悦君王为事；一种人是社稷肱股之臣，社稷为重，以安邦定国
为责；一种人叫天民，如伊尹，先知先觉，知天理人道，"自任以天下重"，
济民于天下；还一种人叫大人，如圣人孔子，万世师表，正己正物正天下。

20. 君子有三乐

【原文】孟子曰："君子有三乐，而王天下不与存焉。
父母俱存，兄弟无故，一乐也；仰不愧于天，俯不怍于
人，二乐也；得天下英才而教育之，三乐也。君子有三
乐，而王天下不与存焉。"

【译文】孟子说："人生有三大快乐，统一天下不包括在内。
父母全健在，兄弟全安康，这是第一大快乐；上无愧于天，下无愧
于人，这是第二大快乐；能得到天下的优秀人才教育培养，这是第
三大快乐。三大快乐不包括得天下统一天下。"

21. 君子所性

【原文】孟子曰："广土众民，君子欲之，所乐不存焉；中天下而立，定四海之民，君子乐之，所性不存焉。君子所性，虽大行不加焉，虽穷居不损焉，分定故也。君子所性，仁义礼智根于心，其生色也睟然，见于面，盎于背，施于四体，四体不言而喻。"

【译文】孟子说："拥有广阔的国土，众多的百姓，这是君王的欲求，但不一定是快乐；居君位，掌天下，安定四海之民，君王以此为乐，但其本性不在这里。（君子）人的本性与生俱来，不因其成了君王行道于天下而增益，也不会因为贫穷困顿而减损，因为天赋之性已定。人的本性，仁、义、礼、智深深地植根于心，所言所行全都表现出来，流露于颜面，和顺润泽，充溢于肩背四体，四体的行动（行为）也会不言而喻。"

【解读】第二十章和第二十一章有接续和关联，读来很有感悟，讲人的本性。君子三乐，近乎本我，人同此心。所以君王的"王天下"不在君子三乐之中，"广土众民""中天下而定四海"也不在君子所性之乐的范围之内。君子所性，是植根于心的仁、义、礼、智的初始本性，不增不减，从来本有。

"尽其心者，知其性也。"

22. 文王之民无冻馁之老者

【原文】孟子曰："伯夷辟纣，居北海之滨，闻文王作兴，曰：'盍归乎来！吾闻西伯善养老者。'太公辟纣，居东海之滨，闻文王作兴，曰：'盍归乎来！吾闻西伯善养老者。'天下有善养老，则仁人以为己归矣。五亩之宅，树墙下以桑，匹妇蚕之，则老者足以衣帛矣。五母鸡，二母彘，无失其时，老者足以无失肉矣。百亩之田，匹夫耕之，八口之家足以无饥矣。所谓西伯善养老者，制其田里，教之树畜，导其妻子使养其老。五十非帛不暖，七十非肉不饱。不暖不饱，谓之冻馁。文王之民无冻馁之老者，此之谓也。"

【译文】孟子说："伯夷躲避纣王，住在北海之滨，听说周文王当政，说：'何不到周文王那里去呀！我听说文王善待老人。'姜太公躲避纣王，隐居在东海之滨，听说文王当政，说：'何不到文王那里去呀！我听说文王善待老人。'天下能善待老人，老人们都感到自己有归宿了。五亩地的房宅，在墙下植桑树，妇女养蚕缫丝，老年人有丝棉衣服穿了。养五只母鸡，二头母猪，老年有肉吃了。百亩土地，男子耕种，八口之家就可以吃饱了。讲文王善于养老，就在于他制定了好的土地和住宅制度，教百姓种田、植桑、牧畜、教家家户户奉养他们的老人。五十岁的老人没有丝棉衣服穿不暖，七十岁的老人没有肉吃不饱，穿不暖吃不饱，叫冻馁。文王的百姓没有受冻馁的老人。讲的就是这个意思。"

【解读】孟子从伯夷、太公称赞文王善养老人入题，称颂周文王仁爱百姓，善养老人，行仁义于天下，使天下百姓耕有其田，居有其宅，丰衣足食，老人不受冻馁。

23. 民可使富也

【原文】孟子曰："易其田畴，薄其税敛，民可使富也。食之以时，用之以礼，财不可胜用也。民非水火不生活，昏暮叩人之门户求水火，无弗与者，至足矣。圣人治天下，使有菽粟如水火。菽粟如水火，而民焉有不仁者乎？"

【译文】孟子说："耕种好田地，减轻赋税，百姓可以富足起来。按忙闲节约粮食，依礼义节制财用，钱粮可以足用。没有水和火，百姓无法生活，有时黄昏夜里敲门找邻里讨碗水或火种，没有不给的，因为家里有呀。圣贤之君治理天下，要让百姓家里的粮食和水火一样富裕。百姓家里的粮食像水和火一样富裕，百姓哪有不仁爱的呢？"

【解读】孟子的思想一贯重视发展生产，使民以富。"夫仁政，必自经界始。"仁政，从耕者有其田开始，种好田、薄赋税，节用爱民，使民丰衣足食。"仓廪实而知礼节"，百姓丰衣足食，自然仁行天下，天下归仁。圣人治天下莫不如是。

24. 君子之志于道

【原文】孟子曰："孔子登东山而小鲁，登泰山而小天下，故观于海者难为水，游于圣人之门者难于言。观水有术，必观其澜。日月有明，容光必照焉。流水之为物也，不盈科不行；君子之志于道也，不成章不达。"

【译文】孟子说："孔子登上东山看鲁国小，登上泰山看整个天下也小，所以看过大海的人不屑再看水，在圣人门下学习过的人不屑言异端之说。观水有术，一定要观波澜壮阔的气势。太阳月亮光芒四射，能照耀细小的孔隙；流水有规律，填满了坑坑洼洼才继续往前流；君子志于道，不学以成章，不能行天下。"

【解读】本章孟子论述层次清晰，语言精彩，主题突出。"登泰山而小天下"，"观于海者难为水"，学于圣人之门不言异端，日月有明，无处不照，水有本源，"源泉滚滚，盈科后进，放于四海"。最后突出鲜明主题："君子志于道，不成章不达。"圣人之道致广大而尽精微，君子志于道必渐学渐成，以至精熟成章达到极至，才能行道于天下。

25. 利与善之间也

【原文】孟子曰："鸡鸣而起，孳孳为善者，舜之徒也；鸡鸣而起，孳孳为利者，蹠之徒也。欲知舜与蹠之分，无他，利与善之间也。"

【译文】孟子说："每天清晨鸡鸣即起，就孳孳为善，做善事行仁义，这是和虞舜一样的人；每天清晨鸡鸣即起，孳孳为利贪利忘义，这是和盗蹠一样的人。要问虞舜与盗蹠两人有什么区别，没有别的，就是为善还是为利。"

【解读】这是孟子一以贯之的论题：利与仁义。"王何必曰利？亦有仁义而已矣。"这是孟子的观点。孔子也说过："君子喻于义，小人喻于利。"

这一段孟子抓住了两个极端：虞舜鸡鸣而起，孳孳为善，行仁天下，只为百姓；盗蹠，鸡鸣而起，孳孳为利，贪得无厌，只为自己。他们的区别就是为善还是为利，为公，还是为私。这是从仁义道德的价值取向来评判的，泾渭分明。

司马迁在《史记·货殖列传序》中说："天下熙熙皆为利来，天下攘攘皆为利往。"鸡鸣而起，孜孜为利，农、工、商贾莫不如此，只要为利有道，而这也正是足衣食、富家国的正道。亚当·斯密的《国富论》也有这个观点。

26. 杨子取为我

【原文】孟子曰："杨子取为我，拔一毛而利天下，不为也。墨子兼爱，摩顶放踵利天下，为之。子莫执中。执中为近之。执中无权，犹执一也。所恶执一者，为其贼道也，举一而废百也。"

【译文】杨朱自我本位主张为我，即使拔一根毫毛而能利天下，也不肯干。墨子主张兼爱，即便从头顶到脚后跟被人磨伤，只要对天下人有利，自己再辛劳痛苦，也肯干。子莫则主张中道，执其中道，好像近乎正确。但是执中不以礼义为权，犹如偏执于一端，这也是不好的，会损害真正的道（偏离真理），执其一端，不及其余，举一而废百。

【解读】本章孟子批评杨、墨、子莫，讲了两个儒学的核心问题。

一、批驳杨墨"为我"、兼爱，捍卫儒学以人伦为基础的"仁"的核心思想。

孟子说："杨氏为我，是无君也；墨氏兼爱，是无父也。无父无君，是禽兽也。"杨墨败坏人伦，否定了儒家仁的基础和底线——人伦纲常，无父无君。孔孟儒家一以贯之，"仁者，人也，亲亲为大"，孝悌为本。仁就是为人，从亲亲开始，孝悌为本，人伦不可违逆。

二、批驳执中不权，正确理解和应用中庸之道的辩证思维和方法。

"君子中庸，君子而时中。"审时度势，时中权变，执两用中，持中守正，两点论，具体问题具体分析，"义之与比"。这是儒家中庸思想睿哲的辩证思维和方法。"道之所贵者中，中之所贵者权"，执中的核心是守正，执中的灵魂是权变，惟义所在。执中不权，犹如执一。

27. 饥者甘食

【原文】孟子曰："饥者甘食，渴者甘饮。是未得饮食之正也，饥渴害之也。岂惟口腹有饥渴之害？人心亦皆有害。人能无以饥渴之害为心害，则不及人不为忧矣。"

【译文】孟子说："饥饿的人觉得所有食物都美味，干渴的人觉得所有的饮料都可口，他们已经不能吃喝出饮食的正常滋味了，是由于饥渴所妨害（到了饥不择食的不正常状态），难道只有口腹有这种饥渴之害吗？人心也有这种类似的妨害（如贫贱移志、见利忘义等），如果一个人不为如饥渴妨害口腹一样，不因贫贱为富贵诱惑而动心移志，心不为富贵利欲所害，就不要担心自己不如别人忘义失正而移志了。"

【解读】孟子这段话意味深长，值得一读。饥渴之欲，害其口味本性，以至饥渴不知好歹不择饮食，进而引申到"岂惟口腹有饥渴之害？人心亦皆有害""饥寒起盗心""见利忘义"，人心也常为贫贱所害，不择手段，追求富贵，丧害本心，失去道义，甚至伤天害理。警示世人心不要为利欲所害，正心守正，贫贱不移其志。

28. 柳下惠不以三公易其介

【原文】孟子曰："柳下惠不以三公易其介。"

【解读】孟子这句话应是紧接上章而讲。柳下惠仕鲁为刑狱小官，还三次被黜。孔子为其抱不平，斥责臧文仲"知柳下惠贤而不立"（见《论语·卫灵公》）。孔子还赞扬柳下惠三黜而不改直道事人，不离父母之邦。这一章是孟子称颂柳下惠不慕三公之荣，不以"不及人为忧"不辞小官，不怨困厄，本心不移，耿介特立，高风亮节。

多数学者对本章译释有误，译为"柳下惠不因身处三公高位而改变节操。"是错误的。柳下惠从未居三公高位，应是不慕三公之荣，不辞小官，圣之和者，本性不改。

29. 有为者辟若掘井

【原文】孟子曰："有为者辟若掘井，掘井九仞而不及泉，犹为弃井也。"

【译文】孟子说："做事好比掘井，掘了九仞深还没掘出地下泉水，（如不继续掘进）就等于把井废弃了。"

【解读】这是孟子打的一个比喻。意为修身、做事、做学问和掘井一样，必须持之以恒，坚持到底，"君子无所不用其极"，不能浅尝辄止，有始无终，否则功亏一篑，前功尽弃，一事无成。

孔子也讲过同类的比喻、同样的道理。子曰："譬如为山，未成一篑，止，吾止也。"（见《论语·子罕》）

30. 尧舜　性之也

【原文】孟子曰："尧舜，性之也；汤武，身之也；五霸，假之也；久假而不归，恶知其非有也。"

【译文】孟子说："尧舜性善好仁、秉性行仁；汤武习仁复性；五霸以力假仁而霸天下，如果他们长久地实行仁义，行而不已，那又怎么能知道他们并没有仁善之心性？"

【解读】孟子讲五帝、三王和五霸行仁义的不同。尧舜性之也，仁善为本性初心，尧舜秉性行仁；汤武身之，本性初心略逊，但躬身力行，习以复性，久而成习；五霸假之，以力假仁而霸，但也实行很多仁民惠民的政策，民亦受惠，如果能"久假不归"、久行不已，其仁义之道也济天下，比那些不仁不义的昏君好得多。

当然孟子更崇尚秉性行仁，也推崇躬身行仁以复性，本性初心非常宝贵，乃原动力所在。

31. 放太甲于桐

【原文】公孙丑曰："伊尹曰：'予不狎于不顺。'放太甲于桐，民大悦。太甲贤，又反之，民大悦。贤者之为人臣也，其君不贤，则固可放与？"

孟子曰："有伊尹之志，则可；无伊尹之志，则篡也。"

【译文】公孙丑说："伊尹对太甲说：'我不愿亲近你这个不守义理的人。'因此把太甲放逐到桐邑（居住在商汤陵墓旁边，反思其祖遗训），百姓大为高兴。等到太甲悔过自新，伊尹又把太甲迎回亳都请复王位，百姓也大为高兴。但请问贤人作为君王的臣子，其君王不贤，臣子可以放逐君王吗？"

孟子回答说："有伊尹那样贞忠不贰之心的臣子，未尝不可；没有伊尹那样的衷心，则有篡权篡位之嫌。"

【解读】这个故事很动人，似乎是个很"乌托邦"的政治机制。周公辅政成王，虽成王业，也尚有流言，只有伊尹辅太甲，千古个案，这是千古第一贤相伊尹创造的一个典范。所以孟子十分推崇，讲过两次，《万章》上篇第六章讲得更详细。

32. 君子不耕而食

【原文】公孙丑曰："《诗》曰：'不素餐兮'，君子不耕而食，何也？"

孟子曰："君子居是国也，其君用之，则安富尊荣；其子弟从之，则孝悌忠信。'不素餐兮'，孰大于是？"

【译文】公孙丑说："《诗经·魏风·伐檀》中唱：'不白吃饭呀！'现在的君子不耕田种地也吃饭，这是为什么呢？"

孟子说："君子住在这个国家，君王任用他为官吏，使国家安定，百姓富裕，自己也尊荣显贵，他的子弟跟着他学习孝父母敬兄长，忠于君王，诚信与人。'不白吃饭呀！'（为官一任安福一方）还有什么比这功劳更大的呢？"

【解读】《诗经·魏风·伐檀》"不素餐兮"是百姓用诗歌悲愤地控诉剥削者不劳而获。孟子在此从另一个角度再一次用社会分工的思想说明"治人者食于人""君子不耕而食"。（参见《滕文公》上篇第四章）

33. 尚志

【原文】王子垫问曰："士何事？"

孟子曰："尚志。"

曰："何谓尚志？"

曰："仁义而已矣。杀一无罪，非仁也；非其有而取之，非义也。居恶在？仁是也；路恶在？义是也。居仁由义，大人之事备矣。"

【译文】齐王的儿子陈垫问孟子："士做什么事？"

孟子回答："追求高尚的心志做人。"

问："何谓尚志呢？"

孟子说："就是知行仁义。杀一个无辜的人就是不仁，不属于自己的财务而夺取占有，就是不义。我们的立足点、出发点在哪里呢？是仁；我们行走的路在哪里呢？是义。立足于仁，行走由义，这就具备了士（大人）做人做事的高尚心志了。"

【解读】什么是尚志，尚志就是知行仁义，以善为心，居仁由义。孟子回答王子垫很有针对性，比较通俗，不仁就是残，滥用职权杀无辜残虐百姓；不义就是贪，贪财货，取人财物。谨慎用权、不贪这两点正是官吏们的道德底线。

34. 以其小者　信其大者

【原文】孟子曰："仲子，不义与之齐国而弗受，人皆信之，是舍箪食豆羹之义也。人莫大焉亡亲戚、君臣、上下。以其小者，信其大者，奚可哉？"

【译文】孟子说："陈仲子这个人，认为不义，即使把齐国给他，他也不会接受，人人都相信，其实陈仲子的这种义只是不食人家一箪饭一碗汤的小义。人最大的过错是丢弃父母、亲戚、兄长、君臣上下的人伦大义。以陈仲子一点点清廉表现就相信他的大义节操，怎么可以呢？”

【解读】孟子又一次讲陈仲子的事。陈仲子所谓"清廉"的所作所为，可笑又可恨，图慕虚名，丢失人伦大义，孟子给予了无情的讽刺和鞭笞。（见《滕文公》上篇第十章）

35. 桃应问孟子

【原文】桃应问曰："舜为天子，皋陶为士，瞽瞍杀人，则如之何？"

孟子曰："执之而已矣。"

"然则舜不禁与？"

曰："夫舜恶得而禁之？夫有所受之也。"

"然则舜如之何？"

曰："舜视弃天下犹弃敝屣也。窃负而逃，遵海滨而处，终身欣然，乐而忘天下。"

【译文】孟子的学生桃应问："舜为天子，皋陶任法官，舜的父亲杀了人，如何处理？"

孟子说："把他抓起来就是了。"

桃应问："舜不会阻止吗？"

孟子说："舜怎么能阻止呢？皋陶要依法办事呀。"

桃应问："那舜该怎么办呢？"

孟子说："舜把丢掉天子之位看作丢掉破草鞋一样。他偷偷地背负着父亲逃到海边去，终身快乐，把做天子的事忘掉。"

【解读】纯属编造设问，没有此事，为的是讨论在圣贤心中天理、人伦、君位、王法处在什么位置。孟子回答很轻松，人伦就是天理，圣王心里人伦之至。

36. 大哉居乎

【原文】孟子自范之齐，望见齐王之子，喟然叹曰："居移气，养移体，大哉居乎！夫非尽人之子与？"

孟子曰："王子宫室、车马、衣服多与人同，而王子若彼者，其居使之然也；况居天下之广居者乎？鲁君之宋，呼于垤泽之门。守者曰：'此非吾君也，何其声之似我君也？'此无他，居相似也。"

【译文】孟子从范邑来到齐都，远远地看见了齐王的儿子，兴发感叹，说："环境改变气度，奉养改变体质，居处的环境太重要了！不然齐王的儿子的气度体质和别人的儿子不同呢？"

孟子说："王子的住房、车马和衣服多与别人相同，为什么王子的气度体质像那样，就因为居处的环境不同使他那样的；何况居处天下仁的环境之中呢？（其心居仁）鲁国国君到宋国去，在宋国城门外呼喊。守门人说：'呼门的人不是我的君王，那他的声音怎么与我君王相似呢？'没有别的原因，只因为他们居处的环境相同。"

【解读】孟子这段话的本意是讲居仁决定人的气度、气质。居仁或有两层意思：一是人培养仁义德行的大环境，如，子曰："择不处仁，焉得知？"为孟子成长，孟母三迁。二是居仁于心，才能成为顶天立地的大丈夫。

37. 君子不可虚拘

【原文】孟子曰："食而弗爱，豕交之也；爱而不敬，兽畜之也。恭敬者，币之未将者也。恭敬而无实，君子不可虚拘。"

【译文】孟子说："对于贤士只是奉养而不存爱心，就像喂猪；光有爱心，而不恭敬，也像待牛马。恭敬之心要在礼赠之前，发自内心。恭敬不可徒有形式而无实，徒有形式的恭敬也留不住贤士。"

【解读】这是孟子对诸侯们常说的几句话：养贤要爱、要敬、要诚信，要"迎之致敬以有礼，言，将行其言"，为贤士们争地位、争面子、争尊严。

38. 形色天性也

【原文】孟子曰："形色，天性也；惟圣人然后可以践形。"

【译文】孟子说："人的形体容貌是天生的；只有圣人能尽其天性，使天生的形体容貌更加完美。"

【解读】孟子所言，很有道理，要尊重自然之美，完善自然之美，更要学圣贤臻极心灵之美，成就人完美的天性。

39. 齐宣王欲短丧

【原文】齐宣王欲短丧。公孙丑曰："为期之丧，犹愈于已乎?"

孟子曰："是犹或其兄之臂，子谓之姑徐徐云尔，亦教之孝悌而已矣。"

王子有其母死者，其傅为之请数月之丧。

公孙丑曰："若此者，何如也？"

曰："是欲终之而不可得也。虽加一日愈于已，谓夫莫之禁而弗为者也。"

【译文】齐宣王想缩短守孝的时间。公孙丑请教孟子："为父母守一年的孝，比不守强些吧？"

孟子说："你这好比是有个人扭他哥哥的胳膊，你只是对他说，你慢点轻点扭吧，也教他孝父母敬兄长。"

王子死了母亲，王子的师傅为他请求守孝几个月。

公孙丑问孟子："像这样，怎么样？"

孟子说："这是王子想把三年孝守完，而又办不到（宣王要缩短）。虽然只加守一天总比不守了好呀，这句话是我以前对那些没有禁止他守孝而自己不去守孝的人说的。"

【解读】丧祭事大，关乎人伦礼仪。祭祖守孝，孔孟一贯重视，百姓也很虔诚，已成中华文明民风淳厚的一大特色。好的东西还是要继承，"慎终追远，民德归厚矣"。

40. 君子所以教者五

【原文】孟子曰："君子之所以教者五：有如时雨化之者，有成德者，有达财者，有答问者，有私淑艾者。此五者君子之所以教也。"

【译文】孟子说："君子教育人的方法有五种：有像及时雨一样滋润化育的，有成全道德品性的，有因材施教培养一技之长的，有答问解疑的，还有不得及门亲教，只是仰慕学识受其影响，私下而学的。这五种形式就是君子教育人的方式。"

【解读】孟子讲了五种教育方式和方法，圣贤施教，立德树人，各因其材，言传身教，面授解惑，春风化雨。孔子更全面更伟大，教育理念高远，"有教无类"；目标明确，"立德树人"；内容丰富，"文、行、忠、信"；方法灵活，"因材施教"，"不愤不启"。特别是立德立言，卓尔不凡，循循善诱，诲人不倦，让学生"仰之弥高，钻之弥坚"，不愧为无可争议的万世师表，最伟大的教育家。

41. 道则高矣美矣

【原文】公孙丑曰："道则高矣，美矣，宜若登天然，似不可及也；何不使彼为可几及而日孳孳也？"

孟子曰："大匠不为拙工改废绳墨，羿不为拙射变其彀率。君子引而不发，跃如也。中道而立，能者从之。"

【译文】公孙丑对孟子说："道高美尚，就像登天的道路一样，似乎高不可攀，何不降低一点目标标准使人可以登攀，然后大家都天天勤勉努力去登攀呢？"

孟子说："高明的工匠大师不能为拙劣的工人学徒改变或放弃制作工件的规矩，神射手羿不能为拙劣的射手学生改变拉弓的标准。教射箭的名师教弟子射箭只是按标准示范拉满弓，而不发箭，拉弓要恰到好处，不过亦无不及（不能改变标准），有能力的人就按示范标准跟着做。"

【解读】"道"是指正确的思想理论的原理、原则和方法,这里是指尧舜禹汤文武周公孔子的修齐治平之道。是真理性的,"高矣,美矣"。不因为你学习践行起来有困难就降低标准,篡改其原理原则。

很明显,公孙丑认识有错。孟子以大匠不改绳墨、羿不变彀率为喻,道理讲得浅显又深刻。

42. 天下有道　以道殉身

【原文】孟子曰:"天下有道,以道殉身;天下无道,以身殉道。未闻以道殉乎人者也。"

【译文】孟子说:"行圣王之道,天下平治,自己躬行道义;天下无道,政治黑暗,宁愿牺牲自己性命,也要坚守道义。从来没听说过抛弃道义而枉道屈从于昏君乱臣的。"

【解读】上下两章都讲"道",是指尧舜禹汤文武周公孔子修齐治平之道,道不能变,道不能移,道不能丢,宁以身殉道,不可枉道屈于人。这就是孔子说的"志于道"。

43. 滕更之在门也

【原文】公都子曰:"滕更之在门也,若在所礼,而不答,何也?"

孟子曰:"挟贵而问,挟贤而问,挟长而问,挟有勋劳而问,挟故而问,皆所不答也。滕更有二焉。"

【译文】公都子问孟子:"滕国国君的弟弟在您门下来学习,似乎也是以礼相待,可是您不回答他的问题,为什么呢?"

孟子说："倚仗着自己的权势发问，倚仗着自己的贤能来发问，倚仗着自己年长发问，倚仗着自己有勋功发问，倚仗着自己和老师有故交发问（这五者都不是虚心求教的态度），都是我不回答的。滕更这个人有点恃贵恃贤啊。"

【解读】既是来学习的就应谦诚虚心，而滕更自恃为君王之弟，自恃自己贤能以为孟子会特别以礼相待，有问必答，孟夫子对那些挟贵，挟贤的权贵很不以然，就是不答不理，耿介如石。

44. 其进锐者 其退速

【原文】孟子曰："于不可已而已者，无所不已。于所厚者薄，无所不薄也。其进锐者，其退速。"

【译文】孟子说："对于不应该（停止）（放弃）的事（停止）（放弃）了，那就没什么事不可以（停止）（放弃）。对于应该厚待的却轻薄了，那就没什么不会轻薄对待。锐意猛进的，受挫后退也来得快。"

【解读】三句话一个道理，过犹不及。学点中庸之道的辩证法，思考问题，处理事物，接人待物，都要审时度势，持中守正，知行止，度厚薄，能进退。

45. 亲亲仁民 仁民爱物

【原文】孟子曰："君子之于物也，爱之而弗仁；于民也，仁之而弗亲。亲亲而仁民，仁民而爱物。"

【译文】孟子说："君子对于其他生物，爱惜，但不是仁爱

（仁爱是对人的）；对于百姓，仁爱但不是亲爱（亲爱是对父母兄弟等亲人的）。亲爱亲人仁爱百姓，仁爱百姓珍爱万物。"

【解读】"亲亲而仁民，仁民而爱物"，这是很经典的一句话。仁就是爱人，从亲亲开始，推己及人，而济天下百姓，从而及物，珍爱天下万物，"万物与我为一。"生态文明，和谐共生。

46. 当务为急

【原文】孟子曰："知者无不知也，当务为急；仁者无不爱也，急亲贤之为务。尧舜之知而不遍物，急先务也；尧舜之仁不遍爱人，急亲贤也。不能三年之丧，而缌小功之察；放饭流歠，而问无齿决，是谓不知务。"

【注释】缌（xī）：细麻布做的服丧三个月的孝服。小功：服丧五个月的孝服。三月、五月守孝是丧礼中最轻的。放饭流歠（chuò）：大吃大喝。

【译文】孟子说："聪明的人什么事都要清楚，但紧急的事务要先搞清楚；仁爱的人人人都要爱，但要把爱亲人贤人放在前面。尧舜的聪慧也不可能知道一切，但能先知道和处理急重的事务；尧舜的仁心不可能仁爱所有的人，他能先爱亲人和贤者。不能实行三年的丧礼守孝，却又讲究三月、五月之丧；很粗鲁地大口吃饭，大口喝汤，却又讲究所谓不要用牙齿啃断干肉条，这就叫不知轻重，不晓事务。"

【解读】孟子讲"务"，"务"是指事务、事业时务。凡事要讲大小亲疏，轻重缓急，识时务，知权度。

尽心（下）

《尽心》下篇共三十八章，进一步阐述"尽心、知性、存心、养性"。并且更鲜明的提出了仁政的民本思想，"民为贵、社稷次之、君为轻"，人民至上。

1. 不仁哉　梁惠王也

【原文】孟子曰："不仁哉，梁惠王也！仁者以其所爱及其所不爱，不仁者以其所不爱及其所爱。"

公孙丑问曰："何谓也？"

"梁惠王以土地之故，糜烂其民而战之，大败，将复之，恐不能胜，故驱其所爱子弟以殉之，是之谓以其所不爱及其所爱也。"

【译文】孟子说："梁惠王真是个没有仁德的人！仁德的人以仁爱之心把爱普及到自己不爱的人身上，不仁德的人，把自己的不爱还强加到自己所爱的人身上。"

公孙丑问："这是什么意思？"

孟子说："梁惠王为了争夺土地，强迫百姓去打仗送死。打败了要收复土地，还想打，又怕不能取胜，于是驱使自己所爱的子弟去打仗送命，这不就是以自己不爱的（战败而死的事）强加到自己所爱的人（子弟）身上。"

【解读】仁的核心是爱、爱人，"亲亲而仁民，仁民而爱物"，就是以其所爱及人及物及天下。梁惠王为争夺土地挑起战争，让百姓惨死战场，糜烂血肉之躯，还要搭上自己心爱的子弟亲人。所以梁惠王遭孟子痛骂："不仁哉，梁惠王也！"

2. 春秋无义战

【原文】孟子曰："春秋无义战。彼善于此，则有之矣。征者，上伐下也，敌国不相征也。"

【译文】孟子说："春秋时代没有正义的战争。但某一国的君王好一点，是有的。征，是天子征讨诸侯，诸侯国之间不能相互征讨。"

【解读】春秋之时，天下无道，礼崩乐坏，礼乐征伐已不自天子出，诸侯辟土掠民，征战频仍，所以春秋没有正义的战争。

3. 仁人无敌于天下

【原文】孟子曰："尽信《书》，则不如无《书》。吾于《武成》，取二三策而已矣。仁人无敌于天下，以至仁伐至不仁，而何其血之流杵也？"

【译文】孟子说："完全相信《尚书》上所记事，还不如没有《尚书》，我查阅过《尚书·武成》，我取信其中二三册罢了。仁人周武王无敌于天下，周武王以大仁大义讨伐残暴不仁的商纣王，何至于血流漂杵呢？"

【解读】孟子讲了两层意思。一是澄清武王伐纣，血流漂杵。武王伐纣的牧野之战，《尚书·武成》有客观生动的描述。二是"尽信《书》不如无书。"和孟子前面说过的"不以文害辞，不以辞害志"一样的经典，读书读文献古籍上的文辞，当识其义，不能断章取义。

本章的中心意思还是仁人无敌于天下。

4. 国君好仁　天下无敌

【原文】孟子曰："有人曰：'我善为陈，我善为战。'大罪也。国君好仁，天下无敌焉。南面而征北狄怨，东面而征西夷怨，曰：'奚为后我？'武王之伐殷也，革车三百辆，虎贲三千人。王曰：'无畏！宁尔也，非敌百姓也。'若崩厥角稽首。征之为言正也，各欲正己也，焉用战？"

【译文】孟子说："有人说：'我善于陈兵列阵，我善于打仗取胜。'（还炫耀）实际上是大罪。只要国君好行仁德，与人为善，天下就没有敌国。以前商汤兴仁义之师，讨伐南方，北方的百姓埋怨，讨伐东方，西方的百姓埋怨，都说：'为什么把我们放在后面呢？'周武王伐殷的时候，兵车三百辆，虎贲之师也不过三千。武王公告殷商的百姓：'别害怕！我们出兵是为了你们安宁，绝不以你们百姓为敌。'百姓听到了，一起伏地叩头，叩头之声如山崩一样。征的意思就是止乱匡正，各国都希望武王来匡正自己的国家，哪里还用得着战争呢？"

【解读】孟子从头到尾讲"仁者无敌""国君好仁，天下无敌"，以不忍人之心，善待天下，善与人同，命运与共。孟子的理想主义终有实现之日。

5. 梓匠轮舆

【原文】孟子曰："梓匠轮舆能与人规矩，不能使人巧。"

【解读】孟子说："制作车轮、车厢的木匠能把规矩法度传授给人，但不能传授给人以高超熟练的技巧。"老百姓说："师傅引进门，修炼靠个人。"和孟子说的是一个意思。术业有专攻，靠自己勤学苦练，还要靠心悟。

6. 舜之饭糗茹草也

【原文】孟子曰："舜之饭糗茹草也，若将终身焉；及其为天子也，被袗衣鼓琴，二女果，若固有之。"

【译文】孟子说："舜贫穷的时候啃干粮吃野草，很安心，好像准备就这样过一辈子。到做了天子，穿着好衣服，弹着琴，还有尧的两个女儿（娥皇、女英）侍候他，他也平平淡淡地过日子，好像本来就如此。"

【解读】厄穷不悯，君子固穷；尊荣平淡，富贵不淫。圣人之德，地位变，德操不变。

7. 吾今而后知杀人亲之重

【原文】孟子曰："吾今而后知杀人亲之重也：杀人之父，人亦杀其父；杀人之兄，人亦杀其兄。然则非自杀之也，一间耳。"

【译文】孟子说："我从今以后知道了杀别人的亲人的严重性了：杀了别人的父亲，别人也会杀他的父亲；杀了别人的兄长，别人也会杀他的兄长。如此类推，虽不是自己杀了自己的父兄，但也没什么区别。"

【解读】杀人之亲，人亦杀其亲，冤冤相报何时了？

孔子说："子为政，焉用杀？子欲善而民善矣。"这是千古铁律！一言止杀，可平天下。存善心，施仁义，亲亲仁民、仁民爱物，有了仁爱之心，世界就会变成美好的人间。

8. 今之为关也　将以为暴

【原文】孟子曰："古之为关也，将以御暴；今之为关也，将以为暴。"

【解读】孟子不满当时横征暴敛，设关取利的现实，所以说："古时候设立关卡，是为了稽查坏人，保证安全，防止暴乱；现在设立关卡，却是为利而设（雁过拔毛）征收税费，还没收财物，引发纠纷暴乱。"

9. 身不行道　不行于妻子

【原文】孟子曰："身不行道，不行于妻子；使人不以道，不能行于妻子。"

【译文】孟子说："自己不遵行道义，自己的妻子也会不守道义；不按道义引领众人行道义，那自己的妻子也不会行道义。"

【解读】言传身教行道义，从自己做起，从自己身边人做起。率人之道，躬行第一。

10. 周于德者　邪世不能乱

【原文】孟子曰："周于利者，凶年不能杀；周于德者，邪世不能乱。"

【解读】此句周字应解为厚积，厚积于利，厚积于德。这句话可理解为："平素厚积财富的人，灾荒之年自己不会饿死；平素厚养德操的人，遭逢无道乱世自己的心志也不会乱。"

11. 好名之人　能让千乘之国

【原文】孟子曰："好名之人，能让千乘之国；苟非其人，箪食豆羹见于色。"

【解读】孟子以历史故事讲了一种现象，"立不朽之名的人，能把千乘之国的王位让人；如果没有这样的品德，就是为争一篮子饭一碗汤也会变脸。"周太王的长子泰伯本可继位，但为了让贤德的姬昌（后来的周文王）继王位，泰伯出走南蛮之地，三让天下，使文王终成王业。孔子高度评价"泰伯，其可谓至德也已矣。三以天下让，民无得而称焉。"

好名之人，不是好名干誉、沽名钓誉之人，而是以泰伯为代表的有至上之德留下千古不朽之名的人。

12. 不信仁贤　则国空虚

【原文】孟子曰："不信仁贤，则国空虚；无礼义，则上下乱；无政事，则财用不足。"

【译文】孟子说："不亲近、依靠仁人贤士，国家人才空虚；不讲究礼义法度，国家上下无序混乱；没有好的政务管理，国家财用匮乏。"

【解读】可谓孟子的治国三策：依靠人才，严明礼法，管好政务。人才为本，道之以德，齐之以礼，发展经济，节用爱民。

13. 不仁而得天下者　未之有也

【原文】孟子曰："不仁而得国者，有之矣；不仁而得天下者，未之有也。"

【译文】孟子说："不施行仁政王道，得到一个国家，有过；但不施仁政王道而得天下，未曾有过。"

【解读】孟子纵观历史分析现实得出的结论很经典"不仁而得天下者，未之有也。"

14. 民为贵　社稷次之　君为轻

【原文】孟子曰："民为贵，社稷次之，君为轻。是故得乎丘民而为天子，得乎天子为诸侯，得乎诸侯为大夫。诸侯危社稷，则变置。牺牲既成，粢盛既洁，祭祀以时，然而旱干水溢，则变置社稷。"

【译文】孟子说："百姓最为尊贵重要，土地谷神次之，君王分量较轻。所以得到百姓拥护的才能做天子，得到天子信任的才能做诸侯，得到诸侯信任的才能做大夫。诸侯如果危害社稷（国家），就废掉他改立别人。祭祀的牲口、祭品都准备好了，就按时祭祀土地谷神，然而仍然发生旱灾水灾，那百姓就可以另外择地立土地谷神的祭坛。"

【解读】"民为贵，社稷次之，君为轻。"这是孟子最经典的名言，突出以民为本，以民心为本，得民心者才能为天子。诸侯国君危害社稷（江山百姓）就废掉改立他人。连土地谷神（社稷）不能为百姓免除旱十水溢，也要废弃另立。

人民至上。

15. 圣人　百世之师也

【原文】孟子曰："圣人，百世之师也，伯夷、柳下惠是也。故闻伯夷之风者，顽夫廉，懦夫有立志；闻柳下惠之风者，薄夫敦，鄙夫宽。奋乎百世之上，百世之下，闻者莫不兴起也。非圣人而能若是乎？而况于亲炙之者乎？"

【译文】孟子说："圣人，是百代之师，伯夷、柳下惠正是这样的圣人。所以只要听闻了伯夷的风格和操守，即使是贪婪的人也会变得清廉，懦弱的人也会变得意志坚强；听闻了柳下惠的风格和操守的人，即使是尖刻的人也会变得敦厚，胸襟狭隘的人也会变得宽宏大度。百世之前知者奋发，百世之后听闻者也无不为之奋发。不是圣人能有这样巨大的影响吗？更何况当时亲受他们思想风格熏陶的人呢？"

【解读】孟子专讲伯夷、柳下惠德操风骨的巨大影响力。"圣人，百世之师也"，"百世之下，闻者莫不兴起也"。思想文化的影响是极其广泛、深刻和持久的。所以"文化自信是一个国家，一个民族发展中更基本、更深沉、更持久的力量。"

16. 仁者　人也

【原文】孟子曰："仁也者，人也。合而言之，道也。"

【解读】这句话文字十分精简，内涵却极其丰富深刻。

仁就是"人""爱人""以己及人""己所不欲，勿施于人""己欲立而立人，己欲达而达人"。仁就是讲人与人的关系，以人为本，与人为善，这就是仁道、人道、天下正道。

17. 孔子之去鲁

【原文】孟子曰："孔子之去鲁，曰：'迟迟吾行也'，去父母国之道也。去齐接淅而行，去他国之道也。"

【译文】孟子说："孔子离开鲁国时留连不舍，说：'离开我的父母之邦，慢慢走吧。'这是孔子离开父母之邦的心态。离开齐国，不等淘完米漉干水就走，这是离开别国的心态，无不舍之情。"

【解读】这一章是孟子从《万章上篇》第一章摘的两句，记述孔子以不同的心情离开鲁国、齐国的情况，以表圣人孔子爱憎分明的品格和圣之时者的洒脱。

18. 孔子厄于陈蔡

【原文】孟子曰："君子之厄于陈蔡之间，无上下之交也。"

【译文】孟子说："孔子被困在陈国和蔡国之间，是因为和两国君臣都没什么交往。"

【解读】孔子陈蔡受困断粮七日，《论语》《史记》都有记载。原因是孔子受楚国之请访楚，陈蔡两国担心楚用孔子会有害于自己，所以派兵围困孔子，而不是孟子所说"无上下之交也"。

孔子受厄陈蔡表现十分突出，"在陈绝粮，从者病，莫能兴"，但孔子还慷慨讲学，弦歌不衰，与诸弟子对话"君子修道以立德，不以穷困而败节"，"君子固穷"，更显其理想信念的坚定，品德节操的高尚。

19. 稽大不理于口

【原文】貉稽曰："稽大不理于口。"

孟子曰："无伤也。士憎兹多口。《诗》云：'忧心悄悄，愠于群小。'孔子也。'肆不殄厥愠，亦不陨厥问。'文王也。"

【译文】貉稽说："我现在非常地烦躁人们讥讽我。"

孟子说："这没关系，士人最厌烦的就是这些多嘴多舌的。《诗经·邶风·柏舟》讲：'我烦忧忡忡啊，我触怒了那些小人。'孔子也为所苦。《诗经·大雅·绵》讲'虽不能消弭昆夷的不满，但也不能损害我良善的声名。'说的是文王。"

【解读】这样的事圣贤孔子、文王都遇到过，"无伤也。"不要当回事。

群小多口，无伤圣贤。是非审之于己，毁誉听之于人。"走自己的路。让别人去说吧!"现代的人更应记住这句名言。

20. 贤者以其昭昭使人昭昭

【原文】孟子曰："贤者以其昭昭使人昭昭；今以其昏昏使人昭昭。"

【译文】孟子说："贤人以自己的明明白白，引导别人也明明白白；现在有的人自己糊糊涂涂，还想让别人明明白白。"

【解读】两千多年前的孟子名言，至今听起来还很有针对性。我党伟大的领袖毛泽东、习近平都曾引用这句话告诫领导干部，"以其昏昏，使人昭昭"是不行的。

21. 今茅塞子之心矣

【原文】孟子谓高子曰："山径之蹊间，介然用之而成路；为间不用，则茅塞之矣。今茅塞子之心矣。"

【译文】孟子对学生高子说："山间的小道很窄，只要坚持经常走，也就成了大路。如果间断不走，茅草就会充塞道路。如今你的心也被茅草堵塞了。"

【解读】孟子教学生知行仁义之道，以山间小径越走越宽，为间不用，则茅草充塞喻示：人的仁义之心也要养、要修、要行。坚持不懈，知行合一，否则仁义之心也会蔽而不明，塞而不通。

22. 禹之声　尚文王之声

【原文】高子曰："禹之声，尚文王之声。"

孟子曰："何以言之？"

曰："以追蠡。"

曰："是奚足哉？城门之轨，两马之力与？"

【译文】高子说："大禹的钟乐声超过文王的钟乐声。"

孟子问："你凭什么断定？"

高子说："以钟纽磨损快要断的样子断定的。"

孟子说："这又何足为据呢？比如城门车驶过的车辙迹很深，

那能证明是拉车的两匹马的力量很大吗？这只能证明是年长月久，车子经过城门的次数多，碾压的辙迹就深。（同样的道理，夏禹的钟年代久，钟纽磨损大，并不能证明钟敲击的音乐声就比文王的好。"）

这是孟子笑话高子，其辩离题，言不及义。

23. 殆不可复

【原文】 齐饥。陈臻曰："国人皆以夫子将复为发棠，殆不可复。"

孟子曰："是为冯妇也。晋人有冯妇者，善搏虎，卒为善士。则之野，有众逐虎。虎负嵎，莫之敢撄。望见冯妇，趋而迎之。冯妇攘臂下车，众皆悦之，其为士者笑之。"

【译文】 齐国闹饥荒。陈臻对孟子说："齐国的人都认为您会再度劝请齐王打开棠地的粮仓救济百姓，怕是不会再这样做了吧。"

孟子说："再这样做就是冯妇了，晋国有个人叫冯妇，擅长与老虎搏斗，最终成为善人。有一次到郊外，有很多人正在围追老虎。老虎被逼到山坳里了，没有人敢逼近老虎。大家看见冯妇来了，就赶上前迎接冯妇，冯妇也撸起袖子下车，大家都很高兴，但是一些士却在讥笑他。"

【解读】 有时事不可再。齐国以前闹过一次饥荒，孟子为客卿，曾进言齐王开仓济民，此时，孟子将去齐，所以"不可复"。凡事要因时因事知裁度，知止。

24. 君子不谓性也

【原文】孟子曰："口之于味也，目之于色也，耳之于声也，鼻之于臭也，四肢之于安佚也，性也，有命焉，君子不谓性也。仁之于父子也，义之于君臣也，礼之于宾主也，智之于贤者也，圣人之于天道也，命也，有性焉，君子不谓命也。"

【译文】孟子说："口对于美味，眼睛对于美色，耳朵对于美声，鼻子对于香气，四肢对于安逸舒适，都喜欢（人之所欲）这是天性，也有天命，有道德修养的人不讲天性（要遵天命、道义规矩、责任和使命）。仁对于父子，义对于君臣，礼对于宾主，智对于贤者，圣人对于天道。这是天命，（是天命的规矩和道德原则），也有天性，有道德修养的人不只讲天命，更要讲仁义礼智性的本有和自觉。"

【解读】这一章是孟子对"尽心、知性、知天"思想的进一步阐发，内涵很深邃。

味、色、声、香，四体舒适，人之所欲，这是人的自然之性，但是君子不能只说自然之性，不能说，我之所欲，求之必得，更不能说，我之所欲，为所欲为。要知天命，遵天命，顺天命，受天命之约。天命是天地自然的客观规律，又是天下道义的道德准则，还有家国天下的责任和使命。"不知命，无以为君子。"

仁、义、礼、智四端是人性本善的本始初心，是天命所赋，仁义礼智不只是伦常规矩，更应该是本性初心所在。所以"君子不谓命"而要强调存心、养性，强调不忘仁、义、礼、智的本始初心、性善的本有和自觉。

25. 善人也 信人也

【原文】浩生不害问曰："乐正子，何人也？"

孟子曰："善人也，信人也。""

何谓善？何谓信？"

曰："可欲之谓善，有诸己之信实，充实之谓美，充实而有光辉之谓大，大而化之之谓圣，圣而不可知之之谓神。乐正子二之中、四之下也。"

【译文】浩生不害问孟子："乐正子是个怎么样的人？"孟子说："好人，实在人。"

又问："怎么叫好，怎么叫实在？"

孟子回答："值得人喜欢就叫好；诚善于身，实实在在就叫实在。人人都喜欢，诚实完美就叫美；品德完美而且名声大就叫大；名声大影响大，能尽己之性尽人之性，'赞天地之化育'就叫圣；圣人之德到了至诚至善的境界就叫神。乐正子的人品在善与信之中，在大、美、圣、神之下。"

【解读】乐正子是孟子最喜欢的学生，最大的特点是"其为人也好善""善人也，信人也"，实实在在的好人，老实人。但是孟子又表示"美、大、圣、神"，人修身进德，永无止境，至诚无息。

26. 逃墨必归于杨

【原文】孟子曰："逃墨必归于杨，逃杨必归于儒。归，斯受之而已矣。今之与杨墨辩者，如追放豚，既入其芑，又从而招之。"

【译文】孟子说："脱离墨子一派的人，必然归附杨朱一派，脱离杨朱一派的人必然归附儒家一派，既然来归附，那就接受吧。现在那些人跟杨墨两派展开论辩论争，就像追赶走失的猪仔一样，把猪赶进了猪圈，还要给它们的腿脚捆上绳索（免得又逃脱）。"

【解读】孟子是儒家学派的重要代表，对杨墨之学恨之入骨。曾说："杨氏为我，是无君也；墨氏兼爱，是无父也。无父无君，是禽兽也。"但是还是希望他们改邪归正，论辩论争都是为了杨墨之徒回归正道，因此以仁恕为念，归则受，追则养，仁至义尽。

大哉，儒家学派！

27. 君子用其一　缓其二

【原文】孟子曰："有布缕之征，粟米之征，力役之征。君子用其一，缓其二。用其二而民有殍，用其三而父子离。"

【译文】孟子说："有的征收布缕之税，有的粟米之税，有的征收劳役之税。邦国的君王一般只征用一种，缓征其它两种。如果同时征用两种，老百姓就有饿死的；如果三种同时征收，百姓就会妻离子散，背井离乡。"

【解读】轻徭薄赋，是体现孟子民本思想的重要方面。《孟子》很多篇章都有记载，本章特别强调要轻收、缓收，不能重复收，民生所系，生死攸关。

28. 诸侯之宝三

【原文】孟子曰："诸侯之宝三：土地、人民、政事。宝珠玉者，殃必及身。"

【译文】孟子说："对于诸侯，最宝贵的东西有三样：一是土地，二是人民，三是政务。如果把珍珠美玉看得比这三样东西更宝贵，灾祸必定降临在他的身上。"

【解读】宝即是保。对于诸侯来说，国土、人民、政事非常宝贵，知道宝贵就要保。保国土完整，一寸也不能丢；"保民而王"人民至上，亲民仁民；保政事清明，为政以德，施仁政，行王道。不保三者而贵珠玉，必然祸国殃民，灾及其身。

29. 盆成括仕于齐

【原文】盆成括仕于齐。孟子曰："死矣，盆成括！"盆成括见杀，门人问曰："夫子何以知其将见杀？"曰："其为人也，小有才，未闻君子之大道也，则足以杀其躯而已矣。"

【译文】听说盆成括在齐国做官。孟子说："这个盆成括死定了！"盆成括果然被杀了。学生们就问孟子："先生，您怎么就知道盆成括要被杀呢？"孟子说："他这个人自恃有才好耍小聪明，不懂得为人的道德原则和大义，这就足以惹来杀身之祸。"

【解读】小故事讲了大道理，盆成括"小有才，未闻君子之大道也"。自恃有才，爱耍小聪明，却不明大道理，小事逞能，大事糊涂，必然惹来杀身之祸。所以孟子说："则足以杀其躯而已矣。"三国杨修也是这样死的，可是那样聪明的人连自己怎么死的都不知道，可悲。倒是苏东坡有大智慧，最后明白了"我被聪明误一生。"

30. 孟子之滕　馆于上宫

【原文】孟子之滕，馆于上宫。有业屦于牖上，馆人求之弗得。

或问之曰："若是乎从者之廋也？"

曰："子以是为窃屦来与？"

曰："殆非也。夫予之设科也，往者不追，来者不拒。苟以是心至，斯受之而已矣。"

【译文】孟子带着弟子到滕国，住在上宫。宾馆里有一双还没有编制完成的草鞋放在窗台上，宾馆里的人找不到了。宾馆里的人就问孟子："这双草鞋是您的哪位跟随您的人收起来（藏隐）了吧？"

孟子不高兴，回答一句："你以为他们（跟随孟子的学生）是为了偷草鞋来的吗？"

宾馆的人表示歉意说："误会了，不会是这样。您设科办学，弟子很多，听课了离馆，不追呼他们，来听课的，来者不拒，只要是来诚心学道，都接受。"

【解读】这个故事应该是真实的，孟子出游随从的弟子很多（见《滕文公上篇》第四章）开门办学，设课传道"苟以是心至，斯受之而已矣"，去者不问，来者不拒，很自由。所以就出现了宾馆丢失一双草鞋的轶事。

31. 人皆有所不忍

【原文】孟子曰："人皆有所不忍，达之于其所忍，仁也；人皆有所不为，达之于其所为，义也。人能充无欲害人之心，而仁不可胜用也；人能充无穿踰之心，则义不可胜用也；人能充无受尔汝之实，无所往而不为义也。士未可以言而言，是以言餂之也；可以言而不言，是以不言餂之也，是皆穿逾之类也。"

【译文】孟子说："人皆有不忍之心，推之以不忍之心待人为政，就是仁；人都知道有所不为，推知以有所不为而为，就是义。人要存养了不害人之心，他就会时时居仁为善。人要存养了不做踰墙打洞坏事的心，他就会事事行止由义。一个人要养成了别人不敢轻贱、自己也不理亏的诚实，那无论走到哪里都不会不义。士人与人交往，不可以谈却故意去攀谈，这是以言谈诱人图利；可以谈而不与他谈，也是有某种不正当的目的，心眼有点歪，这都和踰墙打洞做坏事的歪心眼是一样的。"

【解读】孟子还是在讲"存心、养性"，存仁于心，存义于心，存礼于心，修养扩充完美的道德品性，居仁由义。

正如老百姓所说："要存良心，不害人，不做坏事。"

32. 言近而指远者　善言也

【原文】孟子曰："言近而指远者，善言也；守约而施博者，善道也。君子之言也，不下带而道存焉。君子之守，修其身而天下平。人病舍其田而芸人之田；所求于人者重，而所求自任者轻。"

【译文】 孟子说："语言平易浅近，意旨宏大深远，是最好的语言。守身修己，仁义济民而安天下，是最好的道。君子的言语虽然平易浅近，却蕴含着深邃的道理。君子的守约就是修身以安天下，一般人的毛病就是不从自己守约修身做起，只盯着别人的缺点，舍身不治，而欲治人，就像有的人荒了自己的田而种别人的地，对别人要求很严格，对自己很宽松。"

【解读】 孟子这段话本身就是"善言""善道"，意旨深远，关乎文风、政风，贴近社会，贴近现实，贴近每一个人。

33. 尧舜　性者也

【原文】 孟子曰："尧舜，性者也；汤武，反之也。动容周旋中礼者，盛德之至也；哭死而哀，非为生者也；经德不回，非以干禄也；言语必信，非以正行也。君子行法，以俟命而已矣。"

【译文】 孟子说："尧舜行仁义出于本性，汤武行仁义是修身养性回复了本性。言容举止守道中礼，这是仁德的最高境界；哀伤死者而哭，不是哭给别人看的；常行仁道从不违背，不是为了官职和俸禄；言而有信不是为了证明自己诚实（都是循天理，率性而为）。君子一辈子循天理依礼法率性而为，以致终身。"

【解读】 天纵之圣尧舜行仁义，出于天赋本性；成汤、周武行仁义，出于修身养性而回复本性。不失本性，回复本性，及成千古王道功业是一样的。

孟子再一次提倡修身养性回复仁义善良诚实的天性，不为名利，经德不回，率性为道一辈子。

这是孟子第一次提出复性的概念。现代大儒马一浮先生创办复性书院即取于此。

34. 说大人　则藐之

【原文】孟子曰："说大人，则藐之，勿视其巍巍然。堂高数仞，榱题数尺，我得志，弗为也。食前方丈，侍妾数百人，我得志，弗为也。般乐饮酒，驱骋田猎，后车千乘，我得志，弗为也。在彼者，皆我所不为也；在我者，皆古之制也。吾何畏彼哉？"

【译文】孟子说："和位高权重的人说话，要藐视他，不要把他显赫的地位和权势放在眼里。他们殿堂高大，房檐宽广，如果我得志（居高位），绝不这样。他们常满桌菜肴，侍奉他的姬妾数百人，如果我得志，绝不这样。他们饮酒作乐，打猎游玩，车马数千，前呼后拥，如果我得志，绝不这样。他们那些作威作福的行为，都是我不屑为而绝不为的，我崇尚的是古代圣贤之君的礼乐制度和仁政。我凭什么要敬畏那些权势显赫的大人呢？"

【解读】孟子的浩然之气，大丈夫风骨跃然纸上。孟子只崇尚古代圣贤仁义之道，不把那些吸民膏脂、酒池肉林、作威作福的权贵放在眼里。孟子还曾说过："古之贤王好善忘势，古之贤士何独不然？乐其道而忘人之势。"因此，孟子面对显赫的权贵大义凛然说："在我者，皆古之制也。吾何畏彼哉？"好一个千古贤士孟夫子！

35. 养心莫善于寡欲

【原文】孟子曰："养心莫善于寡欲。其为人也寡欲，虽有不存焉者，寡矣；其为人也多欲，虽有存焉者，寡矣。"

【译文】孟子说："修养心性最好的办法是减少私欲。一个人如果私欲少，即使他善良的本性有所缺失，也只是一点点；一个人如果私欲很多，即便他善良本性还有留存恐怕也不多了。"

【解读】"养心莫善于寡欲。"千古名言。修身养性，克己省身，克己最重要的就是克制私欲。即便是保健养生，也是养心为先，养心又以清心寡欲为重。

减少私欲，增进善性；增加私欲，丢失善性。这是孟子存心养性的真谛。

36. 曾子不忍食羊枣

【原文】曾晳嗜羊枣，而曾子不忍食羊枣。公孙丑问曰："脍炙与羊枣孰美？"

孟子曰："脍炙哉！"

公孙丑曰："然则，曾子何为食脍炙而不食羊枣？"

曰："脍炙所同也，羊枣所独也。讳名不讳姓，姓所同也，名所独也。"

【译文】曾晳喜欢吃羊枣，而曾晳的儿子曾参不忍心吃羊枣（一吃羊枣就思念父亲）。

公孙丑问孟子："脍炙的熟肉和羊枣哪一样更好吃？"

孟子说："当然是脍炙的熟肉呀！"

公孙丑说："那么曾参为什么吃脍炙的熟肉，不吃羊枣呢？"

孟子说："脍炙的熟肉是大家都爱吃的，而羊枣却是曾子的父亲曾晳独自所爱。这跟人们对君上父母讳名不讳姓一样，姓氏是同姓人都一样，名字却是君上父母独自的。"

【解读】这是孟子再一次赞赏曾子孝心可嘉，孟子曾说"事亲若曾子可也。"这章又专讲曾子的父亲爱吃羊枣，其父过世，曾子再不忍吃羊枣，一吃羊枣就思念父亲，悲从中来。事亲为大，孝为人之本，曾子永存孝心，也堪称百世之师。

37. 孔子在陈曰

【原文】万章问曰："孔子在陈曰：'盍归乎来！吾党之小子狂简，进取，不忘其初。'孔子在陈，何思鲁之狂士？"

孟子曰："孔子'不得中道而与之，必也狂狷乎！狂者进取，狷者有所不为也'。孔子岂不欲中道哉？不可必得，故思其次也。"

"敢问何如斯可谓狂矣？"

曰："如琴张、曾晳、牧皮者，孔子之所谓狂矣。"

"何以谓之狂也？"

曰："其志嘐嘐然，曰，'古之人，古之人'。夷考其行，而不掩焉者也。狂者又不可得，欲得不屑不洁之士而与之，是狷也，是又其次也。孔子曰：'过我门而不入我室，我不憾焉者，其惟乡原乎！乡愿，德之贼也。'"

曰："何如斯可谓之乡愿矣？"

曰："'何以是嘐嘐也？言不顾行，行不顾言，则曰，古之人，古之人。行何为踽踽凉凉？生斯世也，为斯世也，善斯可矣。'阉然媚于世也者，是乡愿也。"

万子曰："一乡皆称愿人焉，无所往而不为愿人，孔子以为德之贼，何哉？"

曰："非之无举也，刺之无刺也，同乎流俗，合乎污世，居之似忠信，行之似廉洁，众皆悦之，自以为是，而不可与入尧舜之道，故曰'德之贼'也。孔子曰：'恶似而非者：恶莠恐其乱苗也；恶佞，恐其乱义也；恶利口，恐其乱信也；恶郑声，恐其乱乐也；恶紫，恐其乱朱也；恶乡愿，恐其乱德也。'君子反经而已矣。经正，则庶民兴；庶民兴，斯无邪慝矣。"

【译文】万章问孟子："孔子在陈国说：'何不回鲁国去呀！我家乡的那些弟子们志大狂放，敢于进取又不忘初衷。'孔子在陈国怎么还这样思念家乡那些敢于进取的狂放之士呢？"

孟子说："孔子说过'不能和行中庸之道的人交往，就去结交那些狂狷之士。狂放之士，大志在心，敢于进取，狷介之士，为人谨慎，行止有度。'孔子岂不想和行中庸之道的人同行，不一定能遇到呀，所以只能求其次了。"

万章问："请问怎么样的人才能称之为狂放之人呢？

孟子回答:"像子张、曾晳、牧皮这几个人就是孔子讲的狂放之士。"

"他们说话口气大,开口就是'古人呀,古人呀。'考察他们平常的行为,却行不履言。(但他们有大志、敢进取)这种人如果得不到,就想交结耿介之士,为人谨慎,有所不为,这是又其次的。孔子说:'从我门口经过也不进我的屋,他不来我也不遗憾,这就是那种看起来老实,实际上无原则无正义感无德操的乡愿老好人,这种人是祸害道德原则的。'"

万章又问:"怎么样的人就是孔子讲的这种叫'乡愿'的人呢?"

孟子说:"那些称为乡愿的人批评狂放之士说:'只知道讲大话,志大言夸,讲话不考虑兑现,行为不履所言,开口就是古人,古人。批评狷介之士为何行为踽踽凉凉?而自己还自以为得意,生在这个世上,就活在这个世上,过得去就行了。'完全像个阉官,巧言令色,唯唯诺诺,这就是乡愿。

万章说:"全乡里的人都说这样的人就是乡愿,走到哪里都是乡愿。孔子认为这样的人是祸害道德原则的贼,如何理解?"

孟子回答:"这种人呀,你要批评他又举不出大的过错,你要斥责他也挑不出什么大毛病,与世俗同流,和大家都还合得来,看起来像还忠厚老实,清廉正派,大家都还喜欢,他自己还以为得意,最大的问题是他不能入尧舜的仁义正道,所以说是'德之贼'。孔子说:'我最厌恶的那些似是而非的,以假乱真的东西。最厌恶杂草伤害正苗,最讨厌伶牙俐齿,搞乱诚信,最厌恶谗言令色,搞乱原则正义,最厌恶郑国靡靡之音,淫乱高雅正乐,最厌恶似红非红的紫色混乱了正中朱红,最厌恶乡愿祸害道德原则。'有道德修养的君子要理直气壮地回到尧舜正道上来，道正了，百姓就会奋发走正道，百姓都走上了正道，奸邪之事就不会有了。"

【解读】这一章是《尽心篇》的总结，引用孔子三段话，说出了"尽心养性"的一个核心问题：意诚心正，行至诚至善至正的中庸之道。"中庸其至矣夫。"在孔孟的思想里"中道"是最高的道德标准和理想人格。

孟子用很长的篇幅引用孔子痛恨"乡愿"和"七大厌恶"的谈话，乡愿之所以可恨，就是虚伪，"居之似忠信，行之似廉洁"，是最可恶的"伪装者""两面人""德之贼"。七种厌恶现象也包括"乡愿""恶乡愿，恐其乱德也"。七种可恶的现象一个共同的可恶之处就是以假乱真，以邪乱正，"而不入于尧舜之道"。所以孟子说："君子反经而已矣。经正，则庶民兴；庶民兴，斯无邪慝矣。"

38. 则亦无有乎尔

【原文】孟子曰："由尧舜至于汤，五百有余岁；若禹、皋陶，则见而知之；若汤则闻而知之。由汤至于文王，五百有余岁，若伊尹、莱朱，则见而知之；若文王则闻而知之。由文王至于孔子，五百有余岁，若太公望、散宜生，则见而知之；若孔子则闻而知之。由孔子而来至于今，百有余岁，去圣人之世若此其未远也，近圣人之居若此其甚也，然而无有乎尔，则亦无有乎尔！"

【译文】孟子说："由尧舜到成汤，经历了五百多年，像禹、皋陶亲眼见到了亲身体会了尧舜之道；像成汤则是从传闻中知道了尧舜之道。由成汤到周文王，经历了五百多年，像伊尹、仲虺是亲眼见到了亲身体会了成汤赓续的尧舜之道；像周文王，则是从传闻中知道了成汤赓续的尧舜之道。由周文王到孔子，又经历了五百多年，像太公望、散宜生是亲眼见到了亲身体会到了周文王践行的尧舜之道，像孔子，则是从文献典籍和民间传闻中学到了尧舜之道。由孔子到现在，一百多年了，圣人（指孔子）的时代离我现在还不远，圣人的故乡离我这里也很近，然而现在没有人见而知圣人之道了，但是闻而知、继而传圣人之道的，难道也就没有了吗！"

【解读】本章是《孟子》全书的总结，有如孔子作《春秋》获麟辍笔，有点悲情，孟子却充满对儒家思想（道统）传承的自信和责任担当。

孟子用简洁的笔墨回顾总结尧舜之道，起于尧舜，统绪禹、汤、文武、周公直到孔子，传承赓续，自成道统，是中华传统思想文化的根脉和主流。

孟子言必称尧舜，文必引子曰，十分崇尚尧舜的仁政王道，十分崇尚先师孔子的道德文章。孟子是当之无愧的尧舜禹汤文武周公孔子思想学说（道）的忠实的继承者、勇敢的捍卫者、执着的传播者。孟子王道理想高远，天下担当自任。因此孟子行文到最后写道："由孔子而来至于今，百有余岁，去圣人之世若此其未远也，近圣人之居若此其甚也，然而无有乎尔，则亦无有乎尔！"孟子的意思是：由于时代久远，见而知圣人之道的没有了，但是闻而知、继而传圣人之道的难道也就没有了吗！有，还有我啊！我离孔子其时不远，其居甚近。"予未得为孔子之徒，予私淑诸人也。"（《孟子·离娄》下篇）"我虽然没能够成为孔子的弟子，但是我受教于孔子之孙子思门人，得圣人之道正传，传得其宗。"因此孟子历数群圣道统，充满自信和责任感，说：闻而知、继而传圣人之道者其有人在，那就是我，我应该担当这个责任！

孟子的自信是有根据的，因为他有崇高的理想和敢于担当责任的豪情。历史是最好的见证。几千年过去了，中华传统思想文化的根脉和主流一直还是孔孟儒家思想，孔孟相继流传千古。

主要参考书目

［1］高占祥. 四书五经：第四卷［M］. 北京：北京线装书局，2006.

［2］朱熹. 四书章句集注［M］. 北京：中华书局，2011.

［3］焦循. 孟子正义［M］. 北京：中华书局，2017.

［4］冯友兰. 中国哲学史（上、下）［M］. 重庆：重庆出版社，2009.

止于至善

我读《大学》《孟子》

后　记

一、本书所引《大学》《孟子》原文依据高占祥先生主编、线装书局 2006 年出版的《四书五经》。（以下简称高本）

二、《大学》原文引自高本《礼记》的《大学》篇。我读《大学》参照了朱熹《大学章句》和高占祥先生主编的《大学》全注全译全评。我依据《大学》"三纲八目"思想主线和原文章节段落把《大学》划分为 16 章，并抽取各章节章旨编定章节目录。

朱熹在其《大学章句》中补撰了《格物致知》章，以为《礼记》《大学》篇"格物致知"之义亡释，实际上《大学》原著已有阐释。所以我未将朱熹补撰的《格物致知》章选入。

三、《孟子》原著篇幅较长，章节段落较多，为读者阅读查检方便，我将各篇章节段落编定了目录，并谨遵原著义理，摘取原文短句为章节小标题。

四、本书是我读《大学》《孟子》的心得体会，既对《大学》《孟子》原文逐章逐句进行了注释，又谨遵原文义理，用比较通俗的语言进行了意译，还从历史和现实的思考上，结合自己的人生阅历和政学修养对《大学》《孟子》章句进行了解读，表达了自己的思想观点。比较完整准确地理解了《大学》"明明德、亲民、止于至善、格物、致知、诚意、正心、修身、齐家、治国、平天下"的思想原则和方法；比较完整准确地理解了孟子"崇尧舜、道性善、重民本、倡仁政、王天下"的政教思想和社会政治理想；更加深刻地理解了孔孟一脉相承、一以贯之的"修齐治平、内圣外王、民为邦本、仁义为上、人伦为序、亲亲仁民、仁民爱物、止于至善"的儒家之道——儒家思想的核心精髓。因此本书以"止于至善"为书名。

本人在读《大学》《孟子》原著的过程中认真研读和参考了从两汉到清代乾嘉年代以至当代很多名家学者注释《四书》的名篇名著，加深了自己的学习和理解，但在词语注释、原文意译、章节解读等方面与诸多专家学者还有不少仁者见仁、智者见智的相异相左之处，错谬难免，谨呈读者商榷、批评指正。我只希望能为广大读者读《大学》《孟子》提供些许参考，或可抛砖引玉。

五、本书的出版要特别感谢湖南科学技术出版社的高度重视、支持和帮助。出版社胡艳红总编辑对书稿的审阅、报批、立题高度负责，尽心尽力，还与王跃军老师一起担任责任编辑，又特邀杨发凯老师担任美编。胡艳红总编辑暨各位老师对书稿的审阅、修改、勘校十分认真细致，在编审勘校、装帧设计等每一个环节都倾注了心血汗水和智慧，表现了出版人治书严谨、精益求精和对作者、对读者认真负责的作风和精神，令我由衷地感佩。

六、还要感谢湖南省医学会朱建华秘书长，郭洁、雷军副秘书长自始至终关心支持本书的写作和出版。学会王云芳、龙书丽、叶旺、孙雯、张丽珍、余洁、周知、钟小雷、胡白露、段威等同志利用工余时间对全部书稿录入、校对、修改、打印反复两三遍，付出了艰苦的劳动，十分感谢。

刘家望

2021 年 10 月 9 日

止于至善

我读《大学》《孟子》

图书在版编目（CIP）数据

止于至善：我读《大学》《孟子》/ 刘家望著. —
长沙：湖南科学技术出版社，2022.3
ISBN 978-7-5710-1437-7

Ⅰ．① 止… Ⅱ．① 刘… Ⅲ．① 儒家 ②《大学》—研究
③《孟子》—研究 Ⅳ．①B222.15②B222.55

中国版本图书馆 CIP 数据核字 (2022) 第 011141 号

ZHIYU ZHISHAN —— WO DU 《 DA XUE 》《 MENG ZI 》
止于至善——我读《大学》《孟子》

著　　者：刘家望
出 版 人：潘晓山
责任编辑：胡艳红　王跃军
出版发行：湖南科学技术出版社
社　　址：长沙市芙蓉中路一段 416 号泊富国际金融中心
网　　址：http://www.hnstp.com
湖南科学技术出版社天猫旗舰店网址：
　　　　http://hnkjcbs.tmall.com
邮购联系：0731 - 84375808
印　　刷：长沙鸿发印务实业有限公司
　　　　（印装质量问题请直接与本厂联系）
厂　　址：长沙县黄花镇黄垅村（黄花工业园 3 号）
邮　　编：410137
版　　次：2022 年 3 月第 1 版
印　　次：2022 年 3 月第 1 次印刷
开　　本：710 mm×1000 mm　1/16
印　　张：24.75
字　　数：255 千字
书　　号：ISBN 978-7-5710-1437-7
定　　价：79.00 元